DONGCAN'AO YUNDONG XIANGMU
XUNLIAN JIAOCHENG

冬残奥运动项目训练教程

钟亚平　赵　亮◎主编

人民体育出版社

图书在版编目（CIP）数据

冬残奥运动项目训练教程 / 钟亚平，赵亮主编.
北京：人民体育出版社，2024. -- ISBN 978-7-5009
-6510-7

Ⅰ. G811.228
中国国家版本馆CIP数据核字第2024P9M949号

冬残奥运动项目训练教程

钟亚平　赵亮　主编
出版发行：人民体育出版社
印　　装：北京中献拓方科技发展有限公司

开　本：710×1000　16开本　　印 张：19.75　　字　数：380千字
版　次：2024年12月第1版　　印 次：2024年12月第1次印刷
书　号：ISBN 978-7-5009-6510-7
定　价：92.00元

版权所有·侵权必究
购买本社图书，如遇有缺损页可与发行与市场营销部联系
联系电话：（010）67151482
社　　址：北京市东城区体育馆路8号（100061）
网　　址：https://books.sports.cn/

前　言

　　2022年北京冬残奥会设置有残奥高山滑雪、残奥冬季两项、残奥越野滑雪、残奥单板滑雪、残奥冰球和轮椅冰壶六大竞赛项目。为配合科技助力冬残奥国家队竞技表现的新形势和科学训练备战2026年米兰冬残奥会的实际需求，本书力图从理论和实践中探索、揭示冬残奥运动项目运动员的生物学和专项能力结构特征，以及运动训练与比赛关键技术特征，汇聚国内外优秀教练员和运动员的先进训练经验，广泛吸收国际先进训练理念和方法，尝试解决我国目前在整体上对冬残奥运动项目训练特征和训练规律的理解和把握较为薄弱等问题，助力冬残奥运动项目训练提质增效。本书既可作为冬残奥运动项目的教练员和运动员及体育院校冰雪专业师生的训练参考用书，也可作为参与冬残奥运动项目的残疾人的训练参考用书。

　　本书由钟亚平、赵亮主编，全书共设六篇，分别聚焦残奥高山滑雪、残奥冬季两项、残奥越野滑雪、残奥单板滑雪、残奥冰球和轮椅冰壶这六大竞赛项目的训练教程。其中，残奥高山滑雪部分由王素改负责，残奥冬季两项由白鹏负责，残奥越野滑雪由祝杨负责，残奥单板滑雪由王志强负责，残奥冰球由余银负责，轮椅冰壶由高平负责。钟亚平、赵亮对全书进行统筹编纂，并最终审定成书。

　　各篇基于现代竞技运动训练理论的框架体系，在阐述冬残奥项目的起源与发展、项目设置与比赛方式，以及运动员分类分级等基础上，着重介绍了运动素质和运动技术等冬残奥运动项目关键竞技能力特征及训练要点，以及心理训练、热身恢复和运动损伤预防等内容，力求为冬残奥运动项目运动员提供较为系统、科学、实用的训练教程，助力运动员实现自我突破、提升竞技水平。

本书的出版既是对过去经验的总结，又是对未来的展望。编者希望本书能够为冬残奥运动项目的训练提供新的思路和方法，为运动员的成长和发展贡献力量。本书为国家重点研发计划"科技冬奥"重点专项"冬残奥运动员运动表现提升的关键技术"（项目编号：2018YFF0300600）阶段性成果。在编写与出版本书的过程中得到中国残疾人体育运动管理中心及冬残奥运动项目国家队的大力支持和帮助，在此深表谢意。

由于编写时间有限，书中难免存在值得进一步商榷和探究的问题，恳请各位读者批评指正。

编者

总目录

001 第一篇
残奥高山滑雪训练教程

055 第二篇
残奥冬季两项训练教程

115 第三篇
残奥越野滑雪训练教程

159 第四篇
残奥单板滑雪训练教程

211 第五篇
残奥冰球训练教程

263 第六篇
轮椅冰壶训练教程

第一篇

残奥高山滑雪训练教程

目　录

第一章　残奥高山滑雪项目概述…………………………………………003
　　第一节　残奥高山滑雪项目简介………………………………………003
　　第二节　残奥高山滑雪场地设施和器材装备…………………………008

第二章　残奥高山滑雪运动素质训练……………………………………011
　　第一节　残奥高山滑雪力量素质特征及训练…………………………011
　　第二节　残奥高山滑雪速度素质特征及训练…………………………019
　　第三节　残奥高山滑雪耐力素质特征及训练…………………………022
　　第四节　残奥高山滑雪平衡能力特征及训练…………………………025

第三章　残奥高山滑雪运动技术训练……………………………………028
　　第一节　残奥高山滑雪技术特征………………………………………028
　　第二节　残奥高山滑雪技术训练………………………………………029

第四章　残奥高山滑雪热身与恢复训练…………………………………036
　　第一节　残奥高山滑雪热身训练………………………………………036
　　第二节　残奥高山滑雪恢复训练………………………………………041

第五章　残奥高山滑雪运动损伤与预防…………………………………047
　　第一节　残奥高山滑雪运动损伤特征…………………………………047
　　第二节　残奥高山滑雪运动损伤预防…………………………………048

参考文献……………………………………………………………………051

第一章

残奥高山滑雪项目概述

残奥高山滑雪是冬残奥会的传统基础大项。自1976年恩舍尔兹维克冬残奥会上，高山滑雪成为正式比赛项目以来，高山滑雪项目在历届冬残奥会上均有设项。现残奥高山滑雪项目设有滑降、超级大回转、大回转、回转和超级全能5个分项，共计30个小项，是冬残奥会的金牌大户，也是我国冬残奥雪上项目的重点突破口。本章重点介绍了残奥高山滑雪项目的起源与发展、各项的项目设置与比赛方式，以及运动员分类分级，旨在阐述残奥高山滑雪项目的基本特点。

第一节 残奥高山滑雪项目简介

一、起源与发展

残奥高山滑雪项目于1976年恩舍尔兹维克冬残奥会上被列为正式比赛项目，当时仅设回转、大回转两个小项，之后的每届冬残奥会均有设项。1984年因斯布鲁克冬残奥会上增设滑降项目，1998年长野冬残奥会上增设坐姿组别，1994年利勒哈默尔冬残奥会上增设超级大回转项目。发展至今，残奥高山滑雪项目分为滑降、超级大回转、大回转、回转和超级全能5个分项，均包括站姿组、坐姿组和视力残疾3种类别，男女项目设置相同，共计30个小项。

世界残奥高山滑雪（World Para Alpine Skiing，WPAS）规则以国际滑雪和单板滑雪联合会（以下简称国际雪联）（International Ski and Snowboard Federation，FIS）公布的高山滑雪规则为基础。高山滑雪赛事分为0~5级6个级别，0级赛事包括残奥会、高山滑雪世锦赛、残奥高山滑雪世界杯，1级赛事包括WPAS欧洲杯、WPAS北美杯，2级赛事包括WPAS洲际杯［南美杯、亚洲杯、南半球杯］，3级赛事包括WPAS国家锦标赛，4级赛事包括WPAS比赛（个人和团体赛），5级赛事包括WPAS青年赛。WPAS认证周期为当年7月1日至次年6月30日。2017年新修改的规则规定，我国可以参加2～5级赛事（在此之前为3～5级）。当前，在残奥高山滑雪项目的世界竞技格局中，欧美国家占有绝对优势，尤其是奥地利、德国、瑞士等位于阿尔卑斯山周边的国家。

二、比赛方式

（一）项目设置

残奥高山滑雪项目的设置于2018年平昌冬残奥会和2022年北京冬残奥会趋于稳定（表1-1-1）。其中，大回转和回转项目属于技术系列，比赛尽量在同一天完成，采用两轮赛制，以两次成绩总和评定名次；滑降和超级大回转项目可归为速度系列，每名运动员仅有一次滑行机会，用时少者名次列前；参加超级全能项目的运动员可选择超级大回转或滑降比赛1次、回转1次，以两次成绩总和评定名次。

残奥高山滑雪的所有分项比赛都是按照既定路线滑行的，用时少者排名在前，但各小项比赛场地落差各不相同，范围一般在140～800m；三个组别采用相同的滑行路线，一般滑行顺序为视障组、站姿组、坐姿组；比赛结束后，将各组别运动员的实际比赛成绩乘以相应的分级系数，得到最终成绩。

表1-1-1 北京冬残奥会高山滑雪项目设置表

小项	性别	级别
回转	男子和女子	所有
大回转	男子和女子	所有
超级大回转	男子和女子	所有
滑降	男子和女子	所有
超级全能（超级大回转或滑降、回转）	男子和女子	所有

（二）分类分级

残奥高山滑雪运动员的损伤类型主要包括肌张力增高、手足徐动、共济失调、肌力受损、被动关节活动范围受限、肢体缺失、双下肢不等长、视力损伤。为了保证不同残疾程度的运动员能够更加安全、公平地进行比赛，需要对残奥运动员进行医学分级，即根据运动员自身的身体状况，从医学诊断和功能评估两个方面将其评定为不同的参赛级别。依据运动员的残障程度，将残奥高山滑雪运动员分为不同的等级进行比赛，也是明确残奥高山滑雪不同比赛项目评价标准和申诉流程的前提。

根据残奥高山滑雪运动员的残障级别将比赛设置了站姿组，包括LW1～LW4级（下肢残障）、LW5～LW8级（上肢残障）、LW9级（上下肢残障）；坐姿组LW10～LW12级（下肢和躯干损伤）；视障组B1级（全盲，比赛中须佩戴全黑镜片滑雪镜）、B2和B3级（有不同程度的光感）。不同项目级别代码不同，字母代表项目（LW=Locomotor Winter），数字代表明确的级别（表1-1-2至表1-1-4）。

表1-1-2　残奥高山滑雪站姿组分级

残障级别	具体指标
LW1级（双侧下肢损伤）	①双下肢肌力小于35分（满分为80分）； ②双侧膝关节以上截肢，或单侧膝关节以上截肢合并另一侧膝关节以下截肢，或其他类同肢体缺失的损伤； ③双下肢痉挛2～3级，且伴有病理反射；手足徐动和共济失调，双下肢有不自主运动； ④使用两个滑雪板、两个雪杖/助滑器，滑雪板可捆扎在一起
LW2级（单侧下肢损伤）	①单侧下肢肌力小于20分（满分为40分）； ②单侧膝关节以上截肢或膝关节以下截肢，最低为经踝关节截肢，或类同肢体缺失的损伤；同侧膝关节和髋关节的融合/固定； ③类同①、②的功能障碍的肌张力高、手足徐动和共济失调； ④使用一个滑雪板、两个雪杖/助滑器，运动员受损一侧下肢不能触雪
LW3级（双侧下肢损伤）	①双下肢肌力小于60分（满分为80分）； ②双侧经踝关节或踝关节以上、膝关节以下的截肢，或类同肢体缺失的损伤； ③双下肢痉挛1～2级，且伴有病理反射；手足徐动和共济失调，双下肢有不自主运动； ④使用两个滑雪板、两个雪杖/助滑器

续表

残障级别	具体指标
LW4级 （单侧下肢损伤）	①单侧下肢肌力小于或等于30分（满分为40分）； ②单侧经踝关节或踝关节以上、膝关节以下的截肢和类同肢体缺失的损伤； ③类同①、②的功能障碍的肌张力高、手足徐动和共济失调； ④使用两个滑雪板、两个雪杖/助滑器
LW5/7-1级 （双侧上肢损伤）	①肌力损伤导致双上肢活动受限，程度等同于双侧肘关节以上截肢；任何一只手都不能抓和使用雪杖； ②双侧肘关节以上截肢；双侧肢体缺失，残肢长度等同于双侧肘关节以上截肢； ③类同①、②的功能障碍的肌张力高、手足徐动和共济失调； ④使用两个滑雪板、不用雪杖
LW5/7-2级 （双侧上肢损伤）	①肌力损伤导致双上肢活动受限，程度等同于一侧肘关节以上、另一侧肘关节以下的截肢；任何一只手都不能抓和使用雪杖； ②一侧肘关节以上、另一侧肘关节以下截肢；双侧肢体缺失，一侧残肢长度等同于肘关节以上截肢，另一侧残肢长度等同于肘关节以下截肢； ③类同①、②的功能障碍的肌张力高、手足徐动和共济失调； ④使用两个滑雪板、不用雪杖
LW5/7-3级 （双侧上肢损伤）	①肌力损伤导致双上肢活动受限，程度等同于双侧肘关节以下截肢；任何一只手都不能抓和使用雪杖； ②双侧肘关节以下截肢；双侧肢体缺失，残肢长度等同于双侧肘关节以下截肢； ③类同①、②的功能障碍的肌张力高、手足徐动和共济失调； ④使用两个滑雪板、不用雪杖
LW6/8-1级 （单侧上肢损伤）	①肌力损伤导致单侧上肢活动受限，程度等同于单侧肘关节以上截肢； ②单侧肘关节以上截肢；单侧肢体缺失，残肢长度等同于单侧肘关节以上截肢； ③类同①、②的功能障碍的肌张力高、手足徐动和共济失调； ④使用两个滑雪板、一个雪杖
LW6/8-2级 （单侧上肢损伤）	①肌力损伤导致单侧上肢活动受限，程度等同于单侧肘关节以下截肢； ②单侧肘关节以下截肢；单侧肢体缺失，残肢长度等同于单侧肘关节以下截肢； ③类同①、②的功能障碍的肌张力高、手足徐动和共济失调； ④使用两个滑雪板、一个雪杖
LW9-1级 （同侧或对侧上肢合并下肢损伤）	满足以下①、②、③三项中任意一项且同时满足④，即可被评为该运动级别。 ①单侧下肢肌力小于20分（满分为40分）；单侧上肢活动受限，程度等同于单侧肘关节以上或肘关节以下截肢； ②单侧膝关节以上截肢，或类同肢体缺失的损伤；单侧肘关节以上或肘关节以下截肢，或类同肢体缺失的损伤； ③单侧下肢痉挛2～3级，且伴有病理反射；手足徐动和共济失调，双下肢有不自主运动； ④使用一个或两个滑雪板、一个或两个雪杖

续表

残障级别	具体指标
LW9-2级 （同侧或对侧 上肢合并下肢 损伤）	①单侧下肢肌力小于或等于30分（满分为40分）；单侧上肢活动受限，程度等同于单侧肘关节以上或肘关节以下截肢； ②单侧经踝关节截肢或类同肢体缺失的损伤；单侧肘关节以上或肘关节以下截肢，或类同肢体缺失的损伤； ③单侧下肢痉挛1~2级，且伴有病理反射；手足徐动和共济失调，双下肢有不自主运动； ④使用两个滑雪板、一个或两个雪杖

表1-1-3　残奥高山滑雪坐姿组分级

残障级别	具体指标
LW10-1级 （下肢和 躯干损伤）	①上下腹肌及躯干伸肌无活动，肌力为0分； ②类同①的躯干功能障碍的肌张力高、手足徐动和共济失调； ③无坐位平衡，陆上躯干功能技术测试为0~4分； ④使用坐式雪板、两个滑雪器
LW10-2级 （下肢和 躯干损伤）	①上腹肌及躯干伸肌肌力大于或等于1分；下腹肌及躯干伸肌肌力为0分； ②类同①的躯干功能障碍的肌张力高、手足徐动和共济失调； ③无坐位平衡，陆上躯干功能技术测试为4~8分； ④使用坐式雪板、两个滑雪器
LW11级 （下肢和 躯干损伤）	①上腹肌及躯干伸肌全范围正常活动，肌力大于或等于4分；下腹肌及躯干伸肌部分或全范围活动，肌力大于或等于1分；双侧髋关节屈、伸、外展、内收的肌力为0分； ②类同①的功能障碍的肌张力高、手足徐动和共济失调； ③主动坐位平衡较好，陆上躯干功能技术测试为9~15分； ④使用坐式雪板、两个滑雪器
LW12-1级 （下肢和 躯干损伤）	①上腹肌及躯干伸肌全范围正常活动，肌力大于或等于4分；下腹肌及躯干伸肌部分或全范围活动，肌力大于或等于1分；单侧髋关节肌力小于或等于10分（满分为20分）或者双侧髋关节肌力小于或等于30分（满分为40分）； ②单侧髋关节离断/先天性缺失或畸形，或下肢截肢或缺失导致类同的肌力损伤； ③类同①、②的功能障碍的肌张力高、手足徐动和共济失调； ④坐位平衡好，陆上躯干功能技术测试为16~18分； ⑤使用坐式雪板、两个滑雪器
LW12-2级 （下肢和 躯干损伤）	①单侧下肢肌力小于或等于30分（满分为40分）； ②单侧经踝关节截肢；单侧下肢缺失，残肢长度等同于经踝关节截肢； ③类同①、②的下肢功能障碍的肌张力高、手足徐动和共济失调； ④坐位平衡好，陆上躯干功能技术测试为16~18分； ⑤使用坐式雪板、两个滑雪器

表 1-1-4　残奥高山滑雪视障组分级

残障级别	具体指标
B1 级	视力小于 Log MAR 2.6
B2 级	视力大于或等于 Log MAR 2.6、小于或等于 Log MAR 1.5，或视野半径小于 5°
B3 级	视力大于或等于 Log MAR 1.4、小于或等于 Log MAR 1，或视野半径小于 20°

注：Log MAR 是一种通过取最小视角对数进行视力检查的方式。

比赛时，残奥高山滑雪单下肢运动员使用单滑雪板和助滑器，或佩戴假肢使用双滑雪板；截肢或脊椎损伤截瘫的运动员使用坐式滑雪器加助滑器，且坐式滑雪器下面一般安装单只雪板。所有视力残障运动员都须配备引导员（可为残疾人，但要求视力达标）。引导员须穿着带有"G"字样的橘色或红色号码布，在运动员前方，使用对讲机或扬声器引导视力残障运动员比赛，且在比赛过程中不得与运动员有任何身体接触，否则将被取消资格。

第二节　残奥高山滑雪场地设施和器材装备

一、场地设施

残奥高山滑雪不同分项的场地设施有所区别，主要体现在赛道设置方面，包括场地起点与终点的垂直高差和距离不同、地形和坡度不同、旗门数量与设置方法不同。具体如下。

（一）技巧系列

1. 回转

回转项目比赛采用两轮赛制，运动员需要在两条不同的雪道线路上各滑行一次，尽量在同一天完成比赛，两轮成绩合计时间少者名次列前；如果运动员在比赛中漏掉任何一个旗门，则被取消比赛资格。滑道的高度差为 140～220m，旗门数量为场地高度差的 30%～35%；一个回转门只设 2 个门杆，无旗门布；要求运动员快速完成所有转弯。转弯由单个或多个旗门相连而成，运动员可根据地势选择个人滑行的路线，在保证流畅滑行的同时最大限度地检验滑行技巧。

2. 大回转

大回转项目比赛采用两轮赛制，运动员需要在同一天于两条不同的赛道分别滑下；两次成绩相加，同一级别中用时少者名次列前。赛道的高度差为 300~400m，旗门数量为高度差的 11%~15%；旗门由 2 根回转旗门杆和 1 面旗门布组成，旗门布宽约 75cm、高约 50cm，使用运动员易辨认的蓝色和红色，相邻两旗门杆的距离不小于 10m。

（二）速度系列

1. 超级大回转

超级大回转项目运动员只能滑行 1 次，同一级别中用时少者排名列前。赛道的高度差为 400~600m，路线比滑降短，但比回转和大回转长；旗门数量为高度差的 6%；旗门组成与大回转相同；赛道中设有各种大中型的转弯，有助于运动员自由地在旗门间选择个人路线。

2. 滑降

滑降项目运动员只能滑行 1 次，同一级别中用时少者排名列前。赛道的高度差为 450~800m，旗门数量根据场地及比赛需求设定；旗门组成与大回转相同；线路必须满足运动员从起点滑到终点的要求；运动员可根据个人的滑行技术水平和对自我能力的判断调整滑行速度和动作，对技术、速度、冒险、身体状况和判断力等要求较高。

（三）超级全能

超级全能项目通常包含滑降或超级大回转中的一项，以及一个单项回转比赛，运动员可自行选择进行滑降或超级大回转 1 次、再回转 1 次。总共进行两次比赛后，计算两次成绩总和，决定排名。

二、器材装备

残奥高山滑雪项目器材装备主要包括雪板、雪杖、雪鞋、头盔、风镜，以及残奥会运动员在赛场上可以使用的特殊辅助器材，如滑雪座、保护装置、假肢等。从用途上看，残奥高山滑雪项目的器材装备可分为五大类，包括比赛器材（雪板、鞋、头盔、雪杖、风镜等）、雪蜡（不同温度、不同用途）、体能器材、辅助器材（坐姿组滑雪器、假肢等）、装备（服装、护具等）。

残奥高山滑雪项目中最特殊的器材是坐姿组运动员采用的坐式滑雪器，它由金属框架上固定的座椅和座椅下面的悬挂系统组成，可以减轻在崎岖地形滑行时产生的振动，并通过滑雪板与雪面接触最大限度地帮助转弯；坐式滑雪器下面一般安装单只雪板，通过高强度悬架装置与座椅相连接。部分高水平运动员还会根据自身身体状况定制滑雪器座椅和一体式腿托，使滑行时身体更加灵活。残奥会运动员在赛场上可以使用的特殊辅助器材装备有滑雪座、保护装置、假肢等。国际残疾人奥林匹克委员会（International Paralympic Committee，IPC）对各器材都有严格的要求，运动员须使用符合规则的器材进行比赛。

坐姿组和下肢损伤站姿组运动员使用的雪杖应与雪板顶端连接，该设计可以翻转，允许滑雪附件垂直上升，使雪杖成为一根正常的拐杖。允许使用手部或前臂保护器，但保护器不能设计为手创造额外的长度，禁止出现垂直于前臂长轴的延伸。前臂不能超过滑雪者的解剖长度，如定义在单侧上肢假体下的切片。矫形器外部应用装置用于改变神经肌肉和骨骼系统的结构与功能特性（可起到稳定、支助、补偿、保护、预防等作用）。假肢外部应用装置用于完全或部分取代缺失或缺陷的肢体段。

第二章

残奥高山滑雪运动素质训练

残奥高山滑雪运动员在滑降或转弯过程中,需要有良好的核心稳定性和下肢力量,从而不断地转换身体重心,控制非衡状态下的身体姿态,也需要在转弯等关键环节通过点杖控制速度和变向。本章主要包括残奥高山滑雪力量素质特征及训练、速度素质特征及训练、耐力素质特征及训练和平衡能力特征及训练四大部分内容。其中,各项运动素质的具体训练方法、手段和教练员提示是本章的重点内容。本章旨在介绍残奥高山滑雪项目核心运动素质特征及训练实践。

第一节 残奥高山滑雪力量素质特征及训练

一、力量素质特征

残奥高山滑雪运动员在比赛时,需要不断变换身体重心和控制身体姿态,躯干和臀部肌群的参与程度高;而点杖时则主要依靠胸部及上肢的发力,以保持高速下滑与转弯时的稳定性,因此其核心力量和上肢力量的作用至关重要。尤其对于坐在滑雪器里的坐姿组运动员而言,当手持雪杖滑下时,通过身体的摆动娴熟地控制身下的雪板,并借助上肢肌肉力量进行点杖,完成转弯等变向动作。研究发现,与北欧滑雪、冰壶、冰上雪橇曲棍球等项目相比,残奥高山滑雪坐姿组运动员的上肢绝对力量值最大,高达 1210.1 ± 220.92 N。

对于残奥高山滑雪站姿组与视障组运动员来说,其基本姿势与高山滑雪类似,均为半蹲,需要不断改变身体重心的高度与位置,以适应不同坡面和转弯,从而在高速滑行和转弯时保持身体平衡。有研究发现,下肢肌肉力量是高山滑雪最具决定作用的因素,膝关节伸肌的离心力量尤为关键。有学者测得高山滑雪高水平运动员股四头肌肌电幅度占最大随意收缩时的肌电幅度的百分比，离心阶段是 67%，明显大于向心阶段的 48%。在较长的肌肉长度上，高山滑雪运动员的肌肉收缩主要是离心的，以抵抗在转弯阶段产生的重力，控制雪板与雪的接触，限制速度消耗。上述研究对于残奥高山滑雪站姿组与视障组运动员具有重要指导意义，启示其应将离心训练纳入日常训练中。此外，传统的负重训练或增强式训练不能很好地模拟高山滑雪运动员转弯时典型的肌肉负荷模式，而允许在相对较慢的速度下同时进行向心和离心运动，离心过度负荷的运动设备或训练策略可能有利于运动员专项肌肉力量的发展。

二、力量素质训练

（一）上肢力量训练

残奥高山滑雪运动员上肢力量训练的目的在于重点提升上肢的最大力量、爆发力及力量耐力，改善单侧上肢损伤运动员的肌肉萎缩和躯干损伤运动员的肌力失衡状况。可采用重复训练法、间歇训练法和循环训练法，负荷强度为 30%～90%1RM，每组 8～12 次（侧），共计 3～8 组，间歇时间为 2～3min。具体练习手段如下。

1. 杠铃卧推

①两手握杠稍宽于肩；

②推时快起、慢落；

③每组 4～5 次。

训练目的：增强视障组、站姿组和坐姿组 LW1～LW4 级运动员转弯或加速时的点杖力；增强胸大肌等主要发力部位，以及三角肌（前束为主）和肱三头肌等协助发力部位的力量。

教练员提示：LW10～LW12 级运动员需要佩戴护具，并在教练员的辅助下完成训练；重量自选。

2. 坐姿哑铃肩上推举

①背部紧贴靠背，臀部尽量后靠，腰部收紧；

②吸气时用力将哑铃推起，双手拳眼相对；

③缓落时呼气。

训练目的：提高视障组、站姿组和坐姿组 LW1～LW4 级运动员转弯或加速时的点杖效果；发展三角肌前束和中束的力量。

教练员提示：LW9～LW12 级运动员需要佩戴护具或在教练员的协助下完成训练；注意控制呼吸节奏。

3. 弹力带推胸

①将弹力带绕过身体，肘关节打开 90°，使弹力带保持张力；
②收缩胸大肌推起弹力带，使手臂自然伸直；
③在顶峰稍作停留，缓缓还原，直到肘关节成 90° 即可。

训练目的：增强视障组、站姿组和坐姿组 LW1～LW4 级运动员的胸肌力量。

教练员提示：LW6～LW12 级运动员需要佩戴护具固定背部；可选择直臂。

4. 快速重锤下拉

①坐姿，挺胸，收紧背部；
②下拉至下颌后略停顿，再缓慢还原。

训练目的：增强视障组、站姿组和坐姿组 LW1～LW4 级运动员的点杖效果；发展其背阔肌力量。

教练员提示：LW6～LW12 级运动员需要佩戴护具以控制背部稳定；自行选择握距。

5. 反握杠铃平板手腕弯举

①将前臂固定在长椅上，双手反握杠铃；
②弯曲手腕，同时呼气；
③慢慢降低手腕至起始位置，同时吸气。

训练目的：增强视障组、站姿组和坐姿组 LW1～LW4 级运动员的握杖力；锻炼其前臂内侧肌肉，即屈腕、屈指肌群的肌肉力量。

教练员提示：LW9～LW12 级运动员可采用坐姿完成训练；全程只有手腕运动；注意控制呼吸节奏。

6. 双杠臂屈伸

①双手握杠支撑，挺胸、顶肩，躯干、上肢与双杠保持垂直，屈膝，小腿平行或交叠于踝关节处；
②屈肘，同时肩关节放松，使身体缓慢下降到最低位置；
③保持 2s 后两臂用力撑起杠至还原；如此重复。

训练目的：增强视障组、站姿组和坐姿组 LW1～LW4 级运动员的点杖效果；以锻炼胸肌、肱三头肌和三角肌（前束）为主，兼练背阔肌和斜方肌。

教练员提示：LW10～LW12 级运动员需要教练员协助完成训练；控制身体重心。

（二）核心力量训练

残奥高山滑雪运动员的核心力量训练目的在于重点提升运动员的核心控制力和核心稳定性。可采用重复训练法、间歇训练法和循环训练法，每组 15～20 次，共计 3～5 组，间歇时间为 2～3min。具体练习手段如下。

1. 动态背部伸展

①俯卧，手臂或放在脑后，或伸直置于身体两侧，或交叉握住放在后背；
②仰头、抬腿；如此重复。

训练目的：强化视障组、站姿组和坐姿组运动员的后背肌群力量。

教练员提示：可对坐姿组运动员进行辅助；尽最大努力训练。

2. 静态背起

①俯卧，手臂或放在脑后，或伸直置于身体两侧，或交叉握住放在后背；
②仰头、抬腿，保持静止。

训练目的：增强视障组、站姿组和坐姿组运动员的腰背部肌群力量。

教练员提示：LW10～LW12 级运动员需要适当协助；尽最大努力仰头、抬腿。

3. 静态/动态拱桥（仰卧）

①仰卧于垫上，双脚平放，两臂置于身体两侧，手心向下；
②伸髋至最高点，或保持不动，或呼气时臀部缓慢下降到地面。

训练目的：增强视障组、站姿组和坐姿组运动员转弯时的控制力；发展腰背肌力量，尤其是竖脊肌力量。

教练员提示：LW2、LW4 和 LW9 级运动员要特别注意姿态的保持；注意控制呼吸节奏。

4. 卷腹

①仰卧，两腿并拢，两手上举；
②利用腹肌收缩，两臂向前摆动，呈坐姿，保持不动；如此重复。

训练目的：增强视障组、站姿组和坐姿组运动员的核心稳定性；集中锻炼腹直肌，同时增强身体稳定性。

教练员提示：LW2、LW4 和 LW9 级运动员可选择佩戴假肢；注意控制卷腹时的速度。

5. 两头起

①仰卧，两腿并拢自然伸直，两臂于头后自然伸直；

②起坐时，两腿和两臂同时上举下压，并向身体中间靠拢，以胯为轴使身体对折，保持"V"字不动。

训练目的：锻炼视障组、站姿组和坐姿组运动员的腹直肌等肌群的力量耐力。

教练员提示：站姿组运动员注意上半身的姿态保持；可选择静态两头起或动态两头起训练。

6. 抱头登山步

①身体仰卧平躺，两手抱头；

②两腿上举，交替做车轮跑。

训练目的：增强视障组、站姿组和坐姿组运动员的腹部和腿部肌群耐力。

教练员提示：LW5～LW9 级运动员可选择不抱头；保持身体核心的稳定性。

7. 抗力球侧向仰卧起坐

①仰卧，腰背部着于球上，双手抱头；

②收腹使上身一侧抬起，也可同时上抬下肢与头部尽力靠拢。

训练目的：强化视障组、站姿组和坐姿组运动员的腹直肌和腹横肌力量。

教练员提示：LW5～LW9 级运动员可选择不抱头；保持身体核心的稳定性。

8. 侧撑

①侧身，双腿并拢；

②上侧手臂向上伸直，下侧手臂位于肩部正下方；

③下侧手臂与同侧脚形成支架支撑身体，腹部收紧；

④保持身体稳定，均匀呼吸。

训练目的：增强视障组、站姿组和坐姿组运动员的腹外斜肌和腹内斜肌力量，同时保持脊柱的稳定性。

教练员提示：坐姿组运动员可不佩戴假肢；身体处于同一平面，从侧面看呈一条直线。

9. 平板支撑

①俯卧，双肘弯曲支撑在地面上，肩膀和肘关节垂直于地面；

②双脚踩地，身体离开地面，躯干伸直，腹肌收紧。

训练目的：强化视障组、站姿组和坐姿组运动员的腹部和臀部肌群的耐力；提高其对身体姿势的控制能力。

教练员提示：LW10～LW12级运动员应适当降低负荷强度；头部、肩部、胯部和踝部保持在同一平面上。

10. 平板固定背部拉伸

①在平椅或跳箱上俯卧；

②上身悬空，两臂于胸前交叉；

③背部挺直，保持姿态固定。

训练目的：增强视障组、站姿组和坐姿组运动员背部肌肉的控制能力和稳定性。

教练员提示：LW10～LW12级运动员应适当降低负荷强度；保持身体核心的稳定性。

11. 俄罗斯转体

①呈坐姿，背部挺直，双膝微屈，双脚置于地上，或双脚交叉离地，与上半身呈"V"字形；

②双臂交叉置于胸前，或紧握杠铃片等重物；

③腰腹收缩，左右扭动；如此重复。

训练目的：强化视障组和站姿组运动员的腹直肌、腹外斜肌等肌群力量。

教练员提示：LW10～LW12级运动员可适当减小转体幅度；保持背部挺直。

12. 仰卧起坐投药球

①平躺，屈膝，双脚与肩同宽或略比肩宽，双手持球至头部上方；

②卷腹，背部离开地面，双手将球掷给同伴。

训练目的：增强视障组和站姿组运动员的腹部肌群力量和爆发力。

教练员提示：站姿组运动员需要控制单侧肢体的稳定性；接药球时注意缓冲。

13. 杠铃片负重仰卧起坐

①头朝下平躺，脚固定，双手握住杠铃片至胸部附近；

②腹部用力紧缩时，先慢慢撑起上半身，至最大幅度时略停顿，再缓慢还原；如此重复。

训练目的：增强视障组和站姿组运动员的腹部力量，强化核心肌群稳定性。

教练员提示：LW5～LW9级运动员需要一定的协助；注意调整呼吸节奏。

（三）下肢力量训练

残奥高山滑雪运动员下肢力量训练目的在于重点提升视障组和站姿组运动员转弯时的控制力，改善坐姿组运动员的下肢单侧肌肉萎缩和躯干失衡状况。可采用重复训练法、间歇训练法和循环训练法，每组8～12次，共计3～5组，间歇时间为2～3min。具体练习手段如下。

1. 颈后杠铃深蹲

①双腿敞开站立，两脚向外张开呈"Y"字形，用颈后肩膀上方的三角肌的斜方肌顶住杠铃；

②下蹲时，平视前方，臀部后坐，上身微微前倾；

③缓慢半蹲至大腿水平位置，稍作停顿后，臀大肌和大腿肌肉发力起身。

训练目的：加强视障组和站姿组运动员转弯时对身体重心的控制；发展股四头肌、腘绳肌，以及臀部肌群的最大力量。

教练员提示：LW9～LW12级运动员需要辅助，并可适当降低负荷强度；腰部、背部及颈部均自然挺直。

2. 单腿杠铃深蹲

①用肩后侧和双手扛起杠铃，抬头挺胸；

②一条腿向后弯曲抬起，脚趾搭在平板凳上，另一条腿留在原地；

③保持背部挺直，双膝弯曲，身体下蹲，同时吸气，直至前腿的大腿与地面平行。

训练目的：加强视障组和站姿组运动员转弯时对身体重心的控制；增强股四头肌、腘绳肌，以及臀部肌群的力量耐力。

教练员提示：LW9～LW12级运动员需要辅助；注意控制呼吸节奏。

3. 杠铃硬拉

①两脚分开约与肩同宽；

②屈膝提起杠铃；

③至最高点时停顿2～3s，然后慢慢地下降返回，但不触地。

训练目的：加强视障组和站姿组运动员转弯时对身体重心的控制；增强臀大

肌、股四头肌、股二头肌，以及背部肌群的力量。

教练员提示：LW9～LW12级运动员需要辅助；负荷量逐步递增。

4. 双/单腿腿举

①仰卧，双手放在身体两侧；

②屈膝，屈髋，将腿向胸部方向尽可能抬高；

③先抬到最高处后停顿1～2s，再返回到起始姿势；如此重复。

训练目的：增强视障组和站姿组运动员的伸膝力量，增大股四头肌的围度。

教练员提示：LW9～LW12级运动员需要辅助，并严格控制负荷强度；返回起始姿势的速度适当放慢。

5. 跳跃栏架

①放置一排栏架，栏间保持在1m左右；

②两脚开立，与肩同宽，同时跳起越过第一个栏架，双臂自然摆动；

③落地时屈双膝，接着跃过下一个栏架，直到越过所有栏架。

训练目的：增大视障组和站姿组运动员的转弯半径；强化其下肢爆发力。

教练员提示：控制跳跃节奏。

6. 深蹲跳

①挺胸收腹，收紧臀部；

②脚尖与膝关节保持同一方向，膝关节不超过脚尖；

③落地时大腿与地面平行。

训练目的：增强视障组和站姿组运动员转弯时的控制力；发展臀大肌等肌群的力量。

教练员提示：LW2、LW4和LW9级运动员尤其应注重落地时的平衡控制；在起跳瞬间发力，同时两臂向下摆动。

7. 持哑铃侧边箱跳跃

①站姿，双手持哑铃；

②1/4蹲后，迅速跳向侧面的箱子；

③在双脚落地的同时屈膝缓冲；

④跳至另一侧；如此重复。

训练目的：强化视障组和站姿组运动员的姿态控制能力；发展其下肢爆发力。

教练员提示：LW2、LW4和LW9级运动员要注意落地时控制好身体重心。

第二节 残奥高山滑雪速度素质特征及训练

一、速度素质特征

残奥高山滑雪是一项从高坡向下滑行的雪上竞速运动，表现出滑道的线路越长，垂直高度差越大，旗门间距越大，下滑速度越快的速度特征。残奥高山滑雪4个分项的线路长度、垂直高度差和旗门间距由大到小排序依次为滑降＞超级大回转＞大回转＞回转，滑降运动员的下滑速度最快，与高山滑雪运动员的速度特征类似。从平均速度来看，男子高山滑雪运动员的最高速度可超过150 km/h；超级大回转运动员次之，平均速度为90～100 km/h；大回转运动员的平均速度为40～60 km/h；回转运动员的平均速度为30～40 km/h。从具体的环境条件看，男子回转比赛时在相对平坦（19.8°）和陡峭（25.2°）的坡度的速度分别为11.8 m/s 和 12.4 m/s；大回转比赛时的入门速度为15.25～17.66m/s，转弯速度为15～21m/s；推测正坡向的冲击速度超过6.8 m/s，测试发现其头部撞击的平均速度为（5.2±1.1）～（13.5±1.3）m/s。从上述数据可以推测，残奥高山滑雪运动员下降和转弯时的速度较快。

残奥高山滑雪比赛主要为无氧供能，以满足运动员短时即刻能量需求。有学者选择2名LW12-1、1名LW11、2名LW10-2和1名LW10-1级运动员作为受试对象，进行了实验室体能测试、标准滑雪条件下滑雪（滑雪穹顶）和符合规则要求的在室外斜坡上的雪上试验。结果显示，对参加回转前实验室测试的运动员进行递增试验（$n=4$），测得最大心率（HRmax）为195±6次/分，最大血乳酸为11.8±0.9mmol/L；男女运动员的HRmax分别为188±22次/分和165±35.9次/分，最大血乳酸分别为9.3±2.5mmol/L和7.9±1.2mmol/L；男子第一通气阈值（VT1）和第二通气阈值（VT2）分别为1.13±0.18L/min和1.88±0.04L/min，女子VT1和VT2分别为0.96±0.07L/min和1.61±0.13L/min；在3个轮次中，所有运动员的肺通气量都保持在VT1以下，或VT1和VT2之间，可见总体上，残奥高山滑雪运动员的代谢值低于健全高山滑雪运动员的代谢值。究其原因，主要有3点：①受不同残疾类别和残疾级别的影响，在回转和大回转转弯过程中产生的外力在很大程度上被坐姿组滑雪板的悬架单元所吸收，大大减轻了运动员的实际负荷，同时背部和腹部肌肉用于保持平衡，但可能不需要产生与站姿组运动员相同的高离心力；②残奥高山滑雪与健全高山滑雪比赛的赛道设置有差异；③残奥高山滑雪的运动训练负荷较轻。综上可以推测，残奥高山滑雪运动员的雪上速度明显低于健全高山滑雪运动员。

二、速度素质训练

（一）旱地速度训练

残奥高山滑雪运动员旱地速度训练的目的在于提升视障组、站姿组和坐姿组运动员的反应速度和位移速度。可采用重复训练法、间歇训练法和循环训练法，通常为每组 6～10 次，共计 3～6 组，间歇时间为 3～5min。具体练习手段如下。

1. 冲刺跑

①两腿交替用力，做后蹬与前摆动作；

②逐渐抬起上体，加大步长，加快步频；

③两臂配合双腿做有力的摆动，获得向前的最大冲力。

训练目的：提高视障组、站姿组和坐姿组运动员的位移速度。

教练员提示：坐姿组运动员可采用轮椅冲刺滑；视障组和站姿组运动员可采用站立式起动；建议加速距离为 15～20 m。

2. 往返跑

①起动时屈身，两腿屈膝，前后开立；

②加速跑呈直线，加速后蹬；

③俯身摸线时，迅速降低身体重心，用前脚的内侧蹬地制动；

④摸到线后，迅速转身加速。

训练目的：增强视障组、站姿组和坐姿组运动员的变向能力。

教练员提示：站姿组运动员可选择单足跳，坐姿组运动员可选择轮椅滑；建议每 5m 折返变向或每 2～3 步折返变向。

3. 前倾快速跑

①双脚并拢站立；

②前倾身体至失去平衡；

③以最快速度和频率加速。

训练目的：提升视障组和站姿组运动员腿部的动作速度和加速时上体前倾的能力。

教练员提示：坐姿组运动员可选择轮椅滑 20～30m；视障组和站姿组运动员起跑后跑 10～15m。

4. 后踢腿跑

①上体保持正直；

②摆动腿，用脚跟拍击臀部；

③膝关节在弯曲过程中向前摆动。

训练目的：提高视障组和站姿组运动员下肢的动作速度。

教练员提示：坐姿组运动员可选择单腿完成；站姿组运动员可佩戴假肢；运动员可根据自身的能力适当加快步频。

5. 变向跳

单腿或双腿向前跳、向后跳或向侧跳。

训练目的：提高视障组、站姿组和坐姿组运动员的转弯控制能力。

教练员提示：LW10～LW12 级运动员可选择原地小幅度变向跳；注意屈膝缓冲。

（二）雪地速度训练

残奥高山滑雪运动员雪地速度训练的目的在于提升运动员的专项速度。可采用重复训练法、间歇训练法和循环训练法，通常每组 6～8 次，共计 3～6 组，间歇时间为 3～5min。具体练习手段如下。

1. 雪上牵引训练 100～200m

①使用牵引装置；

②最大限度地提高运动员的滑行速度，使运动员的滑行速度有所突破，获得新的速度感。

训练目的：提高视障组、站姿组和坐姿组运动员的最大滑行速度和速度保持能力。

教练员提示：坐姿组运动员可快频撑杖，同时保持躯干前倾；选择初级滑雪道；牵引的距离不超过 200m。

2. 雪上启动、冲刺 150～200m

①进行 150～200m 的启动加速与冲刺练习；

②要求运动员全力加速或冲刺。

训练目的：提高视障组、站姿组和坐姿组运动员的速度感知能力。

教练员提示：视障组运动员可体会速度控制；坐姿组运动员应注意点杖时机；可选择中级坡；随着竞技水平的提升，运动员可选择高级坡进行练习。

第三节 残奥高山滑雪耐力素质特征及训练

一、耐力素质特征

残奥高山滑雪比赛是一项高强度的无氧运动，无氧代谢供能超过整个供能需求的60%，但有氧代谢也满足了机体的能量需求。从高山滑雪比赛的统计结果来看，大回转运动员在短道和长道的有氧系统供能比例分别为43.9%±5.7%和48.5%±2.5%，在持续55～70s的回转与大回转项目中，糖酵解供能比例约为40%，磷酸原供能比例为25%～30%，有氧供能比例为30%～35%。由此可以推测，残奥高山滑雪运动员的有氧代谢供能不容忽视。研究发现，残奥高山滑雪坐姿组运动员的有氧能力远远低于健全高山滑雪运动员。有学者测试2名LW12-1、1名LW11、2名LW10-2和1名LW10-1级运动员的结果显示，参加回转比赛前实验室测试运动员的VO_2max为33.1±1.2mL/（kg·min）（2.1±0.5L/min）；男女运动员的VO_2max分别为35±3.6mL/（kg·min）（2.4±0.2L/min）和44.5±4.9mL/（kg·min）（1.8±0.2L/min）；将测试变量标准化为实验室最大值（%VO_2max，%HRmax），回转运动员摄氧量和心率的值达到约30%VO_2max和60%HRmax，大回转运动员摄氧量和心率的值略高于50%VO_2max和75%HRmax。另有研究测得残奥高山滑雪坐姿组运动员的最大摄氧量为2.8±0.18 L/min。此外，残奥高山滑雪比赛通常持续45s至2.5min，其耐力素质还表现在动作的保持能力方面，应参考高山滑雪运动员重点发展保持45～150s敏捷的力量耐力的训练，从而保持身体姿态的相对稳定。

二、耐力素质训练

残奥高山滑雪耐力训练形式包括骑自行车、跑步、游泳、皮划艇、溜冰、足球、曲棍球，以及通过障碍赛道进行的激烈活动。

（一）力量耐力训练

残奥高山滑雪运动员力量耐力训练的目的在于提升运动员的动作保持能力。可采用持续训练法、重复训练法和循环训练法，通常做 3～6 组，间歇时间为 3～5min。具体练习手段如下。

1. 立卧撑 1min

①由直立姿势开始，下蹲并两手撑地，伸直腿呈俯撑；

②收腿呈蹲撑；

③还原成直立；

④每次持续 1min，做 4～6 组，间歇时间为 5min。

训练目的： 提高视障组、站姿组和坐姿组运动员的力量耐力。

教练员提示： 主要针对视障组运动员，站姿组和坐姿组运动员可选择做俯卧撑；动作规范，只有站起来才算完成一次练习。

2. 连续半蹲跑

①呈半蹲姿势（大小腿呈 100° 左右）；

②向前跑 50～70m。

训练目的： 提高视障组和站姿组运动员下肢肌群的力量耐力。

教练员提示： 主要针对视障组运动员；站姿组运动员可采用单足跳方式训练；建议重复 5～7 次，间歇时间为 3～5min。

3. 连续引体向上或臂屈伸

①双手握杠，两臂支撑在双杠上；挺胸顶肩，上肢、躯干与双杠垂直，两腿屈膝，交叠于两踝关节部位；

②肘关节慢慢弯屈，同时肩关节伸屈，使身体逐渐下降至最低位置；

③保持姿态 1s 后，两臂用力撑起至还原。

训练目的： 提高视障组、站姿组和坐姿组运动员上肢肌群的力量耐力。

教练员提示： 主要针对视障组和坐姿组运动员；LW1～LW4 及 LW9～LW12 级运动员需要辅助；建议每组做 20～30 次，做 4～6 组，间歇时间约为 5min。

（二）速度耐力训练

残奥高山滑雪运动员速度耐力训练的目的在于提升运动员的速度保持能力。

可采用持续训练法、重复训练法和循环训练法，通常每组做6～8次，做3～6组，间歇时间为3～5min。具体练习手段如下。

1. 重复爬坡跑

在斜坡上进行上坡跑训练，跑距为250～300m，重复5～10次。

训练目的：增强视障组、站姿组和坐姿组运动员的心肺能力和腿部肌力。

教练员提示：坐姿组运动员可选择缓坡轮椅滑。

2. 连续跑台阶

①在每级台阶20cm高的楼梯或每级台阶50cm高的看台上，连续跑30～50步；如果跑每级台阶20cm高的楼梯，则每步跳2级台阶；

②重复6～10次，间歇时间约为5min。

训练目的：提高视障组、站姿组和坐姿组运动员的下肢爆发力，改善其心血管和呼吸系统的功能。

教练员提示：LW2、LW4级运动员可选择单足连续跳；练习时不能间断；不规定完成时间。

3. 负重耐力跑

①通常负重为个人体重的8%～20%，进行持续1000～1500m的重复跑；

②重复4～6次，间歇时间约为5min，或保持间歇时间充分。

训练目的：提高视障组、站姿组和坐姿组运动员的摄氧能力。

教练员提示：坐姿组运动员可选择轮椅滑5km以内。

4. 法特莱克跑

在场地、田野或公路上，以不同的速度跑3000～4000m。

训练目的：改善视障组、站姿组和坐姿组运动员的心肺功能。

教练员提示：坐姿组运动员可采用轮椅滑；建议进行阶梯式变速，如50m快、100m慢、100m快、150m慢的渐加式。

5. 越野滑雪训练

在场地、田野、公路或雪地上，进行配速均匀、距离约为5km或时间约为1h的越野滑轮或滑雪训练。

训练目的：改善视障组、站姿组和坐姿组运动员的心肺功能。

教练员提示：坐姿组运动员可采用轮椅滑。

第四节　残奥高山滑雪平衡能力特征及训练

一、平衡能力特征

残奥高山滑雪运动员比赛时，长时间在超临界状态下进行下滑或转弯，尤其需要在高速转弯时快速转换身体重心，因此需要具备良好的身体控制能力。从高山滑雪相关研究来看，运动员下肢的运动范围并不大，在转舵期外膝角保持在125°～135°，且始终大于内膝角，内膝角的变化范围为95°～120°；转弯时膝关节和髋关节的运动角度范围为20°～50°。这些数据体现了高山滑雪运动员极佳的平衡能力，对于残奥高山滑雪运动员具有重要的参考价值，尤其是站姿组运动员，无论是单侧肢体损伤还是双上肢损伤，其平衡能力都会受到很大影响，因此需要通过强化其平衡能力训练来减小肢体损伤带来的负面影响。对于坐姿组运动员而言，则主要依靠核心力量和借助雪杖进行身体控制。残奥高山滑雪坐姿组脊髓损伤运动员躯干屈肌、伸肌和旋转肌群的肌力与其平衡功能具有显著相关性，身体功能残障会直接影响其身体姿态的控制。卡宾转弯时，坐姿组运动员雪板前后连线与踝关节速度矢量的夹角均值为6.1°±3.2°。

残奥高山滑雪运动员的协调/运动控制、平衡和敏捷性训练通常借鉴了高山滑雪运动员的训练经验，即与力量或耐力训练相结合。残奥高山滑雪比赛的特点是雪板与雪接触不稳定，特别是在软雪等场地条件下，平衡结合力量训练的目的是通过神经适应来改善不稳定状态下的运动模式。在力量训练或多功能训练中加入不稳定成分，如使用平衡盘和稳定球等设备，已被证明可以改善运动员神经肌肉运动模式。残奥高山滑雪视障组和站姿组运动员的平衡能力测试可以参照高山滑雪运动员的平衡能力测试，通常采用 MFT S3-Check，在前后、左右运动中分别计算感官平衡和对称平衡得分，并将其纳入稳定性得分范畴。例如，有学者选取世界优秀高山滑雪运动员在常压低氧舱进行 60s 平衡试验，结果表明，在高氧预适应阶段后，以感受性（$p=0.097$）、稳定性（$p=0.937$）和对称性（$p=0.202$）评分为指标的运动员平衡表现无显著差异，并随着时间的推移而下降（组间无差异），低氧预适应阶段不影响低氧环境条件下的运动员平衡表现。此外，对于高山滑雪运动员的动态平衡和腿部力量也常采用双腿跳高测试进行评估。残奥高山滑雪站姿组与视障组运动员的平衡能力评估可在参照上述方法的基础上加以改进，以找出适合该残障类型的平衡能力评估方法；坐姿组运动员的平衡能力评估则有待于进一步的实验性探索。

二、平衡能力训练

可采用重复训练法、间歇训练法和循环训练法，通常安排每组做 30～60s 或每组做 10～12 次，做 3～5 组，间歇时间为 30～90s，从而提升运动员的身体重心控制能力和姿势稳定能力。

1. 平衡盘上颈前蹲举

①站在平衡盘上，挺胸收腹，双手持哑铃，置于锁骨前上方；

②保持上半身挺直，臀部向后向下蹲，蹲至大腿水平位置；

③还原呈站姿，并向上推举哑铃，直到双臂垂直地面。

训练目的：增强视障组、站姿组和坐姿组运动员股四头肌力量和身体的核心稳定性。

教练员提示：主要针对视障组和站姿组运动员；LW9～LW12 级运动员可选择坐在平衡盘上；可两人一组，相互辅助。

2. 抗力球哑铃卧推

①仰卧在抗力球上，屈膝呈 90°；

②双手上推哑铃；

③屈肘下拉，还原至锁骨位置附近。

训练目的：增强视障组、站姿组和坐姿组运动员的胸大肌、三角肌和肱三头肌力量，以及身体的核心稳定性。

教练员提示：LW6～LW12 级运动员需要辅助或选择坐姿；两脚间距与肩同宽或略比肩宽。

3. 平衡盘上单 / 双腿蹲

①两脚间距与肩同宽或略比肩宽，抬头朝向正前方，背部挺直；

②单腿或双腿屈膝深蹲。

训练目的：增强视障组、站姿组和坐姿组运动员的腿部、臀部，以及身体的核心力量，增强身体协调性和平衡感。

教练员提示：LW6～LW12 级运动员需要辅助或选择坐姿；尽可能深蹲。

4. 侧步跃上波速球

两人一组，一人抛球，另一人在接球的同时单脚或双脚跃到波速球上。

训练目的：增强视障组和站姿组运动员的下肢肌力和身体的核心稳定性。

教练员提示：LW5 和 LW7 级运动员可选择徒手练习；落地时屈膝缓冲。

5. 波速球俯卧撑

①双手撑在波速球上，脚撑地；

②身体下降至胸部与手平行，再用力撑起，倾斜角度小于 45°，其他要求与俯卧撑相同。

训练目的：发展视障组、站姿组和坐姿组运动员的核心力量，提升身体的平衡感及本体感觉。

教练员提示：坐姿组运动员可选择两膝跪地。

6. 单腿罗马硬拉

①站姿，腰背挺直，核心收紧，双臂自然下垂或叉腰；

②慢慢向前俯身，支撑腿伸直，非支撑腿向后抬起；

③俯身至上半身与地面平行后，起身还原。

训练目的：增强视障组、站姿组和坐姿组运动员的臀大肌力量及身体的核心稳定性。

教练员提示：坐姿组运动员可佩戴假肢，控制向前俯身的速度；也可利用悬挂器械、滑行盘或手持木棍，辅助单腿硬拉；还可进行负重单腿硬拉。

第三章
残奥高山滑雪运动技术训练

残奥高山滑雪项目基本技术包含滑降和转弯两大类，各类基本技术又包括多项子技术。本章内容主要包括残奥高山滑雪技术特征和技术训练。其中，在残奥高山滑雪技术特征部分重点介绍了转弯等核心技术的运动学特征和表面肌电特征，在残奥高山滑雪技术训练部分详细阐述了不同滑降技术和转弯技术的训练方法与手段。

第一节 残奥高山滑雪技术特征

残奥高山滑雪技术的核心在于转弯。对于残奥高山滑雪视障组与站姿组运动员来说，高山滑雪是一项低关节角度的运动，在转弯时以外侧腿膝关节伸肌为主，膝角和膝角速度较小，并且与下滑速度成反比，从而能够更好地控制肌肉。研究表明，在转弯过程中，外侧（主承重）腿的最小（最深的站位）膝角为 60°～100°，膝角速度范围为 15°～300°/s，各分项的膝角和膝角速度由小到大排序为超级大回转＜大回转＜回转。残奥高山滑雪视障组与站姿组运动员的髋关节与膝关节的特征相似，同样呈现出较小的角度和角速度，其角度运动范围为 20°～50°，平均关节速度为 20°～40°/s，但髋关节伸肌受力较大，关节接触力从 4.1 ± 0.6 倍体重（长弯道，平缓坡）到 7.8 ± 1.5 倍体重（短弯道，陡坡）不等。因此，残奥高山滑雪视障组与站姿组运动员可以通过强化下肢力量优化技术动作。

残奥高山滑雪视障组与站姿组运动员转弯时，下肢肌群与身体核心肌群的参与数量较多，并且不同肌群的参与程度有所差异。有研究探讨了高山滑雪运动员转弯过程中的肌肉激活情况，结果显示，其腓肠肌内侧和竖脊肌的平均振幅均大于 50% 最大随意收缩力；股内侧肌、股外侧肌、股二头肌、臀大肌、内收肌、内侧腓肠肌、股直肌和竖脊肌的峰值振幅大于最大自主收缩的150%，除臀大肌外，转弯需要更高的肌肉参与程度。对于残奥高山滑雪站姿组与坐姿组运动员来说，非残肢相应肌群的参与程度可能相对更高，视障组运动员的负荷强度远远小于健全运动员，其相关肌群的参与程度可能相对较低，具体有待相关学者进行实验验证。

在技术训练安排方面，残奥高山滑雪运动员与高山滑雪运动员的年度周期训练安排极为相似，呈现出"夏体能，冬技术"的周期性特征，其根本原因可能在于比赛与训练受气候、积雪等自然环境条件的影响较大，而季节的周期性变化决定了比赛期的周期性。调查发现，高山滑雪运动员的年度训练周期主要划分为准备期和比赛期两个阶段，准备期从4月在冬季残留的雪上进行滑雪训练开始，5—7月以多种体能训练为主、陆地专项技术模拟为辅，8—10月或11月在滑雪场进行技术训练；比赛期由10月或11月—次年3月，在没有比赛的几周内，训练类似于准备期的轻滑雪训练；在次年4、5、7月将恢复期纳入训练安排，而不是在赛季之后规划一个单一的过渡时期。考虑到训练条件和比赛日程等因素，我国残奥高山滑雪年度训练周期划分如下。

①基本准备期（5—8月）：春夏期间，以体能为主，包括有氧无氧能力、肌肉力量、移动灵活性、集中注意力等训练，并辅以陆地专项技术模拟；

②赛前准备期（9—12月）：专项技术训练集中在夏末和秋季，即第一次雪上训练开始于冰上；

③比赛期（12月—次年3月）：以专项技术训练为主、体能训练与心理调控为辅，负荷强度大，负荷量较小；

④恢复期（次年4—5月）：以基础体能训练为主，小强度，小量。

第二节　残奥高山滑雪技术训练

一、滑降技术训练

（一）双板平行直滑降

1. 技术要领

①滑行中始终保持基本姿势，全身放松，依靠重力下滑，体态左右对称，重

心在两板中间，保持双雪板运行的直线性；

②保持双雪板平行板型，板面与雪面吻合；双脚用力均衡，踏实雪板；

③双膝始终切实前顶、富有弹性、避免僵直，发挥缓冲及调整作用；

④在初级阶段及慢速坡训练中以基本姿势（高姿势）为主；进入中高级阶段后可在陡坡快速滑降中采用中姿势。

训练目的：提高运动员对双板平行直滑降技术的掌握水平。

教练员提示：尽量选择起点平坦、能够站稳的地方起滑；如果选择有坡度的滑雪道，则可以使用双雪杖在体前逆向撑住；尽量选择能够在终点自然停住的滑雪道。

2. 技术练习

可采用重复训练和间歇训练，通常安排每组做5～6次，共计3～5组，间歇时间约为2min。具体练习手段如下。

（1）重心上下起伏练习

通过脚踝部的伸展和屈曲，进行重心上下起伏及小跳起的练习。

训练目的：熟悉板性，提高身体姿势控制能力；主要针对视障组和站姿组运动员。

教练员提示：建议选择缓坡或中级坡进行练习。

（2）重心前后移动练习

通过顶住双膝、上体前倾与后撤的变化，进行重心前后移动的练习。

训练目的：熟悉板性，提高身体姿势控制能力；主要针对视障组和站姿组运动员。

教练员提示：建议选择缓坡或中级坡进行练习。

（3）重心左右移动练习

视障组与站姿组运动员通过两板轮换承重滑行，坐姿组运动员通过躯干控制身体重心，进行重心左右移动的练习。

训练目的：熟悉板性，提高身体姿势控制的能力。

教练员提示：尽量选择缓坡或中级坡进行练习。

（4）立刃练习

进行双雪板同时立起内刃的滑行练习。

训练目的：提高运动员控制雪板的能力；主要针对视障组和站姿组运动员。

教练员提示：建议首选缓坡练习，随着运动员水平的提升，可适当加大坡度。

（5）重心转换练习

进行上体向左右扭转的练习。

训练目的：提高身体姿势控制能力。

教练员提示：建议选择缓坡进行练习。

（二）犁式直滑降

1. 技术要领

①呈滑雪基本姿势，在下滑过程中保持躯体和手臂的姿态不变；

②以双板前尖为假想圆心，以双雪板为半径，以双足拇趾跟部球状处为力点，双脚跟同时向外辗转，将双雪板后部同时外推，板尖相距约10cm，双雪板呈犁式板形；双膝稍屈并略有内扣，双腿中轴线与雪面呈等腰三角形，两雪板在雪面上也呈等腰三角形；

③在双雪板呈犁式板形后，立住内刃，靠双脚内侧均衡用力滑行，大、中、小犁式变化时以双足拇指根部为力点进行辗转；

④重心位于两板中间，体态的左右外形、双腿的用力多少、双雪板用力的程度、双雪板尾向外辗转的大小均应对称；

⑤上身放松，目视前方雪面；

⑥根据速度、坡度、雪质、用途的不同，随时调整犁式直滑降前后的重心位置，做出相应的移动动作；还可通过肌力调整雪板刃施力的大小及立刃的强弱，达到控制速度、维持平衡的目的。

训练目的：增强运动员灵活运用犁式直滑降技术的能力。

教练员提示：尽量选择在能够站立的缓坡上进行练习。

2. 技术练习

可采用重复训练和循环训练，通常安排每组做5～6次，共计3～5组，间歇时间约为5min。具体练习手段如下。

（1）滑降技术转换练习

在滑降过程中，采用犁式直滑降与双板平行直滑降进行转换练习。

训练目的：提高运动员对不同滑降技术的掌握水平。

教练员提示：选择缓坡或中级坡进行练习。

（2）板型转换练习

大、中、小犁式板形互相转换练习。

训练目的：提高运动员对雪板的适应能力。

教练员提示：首先选择缓坡进行练习，随着竞技水平的提升，可增大滑雪道的坡度和转换频率。

（3）形式变换练习

形式变换练习主要包括：改变立刃角度大小的反复练习；改变足底用力大小的反复练习；加大犁式直滑降的幅度和强度，进行减速与停止的练习。

训练目的：提高运动员对不同技术的适应能力和反应能力。

教练员提示：首先选择缓坡进行练习，随着竞技水平的提升，可增大滑雪道坡度。

（三）双板平行斜滑降

1. 技术要领

①在坡面上呈滑雪基本姿势，斜对山下方向；

②山上膝稍前，双膝向前上方倾斜压送，双雪板山上板刃刻住雪面；山下侧板承重更大；上身稍向山下方向横倾和扭转，形成反向反倾反弓姿势，从而更好地维持身体平衡；

③保持姿势，提起雪杖向下斜滑，在滑行过程中注意踩实板，保持滑行的直线性；由山下板承重；

④在保持小反弓形姿势的同时，想象呈双肩连线、髋部两侧连线、双膝连线与山坡坡面线形成的四线基本平行；

⑤斜滑降时反弓形姿势的变化和用刃根据斜滑的速度、斜度、雪质协调一致；

⑥两臂自然放松，微提起雪杖，在斜滑降中雪杖只起加速作用。

训练目的：提高运动员对双板平行斜滑技术的掌握水平。

教练员提示：目视滑行方向前方约 10m 处雪面。

2. 技术练习

可采用重复训练、循环训练和间歇训练，通常安排每组做 5～6 次，共计 3～5 组，间歇时间约为 5min。具体练习手段如下。

（1）交替负重练习

在直线斜滑降中，分别采用山上侧板外刃承重和山下侧板内刃承重，进行交替练习,体会两腿互换负重时的滑行感觉;两板交换承重时,可抬起非承重板。

训练目的:增强运动员的板性和控制身体重心的能力;主要针对视障组与站姿组运动员。

教练员提示:多体会重心转换时的控制力。

(2)左右转体练习

在斜滑降中,进行左右转体动作。

训练目的:提高运动员对身体姿势的控制能力。

教练员提示:可逐渐增大幅度,以提高视障组与站姿组运动员的下肢、坐姿组运动员躯干对雪板的控制能力。

(3)非持杖练习

将双雪杖放在一起,平举在胸前或扛于肩后。

训练目的:增强运动员的姿势控制和滑行速度控制的能力;主要针对视障组与坐姿组运动员。

教练员提示:体会反弓反向姿势要领。

(四)犁式斜滑降

1. 技术要领

①呈犁式直滑降姿势,斜对滚落线向下斜滑行;

②山下板的承重及立刃均略大,身体的形态不完全对称。

2. 技术练习

可采用重复训练和间歇训练,通常安排每组做3~5次,共计3~5组,间歇时间约为5min。具体练习手段如下。

采用双板平行斜滑降、犁式斜滑降、犁式直滑降等滑降技术进行转换练习。

训练目的:增强运动员灵活运用不同滑降技术的能力。

教练员提示:随着竞技水平的提升,可加快技术变换节奏。

(五)横滑降

1. 技术要领

①呈站立姿势,两板尽量平行靠近,山上板稍向前半脚;

②身体侧对滚落线方向,与斜滑降相比,上身向山下扭转的幅度更大;

③双腿基本直立，由双雪板山上板侧刃刻住雪面，山下板的承重更大；调整雪板立刃角的大小，控制下滑速度；加大立刃时减速，放平雪板时速度加快；

④重心前移，雪板向前下方滑动；重心后移，雪板向后下方滑动。

训练目的：增强运动员灵活运用横滑降技术的能力。

教练员提示：通常情况下，进行该练习时不持雪杖。

2. 技术练习

可采用重复训练、间歇训练和循环训练，通常安排每组做3~5次，共计3~5组，间歇时间约为5min。具体练习手段如下。

（1）匀速横滑降练习

训练目的：熟悉板性和增强控制滑行速度的能力。

教练员提示：该练习方式在初级水平运动员中运用更为广泛。

（2）直滑降与横滑降转换练习

训练目的：增强灵活运用不同滑降技术的能力。

教练员提示：该练习更适用于中级水平运动员。

（3）两板山上侧板刃交换承重的练习

训练目的：增强控制身体重心的能力；主要针对视障组与站姿组运动员。

教练员提示：建议在中级坡上进行练习。

二、转弯技术训练

（一）技术要领

一个完整的转弯周期包括左转弯（外侧腿阶段）和两个相连的右转弯的一半（内侧腿阶段）。图1-3-1中的曲线表示大回转的转弯路线，其中，条纹部分表示以离心肌肉动作为主的时间段，空白部分表示以向心动作为主的时间段。转弯技术训练尤其适用于视障组和站姿组运动员。

①控制转弯半径，压旗杆或掏旗杆滑行，尽量靠近旗杆，避免绕旗杆；

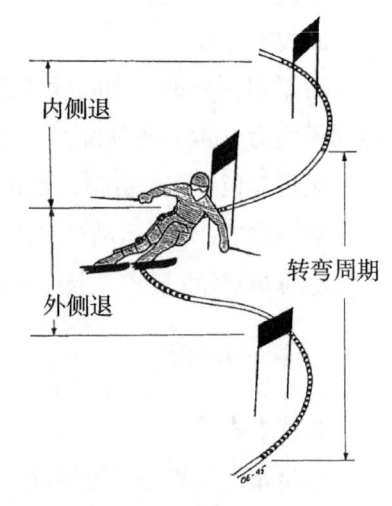

图 1-3-1 高山滑雪转弯

②控制速度；

③眼睛尽量向下看，而非注视前方。

教练员提示：坐姿组运动员尤其需要注意避免身体重心后坐。

(二) 技术练习

可采用重复训练和循环训练，通常安排每组做 3～5 次，共计 3～5 组，间歇时间约为 5min。具体练习手段如下。

1. 原地模拟练习

持雪杖原地进行单一转弯或转弯互换练习。

训练目的：熟悉板性；主要针对视障组和坐姿组运动员。

教练员提示：深化对转弯技术动作的理解。

2. 中缓坡转弯练习

进行单一转弯或转弯互换练习。

训练目的：提高对转弯技术的熟练程度，为连续转弯打好基础。

教练员提示：随着竞技水平的提升，逐步加快转换节奏。

3. 中级坡练习

中级坡练习包括：长短距离的连续转弯练习；大、中、小转弯相结合的练习；利用旗门限制进行单一转弯或转弯互换练习。

训练目的：增强运动员身体姿势和转弯速度的控制能力。

教练员提示：随着竞技水平的提升，逐步加快转换节奏。

4. 高级坡练习

后者沿着前者的转弯弧迹进行练习；在比赛道上进行转弯练习。

训练目的：提高运动员对比赛环境的适应能力。

教练员提示：保持安全距离。

第四章

残奥高山滑雪热身与恢复训练

残奥高山滑雪训练与比赛的低温环境会促使运动员身体向环境传热，运动员热身不足可能导致体温过低和/或冻伤，恢复不足则易加重运动员的伤残情况。本章主要包括残奥高山滑雪热身训练与残奥高山滑雪恢复训练两大部分内容。其中，残奥高山滑雪一般性热身和专项性热身，训练学恢复、医学生物学恢复和营养学恢复是本章重点阐述的内容。

第一节　残奥高山滑雪热身训练

一、一般性热身

残奥高山滑雪运动员的一般性热身多采用拉伸和低强度的小力量练习，其中，视障组与站姿组运动员侧重于腰腹和下肢活动，坐姿组运动员更重视上肢与身体核心活动，训练负荷强度较低。

（一）静态拉伸

静态拉伸通常将肌肉被动缓慢地牵拉至不引起疼痛情况下的最大幅度，并保持20～30s，可采用重复训练法，通常安排每组做10～15次，共计3～5组，间歇时间为1～2min。具体训练手段如下。

1. 腹背压腿

训练目的： 激活腓肠肌和股二头肌。

教练员提示： 逐步增加下振幅度。

2. 腹背后伸

训练目的： 激活腓肠肌和股二头肌。

教练员提示： 双臂向后发力。

3. 腰腹拉伸

训练目的： 激活大腿后侧肌群与竖脊肌，提高腰腹的活动程度。

教练员提示： 转体幅度大，两腿挺直并充分伸展。

4. 团身拉伸

训练目的： 提高脊柱的活动程度。

教练员提示： 最大限度地拉伸身体。

（二）动态拉伸

动态拉伸利用肌肉的主动收缩、拉长，扩大关节活动范围，增强肌肉肌腱弹性，以减少和预防运动损伤。动态拉伸可采用重复训练法。具体训练手段包括：

1. 颈部拉伸

训练目的： 提高颈部的活动程度，减少和预防颈部损伤。

教练员提示： 注意变换节奏。

2. 手臂拉伸

训练目的： 拉伸肩袖肌群和胸大肌，提高肩关节和胸椎的活动程度。

教练员提示： 最大限度地拉伸手臂。

3. 腿部拉伸

训练目的： 激活腿部前侧、后侧及内侧肌群。

教练员提示： 尽量保持上身正直；保持全脚掌着地。

4. 腰部拉伸

训练目的： 激活竖脊肌，提高腰部的活动程度。

教练员提示： 向后绕环时要抬头下腰，绕环速度稍慢。

5. 膝关节拉伸

训练目的： 激活腿部前侧和后侧肌群，提高膝关节的活动程度；主要针对视障组和站姿组运动员。

教练员提示： 屈膝半蹲。

6. 髋关节拉伸

训练目的： 提高髋关节的活动程度。

教练员提示： 上身及双肩尽量不动。

7. 踝腕拉伸

训练目的： 提高踝关节和腕关节的活动程度。

教练员提示： 重视踝腕拉伸。

（三）小力量练习

1. 平板支撑

训练目的： 激活腹部肌群及臀部肌群，增强对身体姿势的控制能力。

教练员提示： 头部、肩部、胯部和踝部保持在同一平面。

2. 侧桥

训练目的： 激活腹横肌、腹斜肌、腹直肌等核心肌群和臀部肌群。

教练员提示： 体重应分布在膝关节和前臂之间。

3. 团身跳

训练目的： 激活下肢肌群和核心肌群。

教练员提示： 尽量轻落地训练。

4. 台阶提踵

训练目的： 提高膝关节和踝关节的稳定性，维持身体平衡。

教练员提示： 可选择单腿或双腿训练。

二、专项性热身

可采用重复训练法，间歇时间为 1～2min。具体训练手段如下。

（一）腘绳肌拉伸

①把雪杖放在身体两侧以作支撑，将一支雪板尾部放在前面雪地上，使其垂直指向外面；

②伸直膝关节，直到大腿后部有拉伸感觉。

训练目的： 激活腘绳肌等大腿后侧的肌群。

教练员提示： 建议动作保持约每次 20s，做 3～4 次为宜。

（二）侧步

①屈膝半蹲，右脚向侧面迈一步，然后把左脚移过来；
②左脚向后迈一步，然后右脚向后迈一步。
训练目的： 激活股四头肌和臀大肌等肌群，提高身体的核心稳定性。
教练员提示： 可以通过增加一个小跳跃来进行训练；持续时间约 1.5min。

（三）内收肌群拉伸

①两板分开，单膝屈；
②同时保持另一膝关节伸直，能够感受到直腿内侧的拉伸；
③换另外一侧，重复进行。
训练目的： 激活大腿内收肌群。
教练员提示： 建议动作保持约每次 20s，做 3～4 次为宜。

（四）半蹲式脊柱和手臂弯曲/伸展

①持杖，屈膝成蹲，同时将手臂向下向后拉；
②再次站直，同时将手臂举过头顶。
训练目的： 激活股四头肌和臀大肌，提高身体的核心稳定性。
教练员提示： 建议动作持续约 1.5min。动作保持约每次 20s，做 3～4 次为宜。

（五）弯曲旋转

①两板分开，膝盖弯曲；
②一只手向下伸向另一侧雪靴的外侧，另一只手向后伸；
③换一侧重复。
训练目的： 激活股四头肌和臀大肌。
教练员提示： 建议动作持续约 1.5min。

（六）脊柱拉伸

侧屈： 将雪杖在头顶上扣在一起，滑雪板分开，身体从一侧向另一侧弯曲。

训练目的：激活脊柱肌肉和身体稳定系统。

教练员提示：持续约 5s 或 5s×2。

屈/伸：不用雪杖，双腿伸直，慢慢俯身向脚踝弯下；在伸直身体后，将手放在腰背部，向后拱，直到感觉舒适为止。

训练目的：激活和加强脊柱深部伸肌，动员腰背部屈曲肌肉。

教练员提示：持续约 5s×2。

旋转：呈站姿，雪板分开，在允许的情况下转到身体一侧，在身后点杖再重复动作至另一侧。

训练目的：激活背部肌群。

教练员提示：建议持续约 5s×2。

（七）举腿摆臂

①持杖，单腿屈膝并前举；

②同时举起对侧手臂；

③换一侧重复。

训练目的：激活大腿前侧和后侧肌群，并提高身体核心稳定性；主要针对视障组和站姿组运动员。

教练员提示：注意控制身体姿态。

（八）小腿拉伸

①前膝弯曲，后膝伸直；

②身体前倾，倚靠在雪杖上。

训练目的：激活腘绳肌。

教练员提示：以能够感觉到后腿小腿拉伸的幅度为宜。

（九）髋关节左右转动

①滑雪板平行点向右侧雪杖，同时向左移动骨盆；

②将骨盆向右移动；如此重复。

训练目的：提高髋关节的灵活度；主要针对视障组和站姿组运动员。

教练员提示：注意控制力度。

（十）转弯练习

在舒适的情况下，滑下一个平缓的斜坡。

训练目的：强化运动员的雪感。
教练员提示：尽可能多地转弯。

（十一）热身滑

训练目的：强化运动员的雪感。
教练员提示：建议滑行1~4次，包括技术滑行。

（十二）训练道上的检查滑行

训练目的：提高运动员的比赛适应能力，同时提高中枢神经和肌肉的兴奋度。
教练员提示：建议滑行1~2次。

（十三）滑雪道上的训练滑行

训练目的：提高运动员的比赛适应能力。
教练员提示：建议滑行3~8次；0~4次在滑道上进行附加滑行。

第二节　残奥高山滑雪恢复训练

一、训练学恢复

（一）简单有氧运动

①整个身体放松；
②保持身体有节奏地上下起伏。

训练目的：降低大强度训练或比赛后中枢神经和肌肉的兴奋度。
教练员提示：建议选择骑车、慢跑等有氧运动形式。

（二）静态拉伸

具体训练手段见一般性热身静态拉伸。

（三）泡沫轴按摩

将泡沫轴置于按压部位之下，借助自身重力压在泡沫轴上产生的压力来回滚动，重点在于放松腹直肌、腹内外斜肌、髂腰肌等身体核心肌群，以及站姿组与视障组运动员的下肢、坐姿组运动员的上肢等的主要发力肌群。具体训练手段如下。

1. 小腿后侧

①坐在地板上，双腿伸到面前，将滚轮放在左小腿下面；

②右脚踩在地板上或双脚脚踝交叉，以增加压力；

③双手将臀部压离地面，然后从脚踝滚到膝盖以下。

训练目的：改善小腿后侧肌群的肌肉紧张状况。

教练员提示：建议滚动60～90s，然后放松另一侧。

2. 阔筋膜张肌放松

①呈45°左侧卧，左腿伸直，让大腿前外侧与泡沫轴接触；

②右腿屈曲置于左腿前，左肘撑地，右手扶地，左脚脚尖带动身体在泡沫轴上前后滚动，全程保持大腿放松。

训练目的：缓解阔筋膜张肌的疼痛。

教练员提示：建议滚动60～90s，然后放松另一侧。

3. 内收肌

①呈俯卧位姿势，面部朝下，大腿弯曲并往外展；

②将泡沫轴置于大腿内侧中段，手肘支撑来回滚压，找到最痛的位置。

训练目的：改善内收肌的肌肉紧张，缓解肌肉疼痛程度。

教练员提示：保持30～90s，直到不适感减轻，再换腿重复上述动作。

4. 股四头肌

①呈俯卧位姿势，将泡沫轴置于大腿中段处，另一腿弯曲横向一边；

②手肘支撑，来回前后移动，找到痛点。

训练目的：促进股四头肌的恢复，降低其运动损伤程度。

教练员提示：保持 30～90s，直到痛感减轻再换边。

5. 背阔肌

①侧躺在一边，手臂靠近地面；

②将泡沫轴置于腋下；

③慢慢地来回滚动，找到痛点。

训练目的：缓解背阔肌的肌肉酸痛。

教练员提示：保持 30～90s，直到痛感减轻再换边重复。

6. 胸肌

①按压胸大肌和胸小肌时，保持俯卧位的姿势，将泡沫轴置于一只手的腋下后方 3～4cm 处；

②身体伸直，前后来回滚动，找到痛点。

训练目的：改善胸肌紧张。

教练员提示：保持 30～90s，直到痛感减轻再换边重复。

7. 胸椎、上背部

①仰卧在地板上，将泡沫轴置于肩胛骨下缘的位置；

②交叉双臂；

③双脚支撑，臀部从地面上抬起，慢慢地来回滚动，找到痛点。

训练目的：改善胸椎和上背部肌群的肌肉紧张。

教练员提示：建议保持 30～90s。

8. 大腿前侧（双边）

①肘部撑在瑜伽垫上；

②泡沫轴置于大腿前侧的下半部分；

③用双肩的力量推动身体前后运动。

训练目的：改善大腿前侧肌肉的紧张状况，缓解肌肉酸痛。

教练员提示：注意控制力度。

9. 梨状肌（双边）

①右手撑地，左腿屈曲踩实地面，右腿搭在左膝上，上身稍微转向右侧，将重量压在右侧臀部；

②将泡沫轴置于臀中部两块突起的骨头中间；

③左腿发力带动身体前后滚动。

训练目的：改善梨状肌的肌肉紧张状况。

教练员提示：每个动作保持 30～60s；在滚动的过程中，感觉到痛点时稍作停留，由浅入深、循序渐进地滚动。

10. 下背部

①坐在地上，将泡沫轴放在背部下方，双手交叉于胸前；
②髋部慢慢向左扭转身体，使泡沫轴在背部轻轻滚动；
③向右侧扭转身体，重复此动作。

训练目的：缓解髂肌、骶棘肌、腰大肌、腰方肌等肌肉的紧张程度，改变肌肉本体感觉整合能力。

教练员提示：在练习过程中保证动作姿势始终规范，将注意力放在被拉伸的肌肉上，控制好拉伸的幅度。

二、医学生物学恢复

（一）按摩

站姿组与视障组运动员主要针对股内侧肌、股外侧肌、股二头肌、臀大肌和内收肌、内侧腓肠肌、股直肌和脊椎骨竖肌等肌群进行按摩放松；坐姿组运动员主要针对肱二头肌、肱三头肌、三角肌、胸肌、背肌和小肌群等肌群，以及腹直肌、腹内外斜肌、髂腰肌等核心肌群进行按摩放松。

训练目的：疏通经络，缓解肌肉紧张，加快乳酸的排出速度。

教练员提示：不同残疾类别运动员应有重点地选择按摩肌群。

（二）液氮超低温冷疗舱

训练后，全身置于液氮超低温冷疗舱内，进行超低温冷疗。

训练目的：消除炎症，减轻肌肉和关节的疼痛。

教练员提示：注意避免冻伤。

（三）冷水浸泡

①将身体（全部或局部）短时间浸泡于 5～20℃冷水中；
②推荐水温为 10～15℃，浸泡总时长为 10～15min。

训练目的：加速训练后乳酸、胺类等代谢物的分解，缓解大强度训练造成的关节和肌肉酸痛。

教练员提示：通常情况下，间歇性冷水浸泡较持续性冷水浸泡可提高运动员对冷的耐受度；运动员初始体温或体脂率越高、体表面积/体重比值越小，浸泡时间相应越长，水温可相对略低。

（四）盐水浴

①盐水浓度为 1～3g/L；
②水按摩 15～30min。

训练目的：缓解肌肉酸痛和疲劳，适用于多发性关节炎、肌炎、神经炎等。
教练员提示：建议每周 2～3 次。

三、营养学恢复

（一）训练阶段的营养补充恢复

合理安排膳食营养。根据训练或比赛任务合理安排一日三餐，如早餐应有较高的热量、丰富的蛋白质和维生素等；午餐应适当加强营养，但要避免胃肠道负担过重；晚餐热量不宜过高，以免影响睡眠。大运动量训练后可采取加餐措施。

科学的药物营养补充。运动负荷量过大时，可采取相应的药物营养手段作为辅助，如补充磷酸果糖、氨基酸及各种补剂等。

训练目的：补充训练所需的各类营养。
教练员提示：在条件具备的情况下，监控运动员的膳食营养情况。

（二）比赛阶段的营养补充恢复

残奥高山滑雪项目的比赛时间短、运动员体能消耗较大，容易导致糖原消耗较大、水的丢失过多、乳酸堆积及电解质紊乱，引起机体疲劳和运动能力下降。此时应及时给运动员补充一些营养素，如运动饮料、无机盐、维生素及少许的碳水化合物；及时补充其他能够提高运动能力的营养品；及时补充调节中枢神经疲劳及睡眠状况的营养品等。

训练目的：帮助运动员在比赛期间维持体能、延迟肌肉疲劳、提高专注力，并优化赛后恢复。

教练员提示：应重视运动员的个体差异，根据运动员的身体情况进行营养补充。

（三）赛后阶段的营养补充恢复

残奥高山滑雪项目比赛时，运动员身体主要利用糖酵解系统提供能源，产生大量的酸性代谢产物，从而产生疲劳。因此，无论是日常训练还是在比赛阶段，残奥高山滑雪运动员都应重视营养恢复。具体如下。

①以早期补糖为主，可以适时补充一些磷酸果糖，最佳的补糖时间是运动后即刻或者2h内；

②选择高糖、低脂肪、适量蛋白质和容易消化的食物，以满足机体能量需求；

③应注意补充液体、电解质、维生素、微量元素和碱性食物，以促进机体各种营养的恢复。

训练目的：促进身体疲劳的快速恢复，为接下来的训练做好准备。

教练员提示：残奥高山滑雪运动员在训练或比赛中不宜服用浓茶、咖啡和各种含酒精的饮料，否则会对训练或比赛产生不良影响。

第五章

残奥高山滑雪运动损伤与预防

残奥高山滑雪运动员在高速滑降的过程中左右盘旋，存在较大的损伤风险。本章主要包括残奥高山滑雪运动损伤特征和残奥高山滑雪运动损伤预防两大部分。其中，残奥高山滑雪运动损伤特征部分着重阐述了损伤部位、损伤类型和损伤程度等内容，残奥高山滑雪运动损伤预防部分重点分析了力量训练、技术训练和设备优化等预防策略。

第一节 残奥高山滑雪运动损伤特征

一、损伤发生率

残奥高山滑雪是冬残奥比赛中运动损伤风险较高的项目。残奥会期间的损伤监测数据表明，在2002年盐湖城冬残奥会比赛期间，残奥高山滑雪运动员的损伤发生率最高，占损伤运动员总数的62%（24例）；在2006年都灵冬残奥会期间，12%的残奥高山滑雪运动员发生了运动损伤；在2010年温哥华冬季残奥会期间，残奥高山滑雪运动员的损伤发生率仅次于雪橇曲棍球，194名运动员中有41名运动员受伤，损伤发生率为21.1%；在2014年索契冬残奥会期间，残奥高山滑雪是所有比赛项目中损伤发生率最高的比赛项目，在81名运动员中共计发生运动损伤108例，其损伤发生率（IR）为41.1；在2018年平昌冬残奥会期间，残奥高山滑雪运动员的损伤发生率相较以往冬残奥会有所降低，但损伤发生率仍达到了21.3%。根据比赛中新的急性损伤数据，残奥高山滑雪视障组与站姿组运动员的损伤发生率为0.7/100，坐姿组运动员为1.7/100。不同分项中，滑降项目的受伤率最高，为4.1/100，全能项目为1.2/100，超级大回转项目为0.8/100，而回转项目则没有报告任何新的急性损伤。

二、损伤部位及类型

当前，关于残奥高山滑雪不同残障类别、不同残障级别运动员的运动损伤部位的研究表明，在2010年温哥华冬残奥会比赛过程中，站姿组运动员中有3名运动员因头部受伤未能继续参赛，另有2名运动员膝关节发生挫伤；在坐姿组运动员中，颈部、肩部和掌指关节扭伤，以及胸部挫伤是常见的损伤。此外，站姿组与视障组运动员的损伤情况及其预防策略可从健全高山滑雪的相关运动损伤研究中略窥一二。高山滑雪运动员的易伤部位从高到低排序依次为膝关节、手部/手指/拇指、头部/面部、小腿/跟腱、下背部等。在2006—2012年冬季训练与比赛的所有损伤中（$n=577$），最常见的损伤部位为膝关节（38%），其次依次为手部/手指/拇指（11%）、头部/面部（10%）、小腿/跟腱（9%）、下背部/骨盆/骶骨（9%）和肩部/锁骨（7%）。

残奥高山滑雪运动的损伤类型主要包括身体各主要发力部位的韧带损伤、应力性骨折、创伤性损伤、神经系统损伤/脑震荡及过用型损伤等。在2002年盐湖城冬残奥会上，有79.2%的残奥高山滑雪运动员的损伤属于创伤性损伤，仅有8.3%的损伤属于过度使用损伤，约21.6%的残奥高山滑雪运动员出现不同程度的肌肉、骨骼损伤。前交叉韧带（ACL）损伤在残奥高山滑雪运动员中的发生率很高，再损伤的发生率同样高。高山滑雪运动损伤程度以运动员因伤停止正常训练或中断参赛的天数为主要衡量依据，可划分为重度（大于28天）、中度（8～28天）、中轻度（4～7天）、轻度（1～3天）和轻微度（无缺勤）5个级别，各大赛事统计结果显示，在高山滑雪运动员损伤中，中、重度损伤所占比例较大。备战2022年北京冬残奥会期间，我国残奥高山滑雪运动员的运动损伤类型主要为挫伤和肌肉拉伤，主要损伤部位为膝关节和踝关节，而导致这些损伤的主要原因是肌肉力量不足、技术动作不正确和自我保护不当。

第二节 残奥高山滑雪运动损伤预防

基于残奥高山滑雪运动员较高的损伤发生率，有学者提出其影响因素与预防策略。例如，Derman等依据索契残奥会高山滑雪运动损伤的可修改的危险因素，在平昌残奥会上实施了一系列的措施（包括：①重新设计滑道；②增加训练轮次；③有能力改变比赛开始时间；④雪应急计划的开展），从而使比赛期间的运动损伤发生率从 2014 年索契冬残奥会的 43.8 次 /1000 运动员（95%CI35.0 至 54.9）减少到 2018 年平昌 23.1 次 /1000 运动员（95%CI16.5 至 32.1），有效降低了损伤风险。此外，还可以参考高山滑雪运动员的运动损伤预防策略。

一、发展肌肉力量

对于站姿组与视障组运动员而言，下肢力量最具决定性作用。这为提高残奥高山滑雪运动员的运动表现和预防运动损伤提供了一个有效的训练模式。预防 ACL 损伤主要通过提高股四头肌力量来减轻运动员与滑雪鞋的撞击，这比降低滑雪鞋的刚度更为可行。未受伤运动员的身体评估应包括腘绳肌和股四头肌力量评估，并应在 ACL 损伤手术后长期评估其腘绳肌和股四头肌的力量，以确定 ACL 损伤重建运动员的慢性力量不足。由此可以推测，发展坐姿组运动员的上肢力量对于预防其损伤具有重要现实意义。

二、改进技术动作

建议残奥高山滑雪视障组和站姿组运动员避免胫骨内旋的同时膝关节外翻，这样可以有效预防 ACL 损伤。控制和 / 或减少滑雪时躯干前倾、侧弯和扭转的幅度及峰值负荷，可预防背部过度用力。在不久的将来，可穿戴传感器技术可能有助于更好地监测和管理运动员在日常训练或比赛环境中的与背部过度使用相关的整体振动暴露情况。对于视障组和站姿组运动员而言，应着重采取适当的跳跃准备和技术，在跳跃过程中降低落地高度，避免躯干向后倾斜。

三、优化器材装备

滑雪设备性能的提高促进了高山滑雪运动损伤的频率和严重程度的降低，但需要继续提高这项运动的安全性。在滑雪板方面，高山滑雪的雪板变短、板侧弧的尺寸越来越大、固定器垫板固定在滑雪板和固定器之间、雪板的韧性发生变化等在很大程度上改变了转弯的运动模式，但也可能对运动损伤风险产生一定新影响。国际滑雪和单板滑雪联合会（FIS）在高山滑雪世界杯 2012/2013 赛季前对滑雪板的尺寸进行了修改，除回转项目外，其他分项滑雪板的侧弧半径和长度均有所增加，使滑雪板更长、更直，以降低运动损伤风险。头盔方面，Yamazaki 等研究发现，创伤性脑损伤是高山滑雪运动员死亡的主要原因，而使用头盔可使头部损伤的发生率降低 15%～60%。在旗门方面，有学者通过系统分析 FIS 损伤监测系统 2006—2009 年高山滑雪世界杯赛季期间的 69 例损伤视频，总结出改善旗杆和旗面的设计，可降低运动员与旗门接触不当的概率，并提出应继续寻求头盔标准、个人防护设备和滑雪服等方面的进步，以减少坠落 / 碰撞导致的头部或上肢损伤。

参考文献

［1］BERG H E, EIKEN O, ERICSON T, et al. Muscle activation and movement patterns during competitive alpine skiing in elite racers［J］. Medicine and science in sports and exercise, 1994, 26：S195.

［2］BERG H E, EIKEN O, TESCH P A. Involvement of eccentric muscle actions in giant slalom racing［J］. Medicine and science in sports and exercise, 1995：27（12）：1666-1670.

［3］王素改, 钟亚平, 郜卫峰, 等. 世界优秀高山滑雪运动员的核心竞技能力及训练特征研究进展［J］. 中国体育科技, 2021, 57（10）：3-11.

［4］BERG H E, EIKEN O. Muscle control in elite alpine skiing［J］. Medicine and science in sports and exercise, 1999, 31（7）：1065-1067.

［5］SUPEJ M, HÉBERT-LOSIER K, HOLMBERG H C. Impact of the steepness of the slope on the biomechanics of world cup slalom skiers［J］. International journal of sports physiology and performance, 2015, 10（3）：361-368.

［6］SPÖRRI J, KRÖLL J, SCHWAMEDER H, et al.The role of path length- and speed-related factors for the enhancement of section performance in alpine giant slalom［J］. European journal of sport Science, 2018, 18（7）：911-919.

［7］STEENSTRUP S E, MOK K M, MCINTOSH A S, et al. Reconstruction of head impacts in FIS world cup alpine skiing［J］. British journal of sports medicine, 2018, 52（11）：709-715.

［8］GOLL M, WIEDEMANN M, SPITZENPFEIL P. Metabolic demand of paralympic alpine skiing in sit-skiing athletes［J］. Journal of sports science and medicine, 2015, 14（4）：819.

［9］BOTTOLLIER V, COULMY N, QUELLEC L L, et al. Energy demands in well-trained alpine ski racers during different duration of slalom and giant slalom runs［J］. The journal of strength and conditioning research, 2020, 34：2156-2164.

［10］VEICSTEINAS A, FERRETTI G, MARGONATO V, et al. Energy cost of and energy sources for alpine skiing in top athletes［J］. Journal of applied physiology, 1984, 56（5）：1187-1190.

[11] HYDREN J R, VOLEJK J S, MARESH C M, et al. Review of strength and conditioning for alpine ski racing [J]. Strength and conditioning journal, 2013, 35（1）: 10-28.

[12] MÜLLER E, SCHWAMEDER H. Biomechanical aspects of new techniques in alpine skiing and ski-jumping [J]. Journal of sports sciences, 2003, 21（9）: 679-692.

[13] MORAWETZ D, DÜNNWALD T, FAULHABER M, et al. Impact of hyperoxic preconditioning in normobaric hypoxia（3500m）on balance ability in highly skilled Skiers: A randomized, crossover study [J]. International journal of sports physiology and performance, 2019, 14（7）: 934-940.

[14] BOGERT A, READ L, NIGG B M. An analysis of hip joint loading during walking, running, and skiing [J]. Medicine and science in sports and exercise, 1999, 31（1）: 131-142.

[15] HINTERMEISTER R A, O'CONNOR D D, LANGE G W, et al. Muscle activity in wedge, parallel, and giant slalom skiing [J]. Medicine and science in sports and exercise, 1997, 29（4）: 548-553.

[16] NEUMAYR G, HOERTNAGL H, PFISTER R, et al. Physical and physiological factors associated with success in professional alpine skiing [J]. International journal of sports medicine, 2003, 24（8）: 571-575.

[17] Gilgien M, REID R, RASCHNER C, et al. The training of Olympic alpine ski racers [J]. Frontiers in physiology, 2018, 9: 1772.

[18] WEBBORN N, WILLICK S, REESER J C. Injuries among Disabled Athletes during the 2002 Winter Paralympic Games [J]. Medicine and science in sports and exercise, 2006, 38（5）: 811-815.

[19] WEBBORN N, WILLICK S, EMERY C A. The injury experience at the 2010 Winter Paralympic Games [J]. Clinical journal of sport medicine, 2012, 22（1）: 1.

[20] DERMAN W, SchWELLNUS M P, JORDAAN E, et al. High incidence of injury at the Sochi 2014 Winter Paralympic Games: A prospective cohort study of 6564 athlete days [J]. British journal of sports medicine, 2016, 50（17）: 096215.

[21] BERE T, FIØRENES T W, NORDSLETTEN L, et al. Sex differences in the risk of injury in world cup alpine skiers: A 6-year cohort study [J]. British journal of sports medicine, 2014, 48（1）: 36-40.

[22] HEINRICH D, VAN DEN BOGERT A J, NACHBAUER W. Peak ACL force during jump

landing in downhill skiing is less sensitive to landing height than landing position [J]. British journal of sports medicine, 2018, 52 (17): 1086-1090.

[23] WESTIN M, AlRICSSON M, WERNER S. Injury profile of competitive alpine skiers: A five-year cohort study [J]. Knee surg sports traumatol arthrosc, 2012, 20 (6): 1175-1181.

[24] EBERLE R, HEINRICH D, KAPS P, et al. Effect of ski boot rear stiffness (SBRS) on maximal ACL force during injury prone landing movements in alpine ski racing: A study with a musculoskeletal simulation model [J]. Journal of sports sciences, 2017, 35 (12): 1125-1133.

[25] JORDAN M J, AAGAARD P, HERZOG W. Rapid hamstrings/quadriceps strength in ACL-reconstructed elite Alpine ski racers [J]. Medicine and science in sports and exercise, 2015, 47 (1): 109-119.

[26] BERE T, MOK K M, Koga H, et al. Kinematics of anterior cruciate ligament ruptures in world cup alpine skiing: 2 case reports of the slip-catch mechanism [J]. The American journal of sports medicine, 2013, 41 (5): 1067-1073.

[27] SpÖRRI J, KRÖLL J, HAID C, et al. Potential mechanisms leading to overuse injuries of the back in alpine ski racing: A descriptive biomechanical study [J]. The american journal of sports medicine, 2015, 43 (8): 2042-2048.

[28] SPÖRRI J, KRÖLL J, FASEL B, et al. Course setting as a prevention measure for overuse injuries of the back in Alpine ski racing: A kinematic and kinetic study of giant slalom and slalom [J]. Orthopaedic journal of sports medicine, 2016, 4 (2): 1-8.

[29] Davey A, Endres N K, Johnson R J, et al. Alpine skiing injuries [J]. Sports health, 2019, 11 (1): 18-26.

[30] HAALAND B, STEENSTRUP S E, BERE T, et al. Injury rate and injury patterns in FIS world cup Alpine skiing (2006-2015): Have the new ski regulations made an impact? [J]. British journal of sports medicine, 2016, 50 (1): 32-36.

[31] YAMAZAKI J, GILGIEN M, KlEIVEN S, et al. Analysis of a severe head injury in world cup Alpine skiing [J]. Medicine and science in sports and exercise, 2015, 47 (6): 1113-1118.

[32] BERE T, FLØRENES T W, KROSSHAUG T, et al. A systematic video analysis of 69 injury cases in world cup Alpine skiing [J]. Scandinavian journal of medicine and science in sports, 2014, 24 (4): 667-677.

第二篇

残奥冬季两项训练教程

目 录

第一章　残奥冬季两项项目概述 ·················· 057
　第一节　残奥冬季两项运动简介 ·················· 057
　第二节　残奥冬季两项场地设施和器材装备 ·················· 061

第二章　残奥冬季两项运动素质训练 ·················· 063
　第一节　残奥冬季两项力量素质特征及训练 ·················· 063
　第二节　残奥冬季两项速度素质特征及训练 ·················· 075
　第三节　残奥冬季两项耐力素质特征及训练 ·················· 080
　第四节　残奥冬季两项平衡能力特征及训练 ·················· 084

第三章　残奥冬季两项技术训练 ·················· 089
　第一节　残奥冬季两项滑雪技术特征及训练 ·················· 089
　第二节　残奥冬季两项射击技术特征及训练 ·················· 090

第四章　残奥冬季两项心理训练 ·················· 095
　第一节　残奥冬季两项滑雪阶段心理特征及训练 ·················· 095
　第二节　残奥冬季两项射击阶段心理特征及训练 ·················· 098

第五章　残奥冬季两项热身与恢复训练 ·················· 102
　第一节　残奥冬季两项热身 ·················· 102
　第二节　残奥冬季两项恢复训练 ·················· 105

第六章　残奥冬季两项运动损伤与预防 ·················· 109
　第一节　残奥冬季两项损伤特征 ·················· 109
　第二节　残奥冬季两项损伤预防 ·················· 110

参考文献 ·················· 112

第一章

残奥冬季两项项目概述

残奥冬季两项在 1988 年第 4 届因斯布鲁克冬残奥会上被列为比赛项目，在随后数届冬残奥会中其比赛项目均有变更，直至 2014 年索契冬残奥会，其比赛项目设为坐姿组、站姿组和视障组 3 个组别，短距离、中距离和长距离 3 种距离，男女运动员各 9 个小项，合计 18 个小项。本章主要包括残奥冬季两项运动简介与残奥冬季两项场地设施和器材设备两大部分内容，旨在阐述残奥冬季两项的项目特点。

第一节 残奥冬季两项运动简介

一、起源发展

残奥冬季两项在 1988 年第 4 届奥地利因斯布鲁克冬残奥会上被列为正式比赛项目，只允许肢体残障的运动员参加，按照残障级别设置 3 个站姿类比赛项目（分别是男子 7.5kmLW2、男子 7.5kmLW4 和男子 7.5kmLW6/8）。在 1992 年法国阿尔贝维尔冬残奥会上，残奥冬季两项比赛项目变更为 4 个项目（男子 7.5kmLW2/4、男子 7.5kmLW6/8、男子 7.5kmB1 和男子 7.5kmB2-3），在随后几届冬残奥会上，残奥冬季两项的比赛项目不断地发生变化（表 2-1-1），直到 2014 年索契冬残奥会冬季两项项目才趋于稳定，按照性别、滑雪距离和残疾类别共设置 18 个小项。

表 2-1-1　历届冬残奥会残奥冬季两项比赛项目设置

年份（年）	项目
1988	男子 7.5kmLW2、LW4、LW6/8
1992	男子 7.5kmLW2/4、LW6/8、B1、B2-3
1994	男子 7.5kmLW4；LW5-8；LW2/3/9；LW10；LW11；B1；B2；3；女子 7.5kmB1-3；LW2-9
1998	男子 7.5kmLW6-8；LW2、3、4、5/7、9；LW10；LW11；LW12；B1；B2；B3；女子 7.5kmLW2-4、6/8、9；LW10-12；B1；B2-3
2002	男子 7.5km 视障、站姿、坐姿；女子 7.5km 视障、站姿、坐姿
2006	男子 12.5km 视障、站姿、坐姿；男子 7.5km 视障、站姿、坐姿；女子 7.5km 视障、站姿、坐姿；女子 10km 坐姿；女子 12.5km 视障、站姿
2010	男子个人赛 12.5km 视障、站姿、坐姿；男子追逐赛 3km 视障、站姿；男子追逐赛 2.4km 坐姿；女子个人赛 12.5km 视障、站姿；女子个人赛 10km 坐姿；女子追逐赛 3km 视障、站姿；女子追逐赛 2.4km 坐姿
2014	男子 7.5km 视障、站姿、坐姿；男子 12.5km 视障、站姿、坐姿；男子 15km 视障、站姿、坐姿；女子 6km 视障、站姿、坐姿；女子 10km 视障、站姿、坐姿；女子 12.5km 视障、站姿、坐姿
2018	男子 7.5km 视障、站姿、坐姿；男子 12.5km 视障、站姿、坐姿；男子 15km 视障、站姿、坐姿；女子 6km 视障、站姿、坐姿；女子 10km 视障、站姿、坐姿；女子 12.5km 视障、站姿、坐姿
2022	男子 7.5km 视障、站姿、坐姿；男子 12.5km 视障、站姿、坐姿；男子 15km 视障、站姿、坐姿；女子 6km 视障、站姿、坐姿；女子 10km 视障、站姿、坐姿；女子 12.5km 视障、站姿、坐姿

在 2018 年平昌残奥会上，我国残奥冬季两项运动员取得了两个第八名的成绩，在 2022 年北京冬残奥会上，我国残奥冬季两项运动员取得了重大突破，获得 4 金 2 银 5 铜的优异成绩。

二、比赛方式

（一）项目设置

2022 年北京残奥冬季两项比赛设有男子 7.5km 视障、站姿、坐姿，男子 12.5km 视障、站姿、坐姿，男子 15km 视障、站姿、坐姿，女子 6km 视障、站姿、坐姿，女子 10km 视障、站姿、坐姿，女子 12.5km 视障、站姿、坐姿 18 个小项（表 2-1-2）。

表 2-1-2　北京冬残奥会冬季两项比赛项目设置[1]

类别	性别	滑雪距离	射击	惩罚类型	罚圈 /m
站姿组	女	6km；3×2km	2轮，5发/轮，10发	罚圈	150
		10km；5×2km	4轮，5发/轮，20发	罚圈	150
		12.5km；5×2.5km	4轮，5发/轮，20发	罚时	—
	男	7.5km；3×2.5km	2轮，5发/轮，10发	罚圈	150
		12.5km；5×2.5km	4轮，5发/轮，20发	罚圈	150
		15km；5×3km	4轮，5发/轮，20发	罚时	—
坐姿组	女	6km；3×2km	2轮，5发/轮，10发	罚圈	100
		10km；5×2km	4轮，5发/轮，20发	罚圈	100
		12.5km；5×2.5km	4轮，5发/轮，20发	罚时	—
	男	7.5km；3×2.5km	2轮，5发/轮，10发	罚圈	100
		12.5km；5×2.5km	4轮，5发/轮，20发	罚圈	100
		15km；5×3km	4轮，5发/轮，20发	加时	—
视障组	女	6km；3×2km	2轮，5发/轮，10发	罚圈	150
		10km；5×2km	4轮，5发/轮，20发	罚圈	150
		12.5km；5×2.5km	4轮，5发/轮，20发	加时	—
	男	7.5km；3×2.5km	2轮，5发/轮，10发	罚圈	150
		12.5km；5×2.5km	4轮，5发/轮，20发	罚圈	150
		15km；5×3km	4轮，5发/轮，20发	加时	—

（二）分类分级

1. 分类

残奥冬季两项运动员通常分为视力残障运动员、上肢残障运动员、下肢残障运动员和复合残障运动员四类。残奥冬季两项运动员根据自身条件和优势选择参加坐姿组、站姿组、视障组比赛。

2. 分级

站姿组运动员的残障级别共有 7 个（表 2-1-3），运动员可根据自身状况采用双杖、单杖或无杖方式进行比赛。坐姿组运动员的残障级别共有 5 个，运动员一般采用坐式滑雪器和雪杖进行比赛。视障组运动员的残障级别分为 B1、B2 和 B3，其中 B1 级别运动员为全盲，在比赛时必须佩戴眼罩，同时配备引导员；B2 和 B3 级别运动员则有不同程度的光感，可选择是否配备引导员。坐姿组和视障组中残障级别数字越小，则表示残障程度越重；站姿组运动员残障级别较为复杂，不能只从残障级别数字上判断其残障程度。由于不同残障级别运动员损伤的运动功能有差异，所以在评定个体运动员运动成绩时，引入了残疾系数。残障程度越严重，其相应的残障系数越低，最终比赛成绩 = 比赛时间 × 残疾系数。

表 2-1-3　残奥冬季两项坐姿组不同级别残障系数[1]

坐姿残障级别	系数	站姿残障级别	系数	视障残障级别	系数
LW10	86	LW2	91	B1	88
LW10.5	90	LW3	89	B2	99
LW11	94	LW4	97	B3	100
LW11.5	96	LW5/7	88	—	—
LW12	100	LW6	95	—	—
—	—	LW8	96		
—	—	LW9	100		

注：残障系数每个赛季都会进行调整。

（三）比赛规则

残奥冬季两项比赛的距离在 6~15km，滑行圈数为 3~5 圈，每圈滑行的距离为 2km、2.5km 或 3km。在每圈（不含最后一圈）滑行结束后，运动员必须进入射击区域进行射击，每轮射击 5 次，须命中 10m 远的射击靶，脱靶将导致完成总路线的时间增加。在短距离和中距离比赛中，每脱靶 1 次将在惩罚赛道上滑行一圈（惩罚赛道必须设置在紧距靶场不超过 60m 的地方，站姿组和视障组运动员的惩罚赛道周长为 150m，坐姿组运动员惩罚赛道周长为 100m），在长距离比赛中，每脱靶 1 次将在总成绩上加时 1min。

第二节　残奥冬季两项场地设施和器材装备

一、滑雪场地设施和器材装备

（一）场地设施

残奥冬季两项滑雪赛道一般由三分之一上坡路线、三分之一水平起伏路线和三分之一的下坡路线组成，最高点海拔高度不高于1800m。残奥冬季两项比赛中会使用惩罚赛道，惩罚赛道通常应设置在紧邻靶场不超过60m的地方，惩罚赛道周长分150m（站姿组和视障组）和100m（坐姿组）两种，其出入口处用V字板标明，以免运动员混淆。

（二）器材装备

残奥冬季两项的滑雪器材包括雪板、雪杖、雪鞋、固定器、雪杖握柄、握柄带、杖尖、雪蜡和坐式滑雪器及其配件等。滑雪板长度通常为176～191cm，雪杖长度通常为140～175cm。运动员通常依据自身身高、体重等情况确定雪板、雪杖的长度，雪杖长度约为身高的85%。参赛运动员必须对其比赛中使用的器材负责（滑雪板、绑定器、滑雪靴、滑雪服、假肢、护目镜、雪杖等），保证其使用的器材符合国际残疾人奥林匹克委员会（International Paralympic Committee，IPC）体育器材政策要求、分级要求等规定。

不同残障类别的运动员使用的坐式滑雪器设计的样式和角度都不尽相同。根据膝关节与髋关节的位置关系可将坐姿滑雪器分为4类：膝髋水平（P1）、高膝低髋（P2）、低膝高髋1（P3）、低膝高髋2（P4）（图2-1-1）。

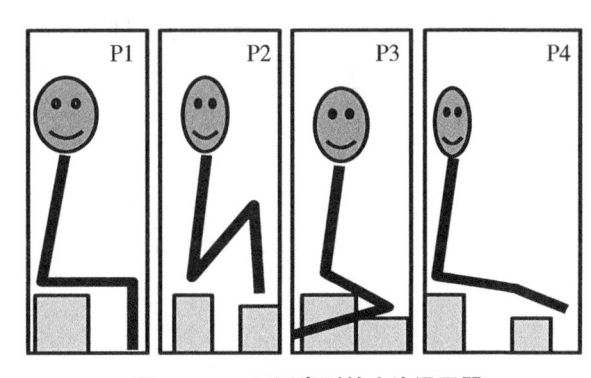

图2-1-1　不同类型的坐姿滑雪器

二、射击场地设施和器材装备

（一）场地设施

射击场通常设置在平坦地带，并采取适当的安保措施，符合安全要求。射击道和靶位的设置应使大部分观众可见，同时，为避免阳光对视线的影响，射击方向应朝北。射击道起始两侧用1.5m长的红色板子隔开，板子要嵌入地面并保持水平，用旗子等标识划清射击道界限，两侧的射击道离边界至少3m，边界以栅栏隔开。冬残奥会和世锦赛的射击场至少需要分别为B级运动员和LW级运动员设置12条射击道，每道每次供一名运动员进行射击。

（二）器材装备

在残奥冬季两项比赛中，运动员使用的枪支分10m气步枪和电子步枪两种。坐姿组和站姿组运动员使用自己携带的10m气步枪比赛。10m气步枪必须符合以下规定。使用压缩空气击发的传统外观式步枪，弹夹为5发或单发式；气步枪长度不超过850mm（自枪口至击发装置后端）；准星不能高于枪口；扳机重量为500g。瞄准装置（LW级别）标准如下。枪支上不得安装矫正镜片，运动员可以佩戴眼镜；运动员可以使用没有镜片的瞄准装置和彩色滤光镜；不允许使用望远镜；如果运动员使用右手射击、左眼瞄准（反之亦然），则可以使用棱镜和反光镜。

在比赛中，视障组运动员使用的电子步枪射击系统由组委会提供，该步枪是配以有声瞄准系统的电子步枪，可通过佩戴的耳机听到关于瞄准情况的提示音，其枪支各部件规格与气步枪一致。

第二章

残奥冬季两项运动素质训练

残奥冬季两项是一项速度和精准度高度融合的雪上耐力性项目，运动员的力量、速度、耐力和平衡能力等运动素质是创造该项目优异运动成绩的关键。本章主要阐述残奥冬季两项力量素质特征及训练、残奥冬季两项速度素质特征及训练、残奥冬季两项耐力素质特征及训练、残奥冬季两项平衡能力特征及训练四大部分内容，同时结合该项目特征及其训练实践，对力量、速度、耐力和平衡能力的训练方法、手段、目的与教练员提示进行了详细介绍，旨在明晰残奥冬季两项运动员的专项运动素质特征及训练。

第一节 残奥冬季两项力量素质特征及训练

一、力量素质特征

在残奥冬季两项的上坡滑行过程中，滑行速度与运动员上肢和下肢的力量密切相关，在下坡高速滑行过程中，对运动员核心力量也有着较高要求。有研究认为运动员力量素质的增长是近20年冬季两项运动员滑雪速度变快的重要原因。由此可见，力量素质对于残奥冬季两项运动员是十分重要的。

残奥冬季两项运动员具有较强的上肢力量。在滑行过程中，残奥冬季两项运动员通过上肢不断地重复撑杖获得前进的动力，尤其是坐姿组运动员，良好的上肢力量是其快速完成高强度比赛的重要保障。研究显示，在世界级女子冬季两项运动员在坡度为8°的滑轮跑台上，采用V1技术分别以6.0km/h、7.7km/h速度进行模拟滑雪时，测得其上肢力量峰值分别为108 ± 17N、137 ± 24N（$p < 0.01$）。显然，运动员上坡滑行时上肢呈现出的撑杖力越大，其滑行速度越快，运动员上肢

力量的大小对其滑行速度有着重要影响。越野滑雪运动的一些研究表明，上肢专项动作最大力量训练能显著提升双撑效果。因此，残奥冬季两项运动员的上肢力量训练是其力量训练的重要内容之一。

残奥冬季两项运动员在滑雪过程中对核心力量有着较高的需求。在大部分滑雪情况下，残奥冬季两项运动员主要进行的是矢状面的前后运动，由于滑雪板与雪之间的接触不稳定，滑行过程中存在加速和减速的过程，运动员身体重心时刻处于变化状态。运动员较强的核心力量是其稳定控制身体重心的关键。越野滑雪男子运动员躯干屈肌和躯干伸肌的最大等长力量测试结果分别为 $87 \pm 17kg$ 和 $114 \pm 18kg$。残奥冬季两项运动员在滑雪阶段，对核心力量的要求甚至比越野滑雪运动员更高，尤其是坐姿组和视障组运动员。

残奥冬季两项站姿组和视障组运动员在滑行阶段的蹬滑过程中，需要极强的下肢力量。研究显示，在世界级女子冬季两项运动员在坡度为 $8°$ 的滑轮跑台上采用V1技术分别以 6.0km/h、7.7km/h 速度进行模拟滑雪时，测得其下肢力量峰值分别为 $737 \pm 132N$、$793 \pm 146N$（$p < 0.01$）。由此可见，残奥冬季两项运动员在蹬滑过程中表现出的下肢力量越大，越有利于获得较快的滑行速度。

基于上述分析可知，在残奥冬季两项运动员的力量素质训练中应根据运动员残障类别，着重训练坐姿组运动员的上肢力量与核心力量、站姿组和视障组运动员的核心力量，以提高运动员的撑杖力量、蹬滑力量和身体重心控制能力。

二、力量素质训练

（一）上肢力量训练

上肢力量训练

上肢力量训练的主要目的是增强残奥冬季两项运动员的上肢最大力量、爆发力，以及力量耐力，提高残奥冬季两项坐姿组、视障组运动员双侧上肢和站姿组运动员单侧上肢的撑杖力量，进而改善运动员单撑或双撑的技术动作效果。可采用重复训练法和间歇训练法。安排负荷强度为 30%～90%1RM，每组做 6～12 次（侧），做 3～8 组，组间间歇时间为 2～3min。具体训练手段如下。

1. 交替锤式弯举

①身体直立，双手各持一只哑铃，手臂在身体两侧自然下垂，掌心相对；

②保持上臂固定，前臂向上弯举，同时呼气，直至肱二头肌完全收缩，哑铃

到达肩膀高度；

③在顶端稍作停留，然后将哑铃放回起始位置，同时吸气。

训练目的：主要针对残奥冬季两项坐姿组和视障组运动员或站姿组部分运动员，能够增强其肱二头肌力量，避免上肢撑杖时因肱三头肌和肱二头肌力量不均而引发损伤。

教练员提示：站姿组部分运动员可单手持哑铃或佩戴假肢双手各持一个哑铃，假肢侧所持哑铃重量可适度减少；练习过程中注意保持躯干的稳定性。

2. 俯卧撑

①挺胸收腹，躯干与腿部保持一条直线，手臂自然伸直垂直于地面；

②双手的间距与肩同宽，始终保持腰背挺直，控制肘部紧贴身体两侧。

训练目的：主要针对残奥冬季两项视障组和坐姿组运动员或站姿组部分运动员，能够增强其肱三头肌和胸大肌力量，提高运动员双侧或单侧上肢的撑杖力量和效果。

教练员提示：坐姿组运动员可将下肢或髋部置于瑞士球、跳箱等支撑物上进行练习；站姿组运动员可佩戴假肢进行练习；练习过程中须腰背挺直，控制下落速度，肘关节不要锁死。

3. 俯身平板杠铃弯举

①俯卧在平板凳上，双手反握杠铃，双臂垂直于地面；

②保持肘部内收，上臂固定，收缩肱二头肌，以半圆形轨迹将杠铃举起，同时呼气；

③在顶端稍作停留，然后慢慢回到起始位置，同时吸气。

训练目的：主要针对残奥冬季两项坐姿组和视障组运动员，能够增强运动员肱二头肌力量，改善肌肉协调用力模式。

教练员提示：站姿组运动员可通过佩戴假肢进行练习；视障组运动员在领滑员的辅助下完成练习；练习时肘关节尽量不要前后晃动。

4. 俯身杠铃划船

①双手正握杠铃，膝盖略微弯曲，躯干前倾至几乎与地面平行，保持背部挺直，双臂自然下垂，目视前方；

②收缩背部肌肉，将杠铃提起，同时呼气，控制肘部紧贴身体两侧；

③在顶端稍作停留，然后慢慢回到起始位置，同时吸气。

训练目的：主要针对残奥冬季两项视障组运动员，能够增强运动员背部肌群力量，提高其上肢撑杖技术动作力量和滑距。

教练员提示：站姿组运动员可通过佩戴假肢进行练习；视障组运动员在领滑员的辅助下完成该练习；腰背挺直、腹部收紧。

5. 卧拉

①俯卧在平坦、升高、垫有衬垫的训练凳上；

②正握杠铃，握距稍宽于肩，将肘部稍微向外转，保持杠铃垂直于肩膀下方，弯曲手肘，提拉杠铃，直到杠铃接触到上腹部或下胸部；

③在顶端稍作停留，然后慢慢回到起始位置。

训练目的：主要针对残奥冬季两项视障组和坐姿组运动员，能够增强其背部肌群力量，提高撑杖技术动作力量，改善撑杖技术动作效果和肌肉协调用力模式。

教练员提示：坐姿组运动员可在辅助人员的协助下在跳箱上进行练习；视障组运动员的杠铃重量通常略大于其体重；站姿组运动员可通过佩戴假肢完成练习，负荷重量可适度减轻；身体不得晃动借力，腰背挺直，腹部收紧。

6. 仰卧哑铃肱三头肌屈伸

①平躺在板凳上，双手各持一只哑铃，将哑铃上举到胸部上方，手臂自然伸直，两臂间距与肩同宽，手臂与地面垂直，掌心相对；

②在吸气的同时，上臂保持固定，弯曲肘部，缓慢放下，直至拇指接近耳朵；

③上臂保持固定，收缩肱三头肌，使前臂以圆形轨迹回到起始位置，同时呼气。

训练目的：主要针对残奥冬季两项坐姿组和视障组运动员，能够增强运动员肱三头肌力量，改善其上肢撑杖技术动作的效果。

教练员提示：坐姿组运动员可在辅助人员的协助下进行练习；视障组运动员可在领滑员的辅助下完成练习；站姿组运动员可进行单侧练习或佩戴假肢进行双侧练习；练习过程中双肘向身体收紧，上臂位置保持不变。

7. 弹力带仰卧肱三头肌屈伸

①仰卧，双手握住弹力带的两端，上臂与地面垂直，手臂弯曲，使弹力带在头顶附近；

②保持上臂不动，伸展肘关节，伸直手臂，在顶部保持 1s，然后慢慢回到起始位置。

训练目的：主要针对残奥冬季两项坐姿组、视障组和站姿组运动员，能够增强运动员肱三头肌力量，改善上肢撑杖技术动作效果和节奏。

教练员提示：站姿组运动员可进行单侧练习或佩戴假肢进行双侧练习，避免弹力带脱落；双肘向身体收紧，上臂位置保持不变，控制好拉弹力带的速度和身体的动作幅度。

8. 平板卧推

①仰卧在卧推平板上，中握距推举杠铃至颈部上方；

②吸气时缓慢放下杠铃，直到触碰到胸部中间位置；

③停留片刻，将杠铃推举至初始位置，同时呼气。

训练目的：主要针对残奥冬季两项坐姿组和视障组运动员，能够增强运动员胸大肌力量。

教练员提示：站姿组运动员通过佩戴假肢也可进行练习；训练过程中，安排专人进行安全保护，避免出现运动员力竭引发的安全问题；练习时注意挺胸、沉肩，并收缩肩胛骨。

9. 引体向上

①中立握住引体向上杆，双臂伸直自由悬挂在杆下；

②手肘弯曲，身体上拉，伸展盂肱关节，尽量将下颌拉到杆以上，超过手抓的位置；

③在动作的顶端稍作停顿，继而恢复至起始位置。

训练目的：主要针对残奥冬季两项坐姿组和视障组运动员，能够增强运动员背阔肌力量，增强其上肢撑杖技术动作力量并改善滑行效果。

教练员提示：站姿组运动员可通过佩戴假肢进行练习；达到一定水平后可进行负重引体向上；练习过程中安排专人保护，防止运动员跌落；上拉时意念集中在背阔肌，身体不要摆动。

10. 坐姿高位下拉

①调整器械的膝垫至合适位置；手掌向前，双手向前伸直，抓好杠杆，躯干后倾约30°，下背弯曲，挺胸；

②肩膀和上臂向后下方拉动杠杆，直至杠杆接触到胸部，同时呼气；

③收紧肩胛骨，在收紧姿势下维持1s，缓慢地让杠杆上升至起始位置，同时吸气。

训练目的：主要针对残奥冬季两项视障组运动员，能够增强运动员背部肌群力量，增强其上肢撑杖技术动作力量并改善滑行效果。

教练员提示：站姿组运动员可通过佩戴假肢进行练习；坐姿组运动员练习时须将臀部固定在练习凳上；练习时背阔肌主动收缩，下拉时肩部肌群要放松，身体始终与地面保持垂直。

（二）核心力量训练

核心力量训练的目的主要是提高残奥冬季两项运动员核心肌群的力量水平，提高滑行过程中的身体平衡控制能力和射击时的持枪稳定性与身体稳定性，进而提升滑行速度和射击命中率。可采用循环间歇训练法，依据残奥冬季两项运动员的核心力量水平，通常安排8～12个练习动作，每个动作做20～30次（侧）或45～60s，做3～5组，组间间歇为2～3min，站间间歇为15s。具体训练手段如下。

1. 平板支撑

①肩、腰、踝关节在同一直线上，上臂垂直于地面；

②颈部保持自然放松。

训练目的：主要针对残奥冬季两项视障组运动员，能够增强运动员腹横肌、腹斜肌、腹直肌等核心肌群的力量，提高滑行过程中的身体平衡控制能力和射击时的持枪稳定性与身体稳定性。

教练员提示：坐姿组运动员可将下肢或髋部置于瑞士球、跳箱等支撑物上进行练习；站姿组运动员可佩戴假肢进行练习；练习过程中肘关节和肩关节均呈90°，呼吸平稳。

2. 仰卧两头起

①完全放松地仰卧在瑜伽垫上，手臂向头部上方伸直，双腿伸直；

②吸气的时候手臂和腿同时向上抬离地面，达到最高点后尽量控制不动；

③然后复原，重复动作过程。

训练目的：主要针对残奥冬季两项视障组运动员，能够增强其腹直肌、腹内外斜肌、髂腰肌力量，提高其在高速滑行过程中对身体平衡的控制能力。

教练员提示：站姿组运动员可佩戴假肢进行练习；坐姿组运动员可根据残障级别有选择性地进行练习；练习过程中控制腿下落的速度，避免憋气。

3. 仰卧脚蹬车

①仰卧在垫子上，双手伸直，掌心向下放在身体两侧，双腿并拢，膝关节弯曲；

②腹部收紧，颈部放松，上身不动，向上身移动双腿，大腿逐渐靠近腹部，保持右脚贴近腹部，吸气的同时左脚缓慢向上蹬，蹬的时候脚尖向内勾起；

③左脚到达顶点之后，脚尖绷直，呼气的同时尽量保持左脚笔直地向地面方向移动，腹部收紧；

④右脚重复上述动作，两脚交替进行。

训练目的：主要针对残奥冬季两项视障组和站姿组运动员，能够增强其腹部肌肉力量，提高其高速滑行过程中对身体平衡的控制能力。

教练员提示：坐姿组运动员进行该练习时注重对下肢的控制；保持腹部收紧、颈部放松。

4. 俄罗斯转体

①上身挺直，双手掌心合并，向前伸直，坐在地上，身体向后倾，与地面约呈45°，膝关节弯曲，双脚脚掌平贴于地面；

②腿部姿势不变，上半身尽可能向右转，左手伸至右膝处，停顿1～2s后，身体转向左侧，右手伸至左膝处。

训练目的：增强残奥冬季两项运动员腹内、外斜肌力量，提高其高速转弯时对身体平衡的控制能力。

教练员提示：站姿组运动员在练习时应注意对上肢残侧的控制；坐姿组运动员应加强对下肢的控制；练习时腹部持续紧张，保持动作协调与连贯。

5. 平行支撑抬膝提臀

①身体站直立于两杆之间，前臂夹紧并紧贴躯干，双手紧握手柄，肘关节呈90°弯曲，躯干保持垂直，双臂下压，双脚垂直指向地面；

②呼气，抬高双腿，直到大腿与地面平行，保持1s，然后缓慢放下双腿回到起始动作。

训练目的：主要针对残奥冬季两项坐姿组和视障组运动员，能够增强运动员腹直肌力量，增强其高速滑行和射击时对身体平衡的控制能力。

教练员提示：站姿组运动员可通过佩戴假肢完成练习；安排专人进行保护，尤其注意坐姿组和视障组运动员上、下训练器时的安全问题；运动员练习时腹部持续紧张，小腿与地面平行，保持动作协调与连贯。

6. 抬腿卷腹

①身体仰卧，双腿屈膝抬起，大腿与腹部垂直，身体呈"Z"形，双手自然平放在身体两侧；

②腰腹部用力使头部与肩膀离开地面，保持背部与地面的夹角为锐角，角度不能过大，达到一定高度时稍作停留，恢复到平躺状态，重复动作过程。

训练目的：主要针对残奥冬季两项站姿组和视障组运动员，增强运动员腹部肌肉力量，增强其高速滑行时对身体平衡的控制能力。

教练员提示：坐姿组运动员通过对下肢的控制来完成练习；练习时腹部持续紧张，保持下颌与颈部的夹角，肩部离地，大腿与地面垂直，小腿与地面平行。

7. 西西里卷腹

①仰卧在瑜伽垫上，屈膝，双脚踩实，双臂向上伸直，双手交叉握紧；

②缓慢卷起上半身，不可用手臂借力带起身体；

③卷腹时手臂竖直上举，用力举高。

训练目的：增强运动员腹部肌肉力量，增强其在高速滑行和射击时对身体平衡的控制能力。

教练员提示：腹部持续紧张，双手用力上举。

8. 平板单腿支撑

在平板支撑的基础上，一只脚搭在另一只脚的脚踝处。

训练目的：主要针对残奥冬季两项视障组运动员，能够增强运动员核心肌群力量，增强其在高速滑行和射击时对身体平衡的控制能力。

教练员提示：坐姿组运动员可将下肢置于瑞士球、跳箱、平板等支撑物上进行练习；站姿组运动员可通过佩戴假肢或将残侧上肢置于跳箱、体操垫等较为松软的支撑物上进行练习；练习时腹部持续紧张，小腿与地面平行，保持动作协调与连贯。

9. 仰卧腿交叉

①仰卧在瑜伽垫上，下背部紧贴瑜伽垫，两腿并拢自然伸直；

②肩部微微抬起，双腿抬起做交叉动作。

训练目的：主要针对残奥冬季两项站姿组和视障组运动员，增强其腹部肌肉力量，增强其高速滑行时对身体平衡的控制能力。

教练员提示：坐姿组部分运动员可通过对下肢残端的控制或佩戴假肢进行练习；练习时腹部持续紧张，控制好双腿交叉的速度。

（三）下肢力量训练

下肢力量训练的主要目的是增强残奥冬季两项运动员的下肢最大力量、爆发力及力量耐力，增强残奥冬季两项视障组和坐姿组运动员在滑雪过程中的下肢蹬滑技术动作的力量和效果。可采用重复训练法和间歇训练法。通常安排负荷强度为30%～90%IRM，每组做6～12次（侧），做3～5组，组间间歇为2～3min。具体训练手段如下。

1. 双腿推举

①双脚间距适当，放在踏板上，保持膝关节打开，抬头挺胸，脊柱保持良好的姿势；

②踏板解锁后，弯曲臀部和膝盖以承担重量；

③在最低点暂停片刻，然后用力伸展臀部和膝盖，推起踏板。

训练目的：主要针对残奥冬季两项站姿组和视障组运动员，能够增强其股四头肌力量，增强其下肢蹬滑技术动作的力量和效果。

教练员提示：训练时应安排专人保护，辅助站姿组运动员完成训练；部分坐姿组运动员可通过佩戴假肢进行练习，增强下肢力量，提高日常移动能力；上推呼气、下落吸气，背部紧贴靠背。

2. 深蹲

①将杠铃置于斜方肌上，胸部挺起，面向正前方，双脚分开与肩同宽；

②双膝弯曲降低重心，保持躯干直立；

③至大腿接触到小腿时，反向运动，将重量向上移动。

训练目的：主要针对残奥冬季两项站姿组和视障组运动员，能够增强其股四头肌和臀大肌力量，增强下肢蹬滑技术动作的力量和效果。

教练员提示：安排专人做好安全保护措施，辅助站姿组运动员完成训练；部分坐姿组运动员可通过佩戴假肢进行练习，增强下肢力量，提高日常移动能力；下蹲时吸气，起立时呼气，后背挺直，臀部绷紧。

3. 弓箭步冲刺

①将杠铃横置于双肩，双脚前后分开；

②双膝弯曲，臀部降低，后膝接近地面时，立刻反向运动，前脚脚跟突然发力，后脚施以轻微的力，向上跳起，交换双腿的位置。

训练目的：主要针对残奥冬季两项站姿组和视障组运动员，能够增强其股四头肌、臀大肌和核心肌群的力量，增强其下肢蹬滑技术动作的力量和效果。

教练员提示：安排专人做好安全保护措施，辅助运动员完成训练；腰背收紧，大腿与地面平行。

4. 弹力带深蹲

①脚掌踩实弹力带，双手握紧弹力带于锁骨前；膝关节弯曲，慢慢下蹲，直到大腿略低于地面；

②双脚用力蹬地，膝关节伸直，重心上升，快速回到直立位置。

训练目的：主要针对残奥冬季两项视障组运动员，能够增强其股四头肌和臀大肌力量，增强其下肢蹬滑技术动作的力量和效果。

教练员提示：安排专人辅助运动员完成训练；站姿组运动员可通过佩戴假肢或将弹力带置于肩部进行练习；部分坐姿组运动员可通过佩戴假肢进行练习，增强下肢力量，提高日常移动能力；大腿与地面平行，腰背收紧，蹲起加速。

5. 杠铃臀部推举

①将适当重量的杠铃放在腿上，将杠铃移动至臀部正上方，后背紧靠长椅，肩胛骨贴近长椅顶部；

②臀部尽可能挺起，力量贯穿于双脚，然后反向运动到起始位置。

训练目的：主要针对残奥冬季两项站姿组和视障组运动员，能够增强其臀部肌群力量，增强其下肢蹬滑技术动作的力量和效果。

教练员提示：安排专人辅助运动员完成训练；运动员下颌和胸椎要收紧，防止腰部借力。

6. 史密斯机提踵

①调整杠铃高度，双脚前脚掌跖骨站到杠铃片上，双手紧握杠铃杆；

②尽可能高地抬起脚跟，向下推前脚掌跖骨，膝关节始终保持伸展；

③在吸气的同时慢慢地恢复至起始姿势，降低脚跟高度。

训练目的：主要针对残奥冬季两项站姿组和视障组运动员，能够增强其脚踝力量，提高其脚踝的稳定性，进而增强下肢蹬滑技术动作力量和滑行过程中的身体平衡控制能力。

教练员提示：安排专人辅助运动员完成训练；完成动作时不要屈膝、屈体；控制重心时不要有意前移。

7. 单腿箱跳

①双脚开立，与肩同宽，站于箱子前 15～30cm 处，双膝和臀部微微弯曲，脊柱保持良好的姿势；

②一腿微抬离地面，将重心转移到另一条腿上，弯曲双膝，双臂向身后摆动；

③瞬间发力，伸展重心腿这一侧的髋、膝、踝，腾空至最高点；

④在落在箱子上的同时，弯曲双膝缓冲落地。

训练目的：主要针对残奥冬季两项站姿组和视障组运动员，能够增强运动员的下肢爆发力，增强其下肢蹬滑技术动作的力量和效果。

教练员提示：安排专人辅助运动员完成训练；部分坐姿组运动员可通过佩戴假肢进行练习，增强下肢力量，提高日常移动能力；练习时腰背挺直，核心收紧。

8. 反向弹力带力量深蹲

①两肩胛骨并拢，下背部紧绷，保持双脚适当间距；

②保持头部朝向正前方，收紧背部、双肩和核心肌群，屈膝，降低重心，臀部尽可能地向后坐，直至大腿与地面平行；

③脚踝和膝关节用力，提升重心至起始姿势。

训练目的：主要针对残奥冬季两项站姿组和视障组运动员，能够增强其股四头肌和臀大肌力量，增强其下肢蹬滑技术动作的力量和效果。

教练员提示：安排专人辅助运动员完成训练；部分坐姿组运动员可通过佩戴假肢进行练习，增强下肢力量，提高日常移动能力；练习时下蹲吸气、起立呼气，后背挺直，臀部绷紧。

9. 铁链箱式深蹲

①背部紧绷、两脚调整至合适间距，或缩短两脚间距，以更好地锻炼股四头肌；

②收紧背部、双肩和核心肌群，屈膝，降低重心，臀部向后坐，直至坐到箱子上，然后放松臀部屈肌；

③保持重量落在脚跟上，双脚发力，双膝推出，身体向上离开箱子，直至恢

复起始位置。

训练目的：主要针对残奥冬季两项站姿组和视障组运动员，能够增强其股四头肌和臀大肌力量，提高下肢蹬滑技术动作力量和效果。

教练员提示：安排专人辅助运动员完成训练；部分坐姿组运动员可通过佩戴假肢进行练习，增强下肢力量，提高日常移动能力；练习时下蹲吸气、起立呼气，后背挺直，臀部绷紧。

10. 深蹲跳

①呈直立姿势，双脚开立与肩同宽，腰背挺直，目视前方，双手自然下垂；
②吸气做深蹲动作，两手于胸前抱拳或向前伸直，大腿与地面平行；
③在呼气的同时前脚掌发力起跳，双手向后摆动，尽可能地跳高；
④落地后再次深蹲，缓冲力量并为下次起跳做准备。

训练目的：主要针对残奥冬季两项站姿组和视障组运动员，能够增强其下肢爆发力，增强其下肢蹬滑技术动作的力量和效果。

教练员提示：部分坐姿组运动员可通过佩戴假肢进行练习，增强下肢力量，提高日常移动能力；膝关节与脚尖方向一致，前脚掌着地缓冲。

11. 滑雪跳

①左右交替单脚跳跃；
②在起跳瞬间摆臂、转身、蹬腿，同时发力，落地后后脚脚尖可以轻点地以保持平衡；
③膝盖不能超过脚尖，用臀部动作吸收落地的缓冲力量。

训练目的：主要针对残奥冬季两项站姿组和视障组运动员，能够增强其臀大肌和股四头肌力量，进而改善下肢蹬滑技术动作力量和滑行过程中身体平衡控制能力。

教练员提示：安排专人辅助运动员完成训练；部分坐姿组运动员可通过佩戴假肢进行练习，增强下肢力量，提高日常移动能力；在起跳的瞬间腹部收紧，臀部收缩发力。

12. 波速球滑雪跳

在波速球上完成10～20次的滑雪跳练习。

训练目的：主要针对残奥冬季两项站姿组运动员，能够增强运动员臀大肌和股四头肌力量，增强其身体稳定性和蹬滑效果。

教练员提示：安排专人辅助运动员完成训练；部分视障组运动员可在辅助人员帮助下进行训练；部分坐姿组运动员可通过佩戴假肢进行练习，增强下肢力量，提高日常移动能力；在起跳的瞬间腹部收紧，臀部收缩发力，控制好身体重心。

第二节　残奥冬季两项速度素质特征及训练

一、速度素质特征

残奥冬季两项是一项滑雪和射击相结合的雪上竞速类项目，滑雪时间和射击时间或者加上惩罚时间的总和为比赛时间，其中滑雪时间约占比赛时间的94%，滑雪速度是影响比赛成绩的重要因素。滑雪速度具体表现在起滑速度、最大速度和速度保持能力（平均速度）。其中较高的起滑速度有利于残奥冬季两项运动员在出发和多次射击结束后的再次出发中抢占先机。最大滑行速度是残奥冬季两项运动员在比赛的关键时刻超越对手、夺取比赛胜利的重要因素之一。残奥冬季两项运动员通常会借助自身的最大速度优势，抢占有利位置，在平地或上坡路段超越对手；残奥冬季两项运动员可凭借自身的最大速度，在冲刺阶段实现逆转。

良好的速度保持能力是残奥冬季两项运动员创造优异比赛成绩的关键。研究显示，世界杯短距离比赛前10名运动员第3段滑雪的速度比第1段慢2%~3%。优秀残奥冬季两项运动员良好的速度保持能力是其获得较快平均速度的关键。在2018年平昌冬残奥会冬季两项比赛中，女子坐姿组、站姿组、视障组优秀运动员的平均滑雪速度分别为3.91~4.57m/s、4.88~5.85m/s和4.39~5.52m/s；男子坐姿组、站姿组、视障组优秀运动员的平均滑雪速度分别为4.57~5.24m/s、5.88~6.96m/s和5.29~6.30m/s。在2022年北京冬残奥会冬季两项比赛中，女子坐姿组、站姿组、视障组优秀运动员的滑雪速度分别为4.14~5.02m/s、4.40~5.07m/s和4.07~4.96m/s；男子坐姿组、站姿组、视障组优秀运动员的滑雪速度分别在6.50~6.80m/s、6.56~7.67m/s和5.78~7.16m/s（表2-2-1）。在同距离比赛中，站姿组运动员的平均滑雪速度最快，视障组运动员次之，坐姿组运动员的平均滑行速度最慢。

表 2-2-1　2018 年平昌和 2022 年北京冬残奥会冬季两项各小项金牌运动员的平均滑雪速度

坐姿组小项	平均滑雪速度/（m/s） 2018年	平均滑雪速度/（m/s） 2022年	站姿组小项	平均滑雪速度/（m/s） 2018年	平均滑雪速度/（m/s） 2022年	视障组小项	平均滑雪速度/（m/s） 2018年	平均滑雪速度/（m/s） 2022年
女子 6km	4.57	4.80	女子 6km	5.85	5.07	女子 6km	5.32	4.96
女子 10km	3.91	5.02	女子 10km	4.88	4.42	女子 10km	4.39	4.07
女子 12.5km	4.19	4.14	女子 12.5km	5.35	4.40	女子 12.5km	5.52	4.93
男子 7.5km	5.24	6.63	男子 7.5km	6.96	7.67	男子 7.5km	6.30	7.16
男子 12.5km	4.57	6.80	男子 12.5km	5.88	6.56	男子 12.5km	5.29	6.09
男子 15km	5.01	6.50	男子 15km	6.03	6.58	男子 15km	5.53	5.78

基于以上分析，残奥冬季两项运动员的速度素质训练应根据该项目的比赛特点，着重训练运动员的起滑速度、最大速度和平均速度，以提升运动员的起动加速能力、加速超越能力和最大速度保持能力，促使运动员创造优异比赛成绩。

二、速度素质训练

（一）起滑速度

起滑速度训练的目的是提高残奥冬季两项运动员对信号的反应能力和快速加速能力。可采用重复训练法，通常安排 30~60m 发令起滑或发令反向起滑训练，也可安排拉测功仪或功率自行车训练，每组 6~10s，做 8~12 组，组间休息充分，直至运动员完全恢复。具体训练手段如下。

1. 发令起滑

①运动员站在一条直线上，膝关节微屈；

②教练员发出出发指令，运动员快速出发；

③滑行 30~60m（滑轮、滑雪或滑架子）。

训练目的：提高残奥冬季两项运动员的反应能力和加速能力，有利于其在比赛中抢占相对较优的位置。

教练员提示：坐姿组运动员通过快速撑杖完成起滑；站姿组运动员通过上肢撑杖和下肢蹬滑完成快速起滑；视障组运动员在领滑员的引导下完成快速起滑；注意力集中、起动要快、加速迅速。

2. 发令反向起滑

①运动员站在一条直线上，膝关节微屈；

②教练员发出出发指令，运动员快速向后转身出发；

③滑行 30～60m（滑轮、滑雪或滑架子）。

训练目的： 提高残奥冬季两项运动员的反应能力、加速能力和灵敏能力，进而改善其起滑能力。

教练员提示： 在训练过程中注意加大运动员的左右间隔，因为运动员在转身过程中极易引发器材或身体的接触，最好安排两人或单人一组进行练习；视障组运动员在领滑员的引导下完成转身和快速起滑；注意力集中，转身要快，加速迅速。

3. 拉测功仪

①运动员站或坐在滑雪测功仪前，单手或双手握住测功仪的手柄，膝关节微屈；

②教练员发出出发指令，运动员快速拉滑雪测功仪；

③每组训练时间为 6～10s。

训练目的： 主要针对残奥冬季两项坐姿组和视障组运动员，增强其上肢爆发力和无氧能力，提高其上肢撑杖动作的爆发力和输出功率，进而增强其加速滑行能力。

教练员提示： 坐姿组运动员应在跳箱、海绵垫等松软的支撑物上进行练习，同时确保支撑物固定，避免在练习过程中发生位移；站姿组运动员可用单侧上肢或佩戴假肢完成练习；视障组运动员在领滑员的辅助下完成练习；注意力集中，技术动作规范。

4. 功率自行车

①调整好功率自行车的座椅高度，做好骑行准备；

②听到教练员的出发指令后，运动员快速蹬踏功率自行车；

③每组训练时间为 6～10s。

训练目的： 主要针对残奥冬季两项站姿组和视障组运动员，能够增强其对发令信号的反应能力，提高其下肢爆发力和输出功率，进而增强其加速滑行能力。

教练员提示： 注意力集中，快速蹬踏。

（二）最大速度

最大速度训练的目的是提高残奥冬季两项运动员的快速加速能力和最大滑行

速度。可采用重复训练法，具体训练手段如下。

1. 静态发令加速

①运动员站在一条直线上，膝关节微屈；

②听到教练员的出发指令后，运动员快速出发（滑轮、滑雪或滑架子）并不断加速至最大速度；

③滑行 80～120m（滑轮、滑雪或滑架子）。

训练目的：增强残奥冬季两项运动员的反应能力、加速能力和最大速度能力，进而改善其滑行表现。

教练员提示：坐姿组、站姿组和视障组运动员通过不同的技术动作完成练习；视障组运动员在领滑员的引导下完成练习；注意力集中，全速滑行。

2. 动态发令加速

①运动员在滑行（滑轮、滑雪或滑架子）过程中，须保持注意力集中；

②听到教练员的加速指令后，运动员立即加速，直至达到最大速度；

③滑行 60～100m。

训练目的：提高反应能力、加速能力和最大速度能力，进而改善其滑行表现。

教练员提示：坐姿组、站姿组和视障组运动员通过不同的技术动作完成练习；视障组运动员在领滑员的引导下完成练习；注意力集中，全速滑行。

3. 标志物加速

①在训练场地的不同地段提前放好标志物；运动员在滑行（滑轮、滑雪或滑架子）过程中，须注意观察；

②抵达标志物位置后，运动员立即加速，直至达到最大速度；

③滑行 60～100m。

训练目的：增强残奥冬季两项运动员的反应能力、加速能力和最大速度能力，进而改善其滑行表现。

教练员提示：坐姿组、站姿组和视障组运动员通过不同的技术动作完成练习；视障组运动员在领滑员的指引下完成练习；标志物清晰可见，注意力集中，全速滑行。

4. 负重加速

①运动员负重（3～10kg）滑行（滑轮、滑雪或滑架子），须保持注意力集中；

②听到教练员的加速指令后，运动员立即加速，直至达到最大速度；

③滑行 60～100m。

训练目的：增强残奥冬季两项运动员的反应能力、最大速度能力和专项力量，增强其技术动作力量，进而改善其滑行表现。

教练员提示：辅助坐姿组、站姿组和视障组运动员完成沙袋背心等负重物的穿与脱；视障组运动员在领滑员的指引下完成练习；重量适当，注意力集中，全速滑行。

（三）平均速度

平均速度训练的目的主要是提高残奥冬季两项运动员的无氧糖酵解供能能力，使运动员以最大的平均速度完成特定距离或特定时间的滑行。采用间歇训练法，具体训练手段如下。

1. **定距离间歇训练**

在不同的赛道上，要求运动员尽最大努力完成负荷强度为 87%～97% HRmax 的滑轮、滑雪或滑架子训练，每组训练距离为 1～2.5km。

训练目的：提高残奥冬季两项运动员的无氧糖酵解供能能力和速度保持能力，改善其滑行表现。

教练员提示：通过时间、心率或血乳酸等调控残奥冬季两项运动员每组训练的负荷强度；在组间间歇进行积极恢复，注意补水；充分热身，避免产生运动损伤。

2. **定时间间歇训练**

在不同的赛道上，要求运动员尽最大努力完成负荷强度为 87%～97%HRmax 的滑轮、滑雪或滑架子训练，每组训练时间为 2～5min。

训练目的：提高残奥冬季两项运动员的无氧糖酵解供能能力和速度保持能力，改善其滑行表现。

教练员提示：通过心率或血乳酸等调控残奥冬季两项运动员每组训练的负荷强度；在组间间歇进行积极恢复，注意补水；充分热身，避免运动损伤。

第三节　残奥冬季两项耐力素质特征及训练

一、耐力素质特征

残奥冬季两项项目比赛距离为 6～15km，赛道由各占 1/3 的上坡、平缓和下坡地形组成，比赛时间通常为 15～45min，比赛时间和不同地形的负荷强度因素共同决定了残奥冬季两项是一项以有氧运动为主导、有氧和无氧运动交替的耐力项目。在残奥冬季两项比赛中，优秀的无氧耐力有助于运动员在上坡、冲刺和多次出发等阶段获得优势。较强的有氧耐力能够帮助运动员保持较快的滑行速度、延迟疲劳状况的出现和快速向射击状态转换。

在冬季两项短距离项目比赛中，有氧代谢供能比例为 85%～90%；在冬季两项长距离项目比赛中，有氧供能比例超过 98%。优秀的冬季两项运动员在滑雪阶段的大部分平缓和下坡场地中，能量供给以有氧代谢供能为主。残奥冬季两项运动员通常具有较强的有氧能力，较强的有氧能力有助于其保持较快的滑雪速度。研究显示，7 名世界级女子冬季两项运动员，以 14km/h 的恒定速度在坡度为 6° 的滚轴滑雪台上进行恒定负荷强度计时测试，结果显示平均持续时间为 21.19±9.28min，持续运动时间与个人赛（15km）的滑雪时间的相关系数为 -0.96。较强的有氧耐力有助于运动员快速向射击状态转换。在射击阶段，冬季两项运动员的最低心率为 69%～79%HRmax，运动员通常会在抵达射击场前 50～60s 时，开始主动降低滑雪负荷强度，心率每分钟减少 10～12 次，从而获得有利的射击状态。

虽然无氧供能系统占比较低，但它能在多次起滑、上坡、冲刺，以及超越对手等时刻为运动员快速提供能量，是创造优异比赛成绩的关键因素。研究认为，世界级冬季两项运动员在上坡阶段的无氧代谢占 85%～90%，心率波动维持在 180～190 次/分，完成上坡滑雪阶段的时间约占滑雪时间的 52%。

耐力素质训练是残奥冬季两项运动员体能训练的核心内容。研究显示，2018 年平昌冬奥会瑞典冬季两项奖牌运动员的耐力素质训练时间占体能训练总时间的 90% 以上，冬季两项和越野滑雪项目世锦赛或奥运会金牌运动员的耐力素质训练时间占体能训练总时间的 94%±3%。多项研究结果均凸显了耐力素质训练的核心地位。依据供能特点的不同，残奥冬季两项运动员的耐力训练主要分为有氧耐力训练和无氧耐力训练。

二、耐力素质训练

（一）有氧耐力训练

有氧耐力训练的主要目的是增强残奥冬季两项运动员的摄氧能力，提高其有氧代谢供能能力，进而改善其滑行表现，增强其抗疲劳能力。可采用持续训练法，通常安排 60%～87%HRmax 的负荷强度，训练时间为 1～3h。具体训练手段如下。

1. 越野跑

在山地环境下，进行持续的越野跑步训练。

训练目的：主要针对残奥冬季两项站姿组运动员，能够增强运动员的心肺功能，提高其有氧耐力。

教练员提示：残奥冬季两项坐姿组运动员可在公路上进行轮椅滑行训练；残奥冬季两项视障组运动员可在引导员的指引下在公路上进行越野跑；热身充分，注意呼吸节奏，在训练前、中、后适当补充水和糖分等；训练结束后及时放松恢复身体。

2. 功率自行车

在室内或室外环境下进行持续的功率自行车骑行训练，可匀速，也可变速。

训练目的：主要针对残奥冬季两项站姿组和视障组运动员，能够增强其心肺功能和抗疲劳能力，提高其下肢有氧耐力，改善其滑行表现。

教练员提示：残奥冬季两项站姿组运动员在功率自行车训练中可不扶把手，应注意保持躯干正直；残奥冬季两项视障组运动员在在领滑员的引导下完成训练；热身充分，注意保持呼吸节奏，在训练前、中、后适当补充水和糖分等，训练结束后及时放松恢复身体。

3. 滑雪测功仪

在室内或室外环境下进行持续的滑雪测功仪训练，可匀速，也可变速。

训练目的：主要针对残奥冬季两项坐姿组和视障组运动员，能够增强其心肺功能，改善其上肢撑杖技术动作和滑行表现。

教练员提示：坐姿组运动员可在跳箱、海绵垫等松软的支撑物上进行练习，同时确保支撑物固定、不易发生位移；站姿组运动员用单侧上肢或佩戴假肢完成练习；视障组运动员在领滑员的辅助下完成练习；热身充分，注意保持呼吸节奏，在训练前、中、后适当补充水和糖分等，训练结束后及时放松恢复身体。

4. 滑轮或滑架子

在滑轮场地上进行持续的滑轮训练，可匀速，也可变速。

训练目的：能够改善残奥冬季两项运动员的专项技术动作，提高其心肺系统功能和专项有氧耐力，进而改善其滑行表现。

教练员提示：训练前安排专人检查训练场地（障碍物）和训练器材（雪杖、滑轮、架子等）；坐姿组、站姿组和视障组运动员可通过不同的技术动作完成练习；视障组运动员在领滑员的指引下完成练习；热身充分，注意保持呼吸节奏，在训练前、中、后适当补充水和糖分等，训练结束后及时放松恢复身体。

5. 滑雪或滑架子

在滑雪场地上进行滑雪训练，可匀速，也可变速。

训练目的：能够改善残奥冬季两项运动员的专项技术动作，提高其心肺功能和专项有氧耐力，进而提升其滑行表现。

教练员提示：训练前安排专人检查训练场地（是否有结冰路段）和训练器材（雪杖、滑雪板、架子等）；坐姿组、站姿组和视障组运动员通过不同的技术动作完成练习；视障组运动员在领滑员的指引下完成练习；热身充分，注意保持呼吸节奏，在训练前、中、后适当补充水和糖分等，训练结束后及时放松恢复身体。

（二）无氧耐力训练

无氧耐力训练的主要目的是提高残奥冬季两项运动员的无氧代谢供能能力，进而提升其滑行表现。可采用间歇训练和重复训练法，通常安排82%～97% HR_{max} 的负荷强度，每组30s～3min，做6～8组，间歇时间为2～5min。具体训练手段如下。

1. 功率自行车

在室内或室外环境下进行高强度的功率自行车骑行训练。

训练目的：主要针对残奥冬季两项站姿组和视障组运动员，能够增强其无氧代谢能力，进而改善其滑行表现。

教练员提示：残奥冬季两项站姿组运动员须被辅助固定在功率自行车上进行练习；残奥冬季两项视障组运动员在在领滑员的指引下完成练习；通过时间、心率、血乳酸等调控残奥冬季两项运动员每组训练的负荷强度；热身充分，组间积极恢复身体，适当补充水和糖分等，训练结束后及时放松恢复身体。

2. 滑雪测功仪

在室内或室外环境下进行高强度的滑雪测功仪训练。

训练目的：主要针对残奥冬季两项坐姿组和视障组运动员，能够增强其无氧代谢能力，巩固其上肢的撑杖技术动作，进而改善其滑行表现。

教练员提示：坐姿组运动员可在跳箱、海绵垫等松软的支撑物上进行练习，同时确保支撑物固定、不易发生位移；站姿组运动员可用单侧上肢或佩戴假肢完成练习；视障组运动员在领滑员的指引下完成练习；通过心率或血乳酸等调控残奥冬季两项运动员每组训练的负荷强度；热身充分，组间积极恢复身体，在训练前、中、后适当补充水和糖分等，训练结束后及时放松恢复身体。

3. 滑轮或滑架子

在滑轮场地上进行高强度的滑轮或滑架子训练。

训练目的：提高残奥冬季两项运动员的无氧代谢能力，巩固其专项技术动作，进而改善其滑行表现。

教练员提示：训练前安排专人检查训练场地（有无障碍物）和训练器材（雪杖、滑轮、架子等）；视障组运动员在领滑员的指引下完成练习；通过心率或血乳酸等调控残奥冬季两项运动员每组训练的负荷强度；热身充分，组间积极恢复身体，在训练前、中、后适当补充水和糖分等，训练结束后及时放松恢复身体。

4. 滑雪或滑架子

在滑雪场地上进行高强度的滑雪或滑架子训练。

训练目的：提高残奥冬季两项运动员的无氧代谢能力，巩固专项技术动作，进而改善其滑行表现。

教练员提示：训练前安排专人检查训练场地（有无结冰路段）和训练器材（雪杖、滑雪板、架子等）；视障组运动员在领滑员的指引下完成练习；通过心率或血乳酸等调控残奥冬季两项运动员每组训练的负荷强度；热身充分，组间积极恢复身体，在训练前、中、后适当补充水和糖分等，训练结束后及时放松恢复身体。

5. 滑轮或滑架子 + 射击

高强度滑轮训练的终点设置在靶场，在滑轮场地上进行高强度的滑轮训练，滑轮训练结束后立即进行射击训练。

训练目的：增强残奥冬季两项运动员的无氧代谢能力，巩固其专项技术动作，提高其动转静和精准射击的能力，进而提高其竞技表现。

教练员提示：训练前安排专人检查训练场地（有无障碍物）和训练器材（雪杖、滑轮、架子等），同时完成安装弹夹等射击训练的辅助工作；辅助运动员校枪，并及时报靶；视障组运动员在领滑员的指引下完成练习；通过心率或血乳酸等调控残奥冬季两项运动员每组训练的负荷强度；热身充分，组间积极恢复身体，射击时注意力集中，在训练前、中、后适当补充水和糖分等，训练结束后及时放松恢复身体。

6. 滑雪 + 射击

高强度滑雪训练的终点设置在靶场，在滑雪场地上进行高强度的滑雪训练，滑雪训练结束后立即进行射击训练。

训练目的：提高残奥冬季两项运动员的无氧代谢能力，巩固其专项技术动作，进而改善其滑行表现。

教练员提示：训练前安排专人检查训练场地（有无结冰路段）和训练器材（雪杖、滑雪板、架子等），同时完成安装弹夹等射击训练的辅助工作；辅助运动员校枪，并及时报靶；视障组运动员在领滑员的指引下完成练习；通过心率或血乳酸等调控残奥冬季两项运动员每组训练的负荷强度；热身充分，组间积极恢复身体，在训练前、中、后适当补充水和糖分等，训练结束后及时放松恢复身体。

第四节　残奥冬季两项平衡能力特征及训练

一、平衡能力特征

残奥冬季两项运动员的平衡能力具体表现在射击时身体重心和枪的晃动幅度的控制上。有研究认为，高水平射击运动员的身体平衡能力优于低水平运动员，冬季两项运动员身体平衡能力与枪身的平衡及射击成绩存在显著关系。在射击时，优秀的冬季两项运动员身体重心在垂直射击方向上的位移为 0.73 ± 0.15 mm，在射击方向上的位移为 0.91±0.21mm；枪在射向的垂直和侧方向上的位移幅度分别为 0.60±0.21mm、0.54±0.13mm。优秀的冬季两项运动员的身体重心和枪的晃动幅度均小于低水平运动员。可见，残奥冬季两项运动员良好的静态平衡能力对其射击成绩有着重要影响。

残奥冬季两项运动员的平衡能力也体现在高速滑行转弯过程中对身体重心的控制上[7]。残奥冬季两项运动员始终在非稳定状态的雪面上进行训练和比赛，滑雪板与雪之间的接触不稳定，滑行过程中存在加速和减速的过程，因此其身体重心不稳定，处于动态变化中，极易导致运动员滑倒。良好的动态平衡能力有助于增强残奥冬季两项运动员在控制滑雪过程中保持身体平衡。

基于上述分析，残奥冬季两项运动员的平衡能力训练应重点提高运动员射击时的静态平衡能力和滑雪时的动态平衡能力。

二、平衡能力训练

（一）静态平衡能力训练

静态平衡能力训练的主要目的是提升残奥冬季两项运动员在静止状态下对身体重心和枪的控制能力，提高其动作姿势的稳定性，进而改善其射击表现。可采用循环间歇训练法，通常安排 8～12 个练习动作，每个动作做 20～30 次（侧）或 45～60s，做 3～5 组，站间间歇为 15s，组间间歇为 2～3min。具体训练手段详见残奥冬季两项力量素质训练部分的核心力量训练手段。

（二）动态平衡能力训练

动态平衡能力训练的主要目的是增强残奥冬季两项运动员的本体感受及神经对躯体和肌肉的控制能力，提高其在非稳态下控制身体的能力，进而改善其竞技表现。可采用循环间歇训练法，通常安排 8～10 个练习动作，每个动作做 30～60s 或 10～15 次，做 3～5 组，站间间歇为 15～30s，组间间歇为 2～3min。具体训练手段如下。

1. 滑雪单腿蹲

①双脚开立与肩同宽，身体重心转移到一条腿上，另一条腿微微离地，臀部向后推，重心缓慢下降至非重心腿轻微接触波速球；

②接触之后，重心腿用力，让身体回到起始位置。

训练目的：主要针对残奥冬季两项站姿组和视障组运动员，能够增强其股四头肌力量，以及脚踝和膝关节的稳定性，进而改善其在高速滑行过程中对身体平衡的控制能力。

教练员提示：视障组运动员在领滑员的辅助下完成练习；控制好身体重心，腰背挺直，脚尖不超过膝盖。

2. 波速球深蹲

①双脚开立与肩同宽，站于波速球平面上，脊柱保持良好的姿势，挺胸抬头，面朝正前方；

②双膝弯曲，降低重心，保持双膝、双脚和臀部的配合，尽可能深蹲；

③在动作末尾稍作停留，然后伸髋、伸膝，恢复至起始姿势。

训练目的：主要针对残奥冬季两项站姿组和视障组运动员，能够增强其脚踝和膝关节的稳定性，进而改善其在高速滑行过程中对身体平衡的控制能力。

教练员提示：视障组运动员在领滑员的辅助下完成练习；控制好身体重心，腰背挺直，脚尖不能超过膝盖。

3. 波速球俯卧撑

①采用俯卧撑的姿势，身体挺直，上肢中等距离扶住球面；

②弯曲手肘，降低躯干，下降到低点时稍作停留，然后伸直肘部恢复至初始位置。

训练目的：主要针对残奥冬季两项坐姿组和视障组运动员，能够增强其上肢力量和核心力量，进而改善其在高速滑行过程中对身体平衡的控制能力和射击时对身体与枪的控制能力。

教练员提示：站姿组运动员可通过佩戴假肢进行练习；视障组运动员可在领滑员的辅助下完成练习；腰背挺直，控制好速度和节奏。

4. 瑞士球卷腹

①下背部贴着瑞士球，双脚固定在地面，双手交叉于胸前；

②下背部始终贴着球，收缩腹部肌肉，肩膀向上抬，同时呼气；

③在顶端稍作停留，然后回到起始位置，同时吸气。

训练目的：主要针对残奥冬季两项站姿组和视障组运动员，能够增强其核心力量和身体稳定性，进而改善其在高速滑行过程中对身体平衡的控制能力和射击时对身体与枪的控制能力。

教练员提示：视障组运动员在领滑员的辅助下完成练习；部分坐姿组运动员也可在辅助下进行练习；腹部收紧。

5. 瑞士球屈腿内收

①俯卧撑在地面，双手分开与肩同宽，双腿并拢伸直，小腿搭在瑞士球上；

②保持上肢姿势不变，双腿向前弯曲，使瑞士球在脚踝下向前滚动，直至腹肌收缩至极限，挤压腹部并保持 1s，然后慢慢伸直双腿。

训练目的：主要针对残奥冬季两项视障组运动员，能够增强其上肢力量和核心力量，进而改善其在高速滑行过程中对身体平衡的控制能力和射击时对身体与枪的控制能力。

教练员提示：站姿组运动员可通过佩戴假肢进行练习；部分坐姿组运动员可在辅助下进行练习；腰背挺直，腹部收紧。

6. 瑞士球屈膝内收

①呈俯卧撑预备姿势，双手分开与肩同宽，在股四头肌下方放置一个瑞士球，身体呈一条直线；

②收缩下腹肌，臀部尽可能地向上，让瑞士球有控制地滚动到小腿的位置，双膝逐渐贴近胸部；将膝关节推回原位，放松腹部肌肉。

训练目的：主要针对残奥冬季两项视障组运动员，能够增强其上肢力量和核心力量，进而改善其在高速滑行过程中对身体平衡的控制能力和射击时对身体与枪的控制能力。

教练员提示：站姿组运动员可通过佩戴假肢进行练习；部分坐姿组运动员可在辅助下进行练习；腹部收紧。

7. 平衡板

双脚站于平衡板上，尽可能长时间保持平衡。

训练目的：主要针对残奥冬季两项站姿组和视障组运动员，能够增强其脚踝的稳定性和核心力量，进而改善其在高速滑行过程中对身体平衡的控制能力和射击时对身体与枪的控制能力。

教练员提示：视障组运动员可在领滑员的辅助下完成练习；腰背挺直，腹部收紧，膝关节微曲。

8. 悬浮分腿蹲

①使把手高度合适，将后脚置于把手上，面部朝向正前方，胸部挺起，膝关节微微弯曲；

②尽可能将重心降低至最低点，反向运动，伸髋、伸膝，恢复至起始位置。

训练目的：主要针对残奥冬季两项站姿组和视障组运动员，能够增强运动员的下肢力量和核心力量，提高其脚踝和膝关节的稳定性，进而改善其在高速滑行过程中对身体平衡的控制能力和射击时对身体与枪的控制能力。

教练员提示：视障组运动员在领滑员的辅助下完成练习；部分坐姿组运动员可在辅助下进行练习；腰背挺直，腹部收紧，脚尖不超过膝关节。

9. 悬吊卷腹

①调整手柄使其处于适当的高度，呈俯卧撑姿势，将双脚放入手柄，双腿和臀部伸展；

②弯曲膝关节，使其尽可能靠近胸部，在极限位置稍停，然后恢复至起始姿势。

训练目的：主要针对残奥冬季两项视障组运动员，能够增强其上肢力量和核心力量，进而改善其在高速滑行过程中对身体平衡的控制能力和射击时对身体与枪的控制能力。

教练员提示：视障组运动员可在领滑员的辅助下完成练习；站姿组运动员可通过佩戴假肢进行练习；腰背挺直，腹部收紧。

第三章

残奥冬季两项技术训练

残奥冬季两项运动技术包括滑雪技术和射击技术，其中滑雪技术包括双杖推撑、一步一撑等子技术，射击技术包括姿势、据枪、瞄准和击发等技术。滑雪技术水平的高低直接影响滑行速度和体能消耗，射击技术水平的高低直接决定射击命中率。由于残奥冬季两项滑雪技术特征及训练与残奥越野滑雪技术相同，所以本章将重点阐述残奥冬季两项射击技术特征及训练。

第一节 残奥冬季两项滑雪技术特征及训练

一、滑雪技术特征

残奥冬季两项运动员大多是残奥越野滑雪兼项运动员，其主要原因是残奥冬季两项和残奥越野滑雪两个项目的滑雪技术相同。残奥冬季两项坐姿组运动员主要采用双杖推撑滑雪技术，站姿组运动员则主要采用无杖或单杖蹬冰技术，而视障组运动员主要采用一步一撑蹬冰技术。残奥冬季两项滑雪技术特征详见第三篇残奥越野滑雪技术特征部分。

二、滑雪技术训练

残奥冬季两项滑雪技术训练详见第三篇残奥越野滑雪技术训练部分。

第二节 残奥冬季两项射击技术特征及训练

一、射击技术特征

射击姿势的稳定性是残奥冬季两项运动员射击成功的关键因素。在射击时，高水平男、女运动员射击姿势的稳定性优于低水平运动员。根据射击姿势前后方向的晃动幅度可直接预测射击命中率，并可以十分准确地辨别运动员的水平。有研究表明，姿势的稳定性与枪的稳定性存在显著关系。换言之，射击姿势稳定性差会使持枪不稳，进而导致较差的射击成绩。残奥冬季两项运动员射击姿势的稳定性是影响其射击表现的关键因素。

持枪稳定性也对残奥冬季两项的射击表现产生重要影响。有研究认为，在静止状态下射击命中率与枪在垂直方向上晃动的幅度呈负相关。有研究表明，冬季两项运动员不论是静止射击还是运动后（滑雪或滑轮）射击，枪在垂直方向上的稳定性都是决定其运动成绩的重要因素，先前施加的运动负荷加剧了枪在垂直方向上的移动幅度。这两个研究结论的差异性可能是快速射击中运动员的呼吸和瞄准目标的变化造成的。通常认为，特定的持枪训练和放松训练可以提高持枪的稳定性，进而提高射击的精准性。

二、射击技术训练

射击技术由姿势、据枪、瞄准和击发4个环节组成，残奥冬季两项运动实践表明，4个技术环节均对射击时的身体姿势和持枪稳定性产生重要的影响。

（一）姿势技术

1. 技术要领

①俯卧在射击垫或平地上，躯干与射向投影夹角一般为10°～20°；

②脚呈"外八字"紧贴地面，左腿伸直与身体左侧近似一条直线；

③以左手掌托枪，左前臂与地面的夹角不小于30°，上臂与地面的夹角应保持45°左右；

④将枪托底抵于右肩窝，抵肩要抵实，紧靠锁骨，右手握把（枪颈），右腮

贴紧，贴腮时头部重力正直向下，颈部放松；

⑤整个身体赋予枪支的力量感觉只能向前、向下，不能产生横向推、拉之力。

2. 技术训练

姿势技术训练的主要目的是帮助运动员熟练掌握姿势技术，使姿势技术动作达到自动化。可采用持续训练法、间歇训练法，通常安排每组2～5min，做3～5组，间歇时间为2～3min。具体训练手段如下：

（1）姿势持久性

在射击场地或室内的宽阔场地上，俯卧在射击垫或平地上，持续（5～15min）保持俯卧射击姿势。

训练目的：使姿势技术动作定型。

教练员提示：姿势正确，注意力集中。

（2）反复调整姿势

当姿势正确、适宜后，反复调整姿势，通过训练巩固技术动作，逐渐达到动作自动化。

训练目的：快速调整姿势技术动作。

教练员提示：姿势正确，注意力集中。

（二）据枪技术

1. 技术要领

①据枪时，身体右侧与枪身略呈一线，右手虎口向前紧握枪柄，食指第一节靠在扳机上，右肘尽量里合，着地前撑；

②左肘着地外撑，两肘保持稳固；

③胸部挺起，身体稍前倾（右肘不离地），上体自然下塌，两手用力保持不变，使枪托抵于肩窝，面稍前倾，使枪托自然贴腮。

2. 技术训练

据枪技术训练的主要目的是帮助运动员熟练掌握据枪技术，使据枪技术动作达到自动化。可采用持续训练法、间歇训练法，通常安排每组2～5min，做3～5组，间歇时间为2～3min。具体训练手段如下。

（1）持久据枪

在射击场地或室内的宽阔场地上，俯卧在射击垫或平地上，持续（5～15min）保持据枪动作。

训练目的： 使据枪技术动作定型。

教练员提示： 技术动作规范，注意力集中。

（2）重复据枪

在射击场地或室内的宽阔场地上，俯卧在射击垫或平地上，规定单位时间内的据枪次数。

训练目的： 提高据枪稳定性，巩固技术动作，达到技术动作自动化。

教练员提示： 技术动作规范，注意力集中。

（三）瞄准技术

1. 技术要领

①确保照门或缺口与准星及目标保持一条直线，缺口上沿与准星顶部平齐对准目标（视障组运动员根据提示音瞄准）；

②瞄准时呼吸要均匀。

2. 技术训练

瞄准技术训练的主要目的是帮助运动员熟练掌握瞄准技术，缩短瞄准时间。可采用重复训练法、间歇训练法，通常安排每组2～5min，做3～5组，间歇时间约为2min。具体训练手段如下。

（1）双缩瞄准

在室内的宽阔场地上，将射击距离和目标同时缩小10倍，在近距离内进行瞄准。

训练目的： 熟练掌握瞄准技术动作，缩短瞄准时间。

教练员提示： 技术动作规范，注意力集中。

（2）瞄固准

在射击场地或室内的宽阔场地上，进行反复瞄准固定目标的训练。

训练目的： 熟练掌握瞄准技术动作，缩短瞄准时间。

教练员提示： 技术动作规范，注意力集中。

（3）瞄换准

在射击场地或室内的宽阔场地上，瞄准固定目标后，换下一个目标进行训练。

训练目的：缩短瞄准时间。

教练员提示：技术动作规范，注意力集中。

（4）动态瞄固准练习

在射击场地或室内的宽阔场地上，运动员进行一定强度的身体活动（跑步、俯卧撑、滑雪测功仪、滑轮等）训练后，进行瞄固准训练。

训练目的：缩短瞄准时间。

教练员提示：技术动作规范，注意力集中，控制呼吸节奏。

（四）击发技术

1. 技术要领

①右手食指第一关节均匀正直地向后扣压扳机（食指内侧应和枪有不大的空隙），余指力量不变；

②当瞄准线接近瞄准点时，开始预压扳机，并减缓呼吸；

③当瞄准线指向瞄准点时，应停止呼吸，继续增加扳机的压力，直至击发；

④在击发瞬间应保持正确一致的瞄准姿势。

2. 技术训练

可以采用重复训练法、间歇训练法，通常安排每组 2～5min，做 8～10 组，间歇时间约为 2min 的练习。具体训练手段如下。

（1）徒手击发

在安静的环境下，徒手模仿击发动作，食指均匀用力、匀速弯曲。

训练目的：提高手指击发动作的稳定性。

教练员提示：匀速，注意力集中。

（2）空枪击发

在射击场地或室内的宽阔场地上，俯卧在射击垫或平地上，反复击发，食指单独用力、压实到位。

训练目的：提高击发动作的熟练程度。

教练员提示：匀速，注意力集中，在击发瞬间屏住呼吸。

（3）静态击发

在射击场地或室内的宽阔场地上，俯卧在射击垫或平地上，在安静状态下，通过激光射击训练系统和比赛用枪进行据枪、瞄准和击发训练。

训练目的：提高身体姿势和持枪的稳定性、瞄准的精确性和击发的稳定性，掌握击发时机。

教练员提示：技术动作规范，击发匀速，注意力集中，击发瞬间憋气。

（4）动态击发

在射击场地或室内宽阔的场地上，进行不同形式（滑轮、滑雪测功仪、功率自行车等）的身体活动后，运用激光射击训练系统和比赛用枪进行举枪、瞄准和击发训练。

训练目的：提高动静转换能力，掌握击发时机。

教练员提示：技术动作规范，击发匀速，注意力集中，在击发瞬间屏住呼吸。

第四章

残奥冬季两项心理训练

残奥冬季两项运动员的心理状态会对其比赛成绩产生重要影响。残奥冬季两项的越野滑雪环节要求运动员具有坚持不懈、吃苦耐劳的心理品质；射击环节对运动员的心理稳定性和注意力要求较高。本章将从残奥冬季两项滑雪阶段心理特征及训练和残奥冬季两项射击阶段心理特征及训练来阐述各阶段的残奥冬季两项运动员的心理特征，介绍各阶段心理训练的方法和手段。

第一节 残奥冬季两项滑雪阶段心理特征及训练

一、滑雪阶段心理特征

顽强的意志品质是残奥冬季两项运动员完成滑雪训练和比赛的基础。残奥冬季两项运动员要取得良好的滑雪表现，必须进行大运动量的艰苦训练并在比赛场上顽强拼搏，从某种意义上讲比赛就是运动员意志品质的较量。通过长期跟踪调查发现，运动员至少需要 3 年的时间才能熟练掌握滑行技术。常年反复的大量训练，意志品质薄弱的运动员极易出现"厌雪"情绪，表现为以暴躁或冷漠的情绪对待训练，在重大比赛时会以消极态度对待。研究认为，"厌雪"情绪是一种心理疲劳的现象，由于运动员长时间接受单一的滑雪训练，缺乏新异刺激，或者刺激不够强烈，导致运动员对滑雪产生疲劳。

残奥冬季两项运动的实践证明，具有敏捷的感知和思维能力的运动员反应快、技术好、动作协调，具有较强的战术意识。由于滑雪比赛在山林起伏的赛道上进行，教练员不可能进行全程指导，所以运动员必须根据感知所获得的各种信息，尽可能在短时间内做出独立的思考和判断，结合自己的体能状况适时调整技战术，如在什么地段超越前面的对手能够节省体力和时间等。

二、滑雪阶段心理训练

（一）意志品质

意志品质训练的目的是提高运动员克服困难、战胜困难的信心，塑造顽强拼搏的意志品质。可采用持续训练法，通常每次练习持续时间为15～90min。具体训练手段如下。

1. 爱国主义教育

每周集体组织运动员升国旗、唱国歌，不定期组织运动员观看红色电影等。

训练目的： 激发运动员的爱国主义情感和为国家争光的愿望。

教练员提示： 服装整洁统一，按时参加活动，撰写电影观后感。

2. 学习先进事迹

不定期地集体学习当代先进人物的英勇事迹，尤其是冠军运动员或运动员身边的先进典型的事迹。

训练目的： 学习先进人物或先进事迹中体现的精神品质。

教练员提示： 服装整洁统一，按时参加活动，撰写电影观后感。

3. 大负荷量练习

不定期进行大负荷量（3h以上）的持续滑雪或滑轮训练（完成几倍于滑雪比赛距离的训练）。

训练目的： 培养运动员不怕苦、不怕累、顽强拼搏的意志品质。

教练员提示： 按照规定强度、时间完成，在训练前、中、后适当补充水和糖分等，训练结束后及时放松恢复身体。

4. 连续爬坡练习

在2～3km的上坡路段进行6～10组的中高负荷强度（82%～92%HRmax）的滑轮或滑雪训练，间歇时间为3～5min。

训练目的： 提高无氧耐力，培养运动员不怕累、不怕苦的意志品质。

教练员提示： 按照规定强度、时间完成，在训练前、中、后适当补充水和糖分等，训练结束后及时放松恢复身体。

5. 撰写训练日记

每天训练结束后，简要记录当天的训练内容及完成情况。

训练目的：真实记录运动员的成长过程，让其感知到进步与提高。

教练员提示：认真总结并反思当天的训练是否完成、是否全身心投入。

（二）感知能力

感知能力训练的目的是提高运动员对感觉刺激、感官刺激的认知水平。可采用持续训练法，通常每次练习持续时间为 30～180min。具体训练手段如下。

1. 速度节奏感知

在训练中，运用秒表记录运动员完成每圈训练的时间；第 1 圈滑行结束后，将所用时间告知运动员，第 2 圈滑行结束后，询问运动员是否比第 1 圈快，并告知运动员第 2 圈的实际用时；将随后的几圈滑行速度均与前 1 圈的滑行速度进行比较，直至训练结束。

训练目的：提高速度感知能力。

教练员提示：技术动作规范，呼吸均匀，在训练前、中、后适当补充水和糖分等，训练结束后及时放松恢复。

2. 疲劳感知

在中高强度训练中，每组训练结束后，一边测试运动员的即刻血乳酸，一边询问其自我感觉的血乳酸浓度或疲劳程度，乳酸测试结果出来后立即告知运动员。

训练目的：提高疲劳（负荷强度）的感知能力。

教练员提示：技术动作规范，呼吸均匀，在训练前、中、后适当补充水和糖分等，训练结束后及时放松恢复身体。

3. 专项理论学习

在日常训练之余，组织专项理论知识学习，如比赛规则、技术运用、项目特征等方面的理论知识学习。

训练目的：提高专项理论水平。

教练员提示：认真学习，做好笔记。

第二节 残奥冬季两项射击阶段心理特征及训练

一、射击阶段心理特征

心理素质的好坏是影响残奥冬季两项运动员射击成绩的主要因素。残奥冬季两项运动员射击时须将瞄具、准星和靶子保持在同一直线上，只有专注于射击动作本身，才能稳定地、准确地击中目标。研究发现，冬季两项运动员射击时的额区脑电波幅比越野滑雪运动员平均高6%（$p=0.044$），这表明冬季两项运动员射击时的注意力更为集中。研究表明，注意力集中能力是影响冬季两项运动员射击表现的重要因素。在残奥冬季两项比赛中，因为每一轮射击结果都与后续的成绩和心理状态息息相关，所以运动员可能会因成绩不理想而产生心理情绪变化，如果心理情绪得不到快速的调整，就会出现射击时瞄准晃动过大、走火、扣扳机用力过猛等情况。由此可见，残奥冬季两项运动员的情绪是否稳定，在很大程度上影响其射击成绩的稳定性。根据残奥冬季两项的项目特点，为有效提高残奥冬季两项运动员的射击表现，在其心理训练中一方面应侧重注意集中能力训练；另一方面应加强情绪调节能力训练。

二、射击阶段心理训练

（一）注意集中能力

注意集中能力训练的主要目的是提高运动员全神贯注于一个确定目标，不受其他内外在刺激干扰的能力。可采用重复训练法，训练通常安排每组2～5min，做3～5组。具体训练手段如下。

1. 凝视练习

①准备一张白色卡片，正中间印有直径为3.5cm的黑色圆点；

②眼睛睁大，口闭拢，眼睛离训练图30～40cm；

③自我暗示"黑点看大，黑点看清"；

④凝视训练图上面的大黑点2min，用丹田呼吸，尽量不眨眼睛；

⑤当圆点变到最大时，让它恢复到原来的大小。

训练目的： 提高注意集中能力。

教练员提示： 不眨眼睛，注意力集中。

2. 掌心凝视法

①深呼吸，平复情绪；在右手掌的掌心处画个小圆点，将右手手掌移至眼前约 30cm 的位置，盯住手掌心处的圆点；

②盯着这一点，保持 3min，此时大脑中会涌现各种杂念，如"我的手相真奇怪呀""那本小说真好看啊""明天他会不会来我家呢"等，这些都是完全不相干的念头。开始训练时，集中力处于水平较低的状态，产生杂念是很正常的，不要着急，顺其自然即可；

③反复进行训练，直到觉得大脑变得一片空白。

训练目的： 提高注意集中能力。

教练员提示： 不眨眼睛，注意力集中。

3. 纸板练习

①先剪一块边长为 38cm 的方形黑纸板，再剪一块边长为 5cm 的方形白纸板，将白纸板贴在黑纸板中心；

②图案中心的高度与眼睛平齐，室内光线应充足，保证运动员可以清楚看到图案；闭眼 2min，想象有一块温暖柔软的黑色屏幕，就像电视机没有打开屏幕一样；

③然后睁开眼睛对着图案中心集中注意力看 3min，看图案时不要眨眼，也不要太用力；

④慢慢将眼睛移开，看着空白的墙壁，当它开始消失时，想象它仍然在那里；

⑤虚像消失后闭上眼睛，在头脑中想象那个图像，使头脑中的图像尽量稳定。

训练目的： 增强观察记忆能力。

教练员提示： 注意力集中。

4. 视觉守点

①在墙上或白板上相隔一定距离按顺序放 A、B、C 3 个点；

②让运动员全神贯注地注视 B 点，直到 A 点与 C 点消失在视野之中；

③然后以同法训练对 A 或 C 点的注视，如此反复进行，直到被观察的对象在脑海中非常清晰为止。

训练目的：增强观察记忆能力。

教练员提示：注意力集中。

5. 听觉守音

在嘈杂的环境中，让运动员辨别钟表走时发出的嘀嗒声；能迅速辨别出 1min 的时间。

训练目的：提高注意力和时间感知能力。

教练员提示：注意力集中。

6. 秒表练习

注视手表秒针的转动，先看 1min，假如 1min 内注意力没有离开过秒针，就延长观察时间到 2min、3min，等到确定了注意力不离开秒针的最长时间后，再按此时间重复 3~4 次，每次间隔时间为 10~15s。

训练目的：提高注意集中能力。

教练员提示：注意力集中。

（二）情绪调节能力

情绪调节能力训练的目的是提高运动员根据内外环境采用一定的行为策略对情绪进行影响和控制的能力。可采用重复训练法，训练通常安排 5~10 组，每组 3~5min。具体训练手段如下。

1. 呼吸放松法

①集中精神于鼻子，感受呼吸过程；一边缓慢地通过鼻腔深吸一口气，一边在心中慢慢地从 1 数到 5；

②屏住呼吸，从 1 数到 5；5s 以后，缓慢地用鼻腔呼气，呼气的时候心中慢慢地从 1 数到 5；

③重复上面的步骤 10 次。

训练目的：提高自我放松能力。

教练员提示：呼吸均匀，全身放松。

2. 视觉放松法

①让自己以一种舒适的姿势坐着，找到眼睛可以清楚观察到的 4 种物体；用 10s 凝视第 1 件物体，同时以平静、舒缓的声音默念"放……松……"；

②目光转向第 2 件物体，用 10s 的时间凝视它，同时以平静、舒缓的声音默

念"放……松……";

③再转向第 3 件物体，用 10s 的时间凝视它，同时以平静、舒缓的声音默念"放……松……";

④转向最后一件物体，用 10s 的时间凝视它，同时以平静、舒缓的声音默念"放……松……";

⑤重复上面的步骤 10 次。

训练目的：提高自我放松能力。

教练员提示：呼吸均匀，全身放松。

3. 暗示训练

暗示训练是指利用语言等刺激物对主体的心理施加影响，进而控制其行为过程。如在射击瞄准时，心里反复默念"准星、缺口、准星、缺口"可以提高射击的稳定性和准确度。

训练目的：增强自信心。

教练员提示：注意力集中。

4. 模拟训练

反复模拟比赛中可能出现的情况或问题。如模拟第 1 发脱靶的射击训练；模拟有风天气下的射击训练；模拟和后出发运动员同时到达射击场时的射击训练；模拟对手领先情况下的射击训练等。通过模拟训练能使运动员更好地适应比赛条件。

训练目的：增强运动员适应各种比赛条件的能力，确保运动员的技战术在变化的情境中也能得到正常发挥。

教练员提示：注意力集中，保质保量。

第五章

残奥冬季两项热身与恢复训练

热身与恢复训练一直是竞技体育运动训练实践的重要组成部分。热身是为促使运动员的身体机能快速适应训练和减少运动损伤而在训练和比赛前进行的专门活动；恢复是加速身体机能恢复、消除身心疲劳的有效手段。基于残奥冬季两项运动训练实践，结合其项目特征，本章主要介绍一般性热身和专项性热身的方法手段，以及训练学和生物学的恢复措施，旨在介绍残奥冬季两项热身与残奥冬季两项恢复训练。

第一节 残奥冬季两项热身

残奥冬季两项的训练和比赛一般是在气温较低的环境下进行的。运动员体表的血管遇冷收缩，血液流动缓慢，肌肉的黏滞性增强，韧带的弹性和关节的灵活性较差，这些影响了运动员正常水平的发挥，增大了运动员受伤的概率。

一、一般性热身

（一）低强度有氧热身

低强度有氧热身的主要目的在于促进血液循环，提高机体温度，动员心肺系统，为正式训练做好机能状态准备。可采用持续训练法，通常安排时间为 5~10min，采用 55%~72%HRmax 的负荷强度。具体训练手段有轮椅滑行、跑步、骑功率自行车等。

（二）热身操

热身操的目的一方面是扩大残奥冬季两项坐姿组、站姿组和视

热身操

障组运动员在专项运动中主要参与运动的关节的活动范围，增强其灵活性，激活各关节部位的相关肌肉，降低运动损伤发生的概率；另一方面是增强各组运动员非主要运动关节的功能性。可采用变换训练法，通常每次练习安排 20～30s。具体训练手段有头部运动、肩部运动、扩胸运动、膝关节屈伸、原地后踢腿跑、手腕脚踝绕环等。

（三）动态拉伸

动态拉伸

动态拉伸的目的一方面是激活残奥冬季两项坐姿组、站姿组和视障组运动员在专项运动中主要参与运动的肌群，增强其肌肉力量和协调性；另一方面是增强非主要肌群力量，尤其是残侧肌肉力量，增进肌力平衡，扩大关节活动幅度，降低肌肉过度紧张程度，提高运动员体温。可采用变换训练法，通常每次练习安排30s 左右。具体训练手段有抱膝前进、斜抱腿、四肢走、脚跟抵臀手臂上伸、向后弓步 + 旋转、后交叉弓步、背阔肌拉伸、脊柱拉伸等。

二、专项性热身

（一）低强度专项热身

低强度专项热身的目的是提高运动员参与专项运动的各肌肉的协调性，提升运动员体温，为正式训练做好技术和机能的准备。可采用持续训练法，通常安排 50%～82%HRmax 的负荷强度，训练时间为 15～25min。具体训练手段如下。

1. 低强度滑雪测功仪

在正式训练开始前，持续进行低强度的滑雪测功仪热身训练。

训练目的：主要针对坐姿组和视障组运动员，能够激活运动员对上肢技术动作的记忆，提高中枢神经和肌肉的兴奋性。

教练员提示：速度适中，呼吸均匀。

2. 低强度滑轮、滑架子或滑雪

在正式训练开始前，持续进行 10～20min 的低强度滑轮、滑架子或滑雪热身训练。

训练目的：激活心肺系统功能，及时了解训练场地情况。

教练员提示：提前检查训练场地、训练器材的安全性；注意控制呼吸频率，保持有氧状态；注意动作模式的规范性、合理性。

（二）中等强度专项热身

中等强度专项热身的目的是充分激活运动员参与专项运动各肌肉的肌力，为正式训练或比赛做好机能的准备。可采用间歇训练法，通常安排82%～92%HRmax的负荷强度，每组30s～2min，做1～2组，间歇时间为2min左右。具体训练手段如下。

1. 中等强度滑雪测功仪

在强度训练课或比赛开始前，进行时间不等的中等强度滑雪测功仪热身训练。

训练目的：主要针对坐姿组和视障组运动员，能够充分激活运动员上肢肌肉力量。

教练员提示：站姿组运动员可进行单侧拉滑雪测功仪练习；坐姿组运动员须在专人协助下完成训练；视障组运动员可在领滑员的引导下进行训练；技术规范，达到规定强度。

2. 中等强度滑轮、滑架子或滑雪

在强度训练课或比赛开始前，进行时间不等的中等强度滑轮、滑架子或滑雪热身训练。

训练目的：充分激活肌肉力量。

教练员提示：消除训练场地、器材的安全隐患；技术规范，达到规定强度，注意节奏。

（三）高强度专项热身

高强度专项热身的目的是充分激活肌肉，提高中枢神经系统的兴奋性，为正式训练或比赛做好准备。可采用重复训练法，通常安排92%～97%HRmax的负荷强度，每组10～30s，做1～2组，间歇时间为2min左右。具体训练手段如下。

1. 高强度滑雪测功仪

在强度训练课或比赛开始前，进行时间不等的高强度滑雪测功仪热身训练。

训练目的：主要针对坐姿组和视障组运动员，能够充分激活运动员的上肢肌肉力量，提高中枢神经系统的兴奋性。

教练员提示：站姿组运动员可进行单侧拉滑雪测功仪练习；坐姿组运动员须在专人协助下完成训练；视障组运动员可在领滑员的引导下进行训练；技术规范，达到规定强度，注意控制呼吸节奏。

2. 高强度滑轮、滑架子或滑雪

在强度训练课或比赛开始前，进行距离不等的高强度滑轮、滑架子、滑雪等热身训练。

训练目的：充分激活主要发力肌群，提高中枢神经系统的兴奋性。

教练员提示：视障组运动员可在领滑员的引导下进行训练；消除训练场地、器材的安全隐患；选择适宜的路段进行训练；注意控制节奏，调控心率和呼吸。

第二节　残奥冬季两项恢复训练

运动训练后的恢复对于肌肉组织的修复及力量的恢复至关重要，特别是在高强度训练或超大负荷量训练结束后，运动员机体的恢复速度和程度将影响其随后的训练安排。因此，在训练后，采用多种恢复措施加速机体恢复尤为重要。

一、训练学恢复

（一）有氧放松训练

有氧放松训练的目的是促进血液循环和加快代谢物的清除，以加速机体恢复。可采用持续训练法，通常在中高强度训练课或比赛结束后，安排 50%～66%HRmax 的低强度有氧训练，训练时间为 10～15min。具体训练手段如下。

1. 滑雪测功仪

在中高强度训练或比赛结束后，持续进行低强度的滑雪测功仪放松训练。

训练目的：主要针对坐姿组和视障组运动员，能够加速运动员上肢血液循环，加快代谢物的清除。

教练员提示：坐姿组运动员须在专人协助下完成训练；视障组运动员须在领滑员的引导下进行训练；技术规范，动作放松，呼吸均匀。

2. 跑步

在中高强度训练或比赛结束后，持续进行低强度的跑步放松训练。

训练目的：主要针对站姿组和视障组运动员，能够加快运动员下肢血液循环和代谢物的清除。

教练员提示：视障组运动员可在领滑员的引导下进行训练；呼吸均匀，动作放松。

3. 功率自行车

在中高强度训练或比赛结束后，持续进行低强度的功率自行车放松训练。

训练目的：主要针对残奥冬季两项站姿组和视障组运动员，能够加速代谢产物的清除。

教练员提示：站姿组运动员须注意上下自行车的安全性和骑行过程中的稳定性；视障组运动员可在领滑员的引导下进行训练；呼吸均匀，动作放松。

4. 滑轮、滑架子或滑雪

在中高强度训练或比赛结束后，持续进行低强度的滑轮、滑架子或滑雪等放松训练。

训练目的：加快血液循环和代谢物的清除。

教练员提示：视障组运动员可在领滑员的引导下进行训练；呼吸均匀，动作舒缓。

（二）静态拉伸

静态拉伸

静态拉伸训练的目的在于减缓残奥冬季两项运动员的肌肉酸痛和肌肉僵硬症状，使肌肉得到深层放松，增强肌肉的柔韧性和灵活性，缓解机体疲劳和减少运动损伤等。可采用变换训练法，通常每个练习时间为 15～20s。具体训练手段有三角肌拉伸、扶墙胸部拉伸、单腿股四头肌拉伸、仰卧髋部拉伸、坐姿大腿内侧拉伸、单腿简式腘绳肌拉伸等。

二、生物学恢复

（一）高压氧舱恢复

暴露在高压（2～3个大气压）氧舱内，氧气浓度为 90%～100%，每次训练时间为 20～30min。

训练目的：增加机体的血氧饱和度和血氧含量，加速乳酸分解，消除肌肉酸痛肿胀。

教练员提示：高强度训练和比赛结束后进行高压氧舱放松。

（二）按摩

按摩全身各部位，每个部位做 5min，全部按摩时间为 30～50min。

训练目的：能够加快血液循环，缓解训练后的肌肉紧张，增加肌肉的伸展性，加速肌肉中乳酸堆积的消除速度。

教练员提示：坐姿组、站姿组、视障组运动员根据自身需求，选择各自按摩放松的肌肉；先按摩大肌肉群，后按摩小肌肉群。

（三）水浴

水浴的主要目的在于借助用水的温度刺激改变血液循环速度，缓解疲劳和肌肉疼痛，促进身体机能恢复。可采用持续训练法，通常安排训练 5～30min。具体训练手段如下。

1. 热水浴

运动员平躺在全身涡流气泡浴缸或水下按摩及电浴联合治疗浴槽中，全身浸泡在水中，水温为 38～42℃，浸泡时间为 15～20min。

训练目的：能够提高残奥冬季两项运动员神经系统的兴奋性，促进血液循环，改善组织和器官的营养状态；还可以降低肌肉张力，解除肌肉痉挛，使肌肉放松，以消除疲劳。

教练员提示：过饥或过饱时都不宜进行热水浴，且热水浴时间不宜过长。

2. 冷水浴

运动员浸泡在冷水池中，水温为 10～15℃，时间为 5～10min。

训练目的：抑制血流速度，促进炎症消除，缓解疲劳和肌肉疼痛。

教练员提示：残奥冬季两项运动员残肢不宜进行冷水浴；训练结束后不宜立即进行冷水浴；冷水浴的时间不宜过长。

3. 冷、热水浴

①热水水温为 38～42℃，冷水水温为 10～15℃；

②运动员先浸泡在热水中 2～3min，再浸泡在冷水中 1～2min，重复 3～5 次。

训练目的：增加血管的弹性和对刺激的耐受力，改善机体的血液循环和营养状态，促进炎症的消除，缓解疲劳和肌肉疼痛。

教练员提示：残肢冷水浴时长可适当减少；先四肢后胸背。

（四）液氮超低温冷疗放松

进入液氮超低温冷疗舱前须穿着短裤，穿戴好特制的手套和保暖鞋，摘掉身上的金属等物品，温度为 -160°～-120°，时间为 2～3min。

训练目的：主要针对残奥冬季两项站姿组和视障组运动员，能够放松肌肉，消除炎症，快速恢复身体。

教练员提示：残肢可着保暖衣物；皮肤保持干燥，勿携带其他物品。

第六章

残奥冬季两项运动损伤与预防

残奥冬季两项的训练特征和比赛特征导致残奥冬季两项运动员易出现擦伤、关节肌肉劳损等运动损伤。这些损伤可引起运动员损伤部位的疼痛、控制和协调能力下降，关节灵活性、运动幅度受限，进而影响运动员的训练和比赛。因此，预防残奥冬季两项运动员损伤是保证其进行科学化训练的重要环节。本章主要介绍残奥冬季两项运动员常见损伤的类型和特点，阐述运动损伤的预防措施，旨在介绍残奥冬季两项损伤特征和残奥冬季两项损伤预防。

第一节 残奥冬季两项损伤特征

一、滑雪损伤特征

残奥冬季两项运动员在滑雪中常见的运动损伤主要包括运动过度损伤、创伤性损伤和冻伤三类。残奥冬季两项视障组和站姿组运动员主要通过下肢的蹬滑动作产生向前滑行的动力，因此长期的训练导致其膝关节承受较大的压力，产生关节软骨、半月板等损伤；残奥冬季两项坐姿组运动员主要通过双杖推撑动作获取滑行的动力，其上肢强有力的屈伸极易引起脊柱和背部肌肉的极度受力。由于残奥冬季两项运动员训练和比赛的场地地形复杂，运动员在滑轮、滑架子或滑雪训练中常发生意外摔倒，易被利器、树枝等物体造成割伤或撕裂伤，且损伤常伴随出血情况，伤口易受到感染。在冬季户外训练时，由于长时间暴露在低温环境下，残奥冬季两项运动员的耳朵、脸、手指和脚趾等部位易出现局部冻伤，因此运动员在冬季训练和比赛中穿着专业紧身防风服是必要的。

二、射击损伤特征

残奥冬季两项运动员在射击训练中常见的运动损伤主要包括腰部损伤、颈部损伤和视力下降三类。脊柱侧弯及腰肌慢性劳损是射击运动员常见的损伤，在射击过程中为保持躯干的稳定性，运动员多会在射击时适当扭转腰部与脊柱，导致正常的脊椎生理弯曲发生改变，脊椎两侧的对称平衡遭到破坏，易引发腰部损伤。在射击运动中，运动员的头部会在重复射箭时反复向左转动，左右相对运动不对称，颈椎关节单一旋转，头部与颈部位置出现偏移。为保障身体平衡，运动员的颈部会一直处于紧绷状态，肌肉的不平衡发展极大增加了运动员的颈部疲劳程度，引发颈部损伤。在射击时，由于残奥冬季两项运动员精力高度集中，可能会出现视物模糊、视力下降等症状。

第二节　残奥冬季两项损伤预防

运动损伤的预防一直以来都是人们关注的领域，国际奥林匹克委员会（International Olympic Committee，IOC）、国际残疾人奥林匹克委员会（International Paralympic Committee，IPC）、国际体育联合会（International Sports Federation，IFs）和国家奥委会等体育机构都将保护运动员的人身健康视为各自重要的责任和使命。在充分了解运动损伤特征后，可以通过有效的预防措施，降低残奥冬季两项运动员的损伤风险。

一、建立伤病监控系统

建立伤病监控系统有助于教练员团队及时发现运动员损伤的机制和原因，但在具体实施时须注重过程化和全覆盖。伤病监控系统被引入残奥冬季两项运动队中，可实时监测运动员的伤病情况，能及时发现运动员早期的功能性减退报告，降低因过度训练引发的伤病风险，有效预防损伤。

二、加强损伤预防教育

只有在充分掌握项目本身潜在的风险及其可能引发损伤的相关知识情况下，才能有效降低整个队伍的损伤发生率，因此加强运动员和教练员团队伤病预防教育尤为重要。从运动员自身的角度看，只有了解残奥冬季两项损伤的特征、机制及其预防措施的相关知识，提高自我保护意识，准确预判各种危险行为所引发的后果，并及时停止相关危险行为，才能有效规避损伤风险；同时应深刻认识到恢复也是训练的重要组成部分，在因过于疲劳或旧伤复发而不能训练或比赛时，应及时与随队医生联系，寻求医疗救治。从教练员角度看，应充分掌握残奥冬季两项生理学、损伤流行病学的知识，对不同残疾级别运动员在高强度训练中的机体反应有足够的认识，只有这样才能科学地安排训练。从医务人员和康复师的工作职责看，掌握运动员的残疾特点和运动损伤预防的相关知识是其助力保障运动员训练的基础。在残奥冬季两项国家队中展开全面的损伤预防教育，是有效预防运动损伤和降低损伤概率的重要前提。

三、发挥运动设备的损伤预防作用

残奥冬季两项的滑雪速度较快，具有较高的风险，因此该项目对残奥冬季两项运动员的运动设备的设计、安全性、实用性和稳定性有着更高的要求。残疾运动员借助运动设备可无障碍地进行训练与比赛，如合适长度的雪杖、座舱、滑雪镜、手套、雪板等，它们不仅有助于运动员竞技水平的发挥，还能有效降低运动损伤的风险。

参考文献

[1] THOMAS S, PHIL B, MARTINA H, et al. Effect of carrying a rifle on physiology and biomechanical responses in biathletes [J]. Medicine and science in sports and exercise, 2015, 47 (3): 617-624.

[2] OHTONEN O, LINDINGER S J, GÖPFERT C, et al. Changes in biomechanics of skiing at maximal velocity caused by simulated 20-km skiing race using V2 skating technique [J]. Scandinavian journal of medicine and science in sports, 2018, 28 (2): 479-486.

[3] MIKKOLA J, LAAKSONEN M, HOLMBERG H, et al. Determinants of a simulated cross-country skiing sprint competition using V2 skating technique on roller skis [J]. Journal of strength and conditioning research, 2010, 24 (4): 920-928.

[4] 白鹏, 钟亚平, 王素改. 世界级冬季两项运动员身体形态、机能和运动素质特征研究进展 [J]. 武汉体育学院学报, 2020, 54 (12): 75-81.

[5] LAAKSONEN M S, MALIN J, HANS-CHRISTER H. The Olympic biathlon – Recent advances and perspectives after pyeongchang [J]. Frontiers in physiology, 2018, 9: 796.

[6] SUNDE A, JOHANSEN J, GJØRA M, et al. Stronger is better: The impact of upper body strength in double poling performance [J]. Frontiers in physiology, 2019 (10): 1091.

[7] ØFSTENG S, SANDBAKK Ø, BEEKVELT V M, et al. Strength training improves double-poling performance after prolonged submaximal exercise in cross-country skiers [J]. Scandinavian journal of medicine and science in sports, 2018, 28 (3): 893-904.

[8] CARLSSON T, WEDHOLM L, NILSSON J, et al. The effects of strength training versus ski-ergometer training on double-poling capacity of elite junior cross-country skiers [J]. European journal of applied physiology, 2017, 117 (8): 1523-1532.

[9] LUCHSINGER, KOCBACH, ETTEMA, et al. Comparison of the effects of performance level and sex on sprint performance in the biathlon world cup [J]. International journal of sports physiology and performance, 2018, 13 (3): 360-366.

[10] RUNDELL, KENNETH W. Treadmill roller ski test predicts biathlon roller ski race results of elite U.S. biathlon women [J]. Medicine and science in sports and exercise, 1995, 27 (12): 1677-1685.

[11] ESPEN T N, YSTEIN S, HAUGEN T A, et al. Ther road to gold: Training and peaking characteristics in the year prior to a gold medal endurance performance [J]. Plos one, 2014, 9 (7): e101796.

[12] SATTLECKER G, BUCHECKER M, GRESSENBAUER C, et al. Biathlon shooting: Previous analyses and innovative concepts [M]. Finland: University of jyväskylä, 2016.

[13] IHALAINEN S, LAAKSONEN M S, KUITUNEN S, et al. Technical determinants of biathlon standing shooting performance before and after race simulation [J]. Scandinavian journal of medicine and science in Sports, 2018, 28 (6): 1700-1707.

[14] SATTLECKER G, BUCHECKER M, GRESSENBAUER C, et al. Factors discriminating high from low score performance in biathlon shooting [J]. International journal of sports physiology and performance, 2016, 12 (3): 377-384.

[15] MON D, ZAKYNTHINAKI M S, CORDENTE C A, et al. Validation of a dumbbell body sway test in olympic air pistol shooting [J]. Plos one, 2014, 9 (4): 96-106.

[16] ERA P, KONTTINEN N, MEHTO P, et al. Postural stability and skilled performance-A study on top-level and naive rifle shooters – ScienceDirect [J]. Journal of biomechanics, 1996, 29 (3): 301-306.

[17] 房英杰, 王子朴, 杜承润. 世界优秀冬季两项运动员射击技术特征、影响因素与训练策略 [J]. 中国体育科技, 2021, 57 (12): 9-17.

[18] DOROTA, SADOWSKA, JUSTYNA, et al. Postural balance and rifle stability in a standing shooting position after specific physical effort in biathletes. [J]. Journal of sports sciences, 2019, 37 (16): 1892-1898.

[19] ZATSIORSKY V M, AKTOV A V. Biomechanics of highly precise movements: The aiming process in air rifle shooting [J]. Journal of biomechanics, 1990, 23 (S1): 35-41.

[20] SATTLECKER G, BUCHECKER M, RAMPL J, et al. Biomechanical aspects in biathlon shooting [M]. Finland: University of jyväskylä, 2013.

[21] GlENN B. Shooting efficiency for winners of world cup and world championship races in men's and women's biathlon: Where is the cut-off? [J]. International journal of performance analysis in

sport, 2018, 18（4）: 545-553.

［22］孙宝魁. 冬季两项射击训练中运动员的心理状态及调节［J］. 冰雪运动, 2003, 25（4）: 40-41.

［23］GALLICCHIO G, FINKENZELLER T, SATTLECKER G, et al. The influence of physical exercise on the relation between the phase of cardiac cycle and shooting accuracy in biathlon. ［J］. Taylor and francis, 2019, 19（5）: 567-575.

［24］王润极, 徐亮, 阎守扶, 等. 分级视角下残疾人冬季两项运动的关键竞技特征分析［J］. 首都体育学院学报, 2020, 32（2）: 178-185.

第三篇

残奥越野滑雪训练教程

目 录

第一章　残奥越野滑雪项目概述 ······117
 第一节　残奥越野滑雪运动简介 ······117
 第二节　残奥越野滑雪场地设施和器材装备 ······121

第二章　残奥越野滑雪运动素质特征及训练 ······124
 第一节　残奥越野滑雪力量素质特征及训练 ······124
 第二节　残奥越野滑雪速度素质特征及训练 ······131
 第三节　残奥越野滑雪耐力素质特征及训练 ······134

第三章　残奥越野滑雪技术特征及训练 ······137
 第一节　残奥越野滑雪技术特征 ······137
 第二节　残奥越野滑雪技术训练 ······138

第四章　残奥越野滑雪热身与恢复训练 ······142
 第一节　残奥越野滑雪热身训练 ······142
 第二节　残奥越野滑雪恢复训练 ······144

第五章　残奥越野滑雪损伤与预防 ······152
 第一节　残奥越野滑雪损伤特征 ······152
 第二节　残奥越野滑雪损伤预防 ······154

参考文献 ······156

第一章

残奥越野滑雪项目概述

残奥越野滑雪在1976年瑞典冬残奥会上首次成为正式比赛项目。2018年平昌冬残奥会上，残奥越野滑雪已成为参与最为广泛的基础大项。本章主要包括残奥越野滑雪运动简介与残奥越野滑雪场地设施和器材装备两大部分内容，旨在系统介绍残奥越野滑雪运动的项目特点。

第一节 残奥越野滑雪运动简介

一、起源发展

1976年瑞典冬残奥会上，残奥越野滑雪项目仅设有截肢组和视障组两个组别。经过近半个世纪，残奥越野滑雪项目已经发展为包括不同残疾类别、不同距离，以及不同竞赛形式的基础大项。2022年北京第13届冬残奥会上，残奥越野滑雪的参与人数最多，项目设置主要包括男女坐姿各3项，男女站姿各3项，男女视障各3项，以及混合接力和公开接力，共20项。

二、比赛方式

根据残障类别，残奥越野滑雪运动员包括肢体残障和盲人/视力残障两种类型。依据损伤特征，残奥越野滑雪运动员可以采用站姿滑雪，也可以采用坐姿滑雪，盲人/视力残障运动员与视力正常的引导员一起参加比赛。按竞赛形式划分，残奥越野滑雪又可分为短距离、中距离和长距离的个人小项和团体接力分项（表3-1-1）。

表 3-1-1　2022 年北京冬残奥会残奥越野滑雪项目设置

性别	项目种类			
	短距离	中距离	长距离	接力
男子	1.5 km- 视障（自由技术）	7.5 km- 坐姿	15 km- 坐姿	公开级接力 4×2.5km 混合级接力 4×2.5km
	1.1 km- 坐姿	10 km- 视障（自由技术）	20 km- 视障（传统技术）	
	1.5 km- 站姿（自由技术）	10 km- 站姿（自由技术）	20 km- 站姿（传统技术）	
女子	1.5 km- 视障（自由技术）	7.5 km- 视障（自由技术）	12 km- 坐姿	
	1.1 km- 坐姿	5km- 坐姿	15km- 视障（传统技术）	
	1.5 km- 站姿（自由技术）	7.5km- 站姿（自由技术）	15km- 站姿（传统技术）	

残奥越野滑雪比赛成绩由比赛用时与相应残障系数共同确定。残疾系数则由运动员的残障类别和级别决定。比赛出发顺序一般为坐姿组、视障组和站姿组，通常安排男子在前、女子在后，出发顺序由仲裁委员会最终确定。比赛出发以间隔方式进行，个人出发顺序可采用抽签、积分系统、排名、资格体系等方法决定。接力项目可以由 2～4 名运动员参加比赛，第 1 棒和第 3 棒赛道为传统技术赛道，第 2 棒和第 4 棒赛道为自由技术赛道。混合接力项目必须至少有一名女运动员参加。公开接力项目性别不限。坐姿组运动员坐在滑雪器上滑行；站姿组运动员可根据身体状况采用两个、单个或不使用雪杖进行比赛；全盲或严重视障运动员需要佩戴眼罩，并由领滑员使用扬声器引导配合完成比赛；视障程度较低的运动员可以选择比赛时是否使用领滑员。

三、分类分级

根据残疾类别，残奥越野滑雪运动员分为肢体残障运动员和盲人/视力残障运动员。由于不同类别下运动员残障部位不同，国际残疾人体育运动组织的医学科学委员会制定了相应的残障分级及参赛标准。残障分级的宗旨在于维护残障体育比赛的公平性，确保残障运动员能够与残障种类及程度相似的对手比赛。参加残奥越野滑雪比赛的运动员分为残奥会永久状态、核查状态和全新状态三个级别。由于某些损伤可能会随着时间的推移对运动员身体产生影响，从而影响比赛表现，所以残奥越野滑雪运动员在整个运动生涯中可能会进行多次残障分级。

残奥越野滑雪站姿组运动员的残障级别包括LW2、LW3、LW4、LW5/7、LW6、LW8、LW9（表3-1-2）；残奥越野滑雪坐姿组运动员的残障级别包括LW10、LW10.5、LW11、LW11.5、LW12（表3-1-3）。残奥越野滑雪视障组运动员的残障级别包括B1、B2、B3（表3-1-4）。不同项目级别代码不同，字母代表项目，数字代表明确的级别。

表 3-1-2　残奥肢残分级评估（站姿）

级别	损伤特征
LW2（单侧下肢损伤）	①单侧经膝关节或膝关节以上截肢； ②髋关节和/或膝关节无活动范围； ③单侧下肢肌力小于或等于16分，或双下肢总分小于或等于64分，膝关节屈、伸肌力小于或等于2分； ④短肢畸形，患侧肢体短于健侧股骨长度，分级时应提供运动员2个月内的X光片； ⑤使用两个滑雪板、两个雪杖/助滑器，滑雪板可捆扎在一起
LW3（双侧下肢损伤）	①双下肢截肢，最低标准为双侧跖骨近端截肢； ②双下肢肌力小于65分，其中一侧下肢肌力至少减少5分，且有一个肌群肌力至少减少3分； ③双下肢痉挛2级，或双下肢有不自主运动，或双下肢共济失调； ④短肢畸形导致前脚掌缺失，分级时应提供运动员12个月内的X光片； ⑤双侧膝关节无活动范围； ⑥使用两个滑雪板、两个雪杖
LW4（单侧膝下损伤）	①单侧经踝关节或踝关节以上截肢，以及类同的肢体缺失； ②双下肢肌力小于70分，其中单侧下肢肌力至少减少10分，且有一个肌群肌力至少减少3分； ③单侧或双侧下肢有不自主运动或共济失调； ④双下肢长度至少相差70mm； ⑤使用两个滑雪板、两个雪杖
LW5/7（双上肢损伤，不使用假肢）	①双上肢截肢，最低标准为双侧经掌指关节的截肢（无残留）； ②双上肢肌力损伤，手抓握功能丧失； ③双手畸形，双手无抓握功能； ④使用两个滑雪板、不能使用雪杖
LW6（单侧上肢损伤）	①单侧经肘关节或肘关节以上的截肢； ②单侧上肢肌力损失，腕关节、肘关节肌群肌力损伤得分小于或等于2分； ③短肢畸形，患侧上肢长度短于健侧肱骨长度，分级时应提供运动员12个月内的X光片； ④使用两个滑雪板、一个雪杖

续表

级别	损伤特征
LW8（单侧上肢损伤）	①单侧肘关节以下、掌指关节近端以上截肢； ②单侧肌力损伤，手抓握功能丧失； ③短肢畸形，患侧上肢长度大于健侧肱骨长度，分级时应提供运动员12个月内的X光片； ④单侧肘关节屈/伸不超过5°，患侧上肢支撑时不能发力； ⑤一侧上肢功能障碍，无抓握功能，将手腕绑在杆上仍无法抓握； ⑥使用两个滑雪板、一个雪杖
LW9（上下肢复合残疾）	①一个上肢和一个下肢的损伤，分别符合LW4或LW8的分级； ②上下肢痉挛大于或等于2级，共济失调，有明显的手足徐动； ③使用两个滑雪板、一个或两个雪杖

表3-1-3　残奥肢残分级评估（坐姿）

级别	损伤特征
LW10（下肢和躯干损伤）	①上下腹肌肌力小于或等于2分，即便用带子把腿绑在测试台上，也不能对抗重力维持坐姿，没有上肢支撑，不能坐稳； ②陆上躯干功能技术测试为0～2分； ③S3～S5神经支配区皮肤无感觉，鞍区感觉评分为0分
LW10.5（下肢和躯干损伤）	①上下腹肌肌力评分为3分，用带子把腿绑在测试台上，无上肢支撑，能坐稳，但移动范围不超过底座范围； ②陆上躯干功能技术测试为3～6分； ③S3～S5神经支配区皮肤无感觉，鞍区感觉评分为0分
LW11（下肢和躯干损伤）	①腹部和躯干伸肌有功能，附着骨盆的肌肉肌力可大于或等于3分； ②双侧髋关节屈髋肌力小于或等于2分，不能站立、行走，无辅助情况下可以端坐和恢复到端坐位； ③陆上躯干功能技术测试为7～10分； ④S3～S5神经支配区皮肤有部分感觉，鞍区感觉评分为0～2分
LW11.5（下肢和躯干损伤）	①躯干功能接近正常，腹肌和躯干伸肌肌力可达3～4分； ②单侧髋关节屈肌肌力大于或等于3分，且单侧或双侧髋关节伸肌肌力大于或等于1分，不使用辅具能站立、行走； ③陆上躯干功能技术测试为11分； ④S3～S5神经支配区皮肤有部分感觉，鞍区感觉评分为0～2分
LW12（下肢损伤）	①躯干功能正常，腹肌和躯干伸肌肌力4～5分； ②单或双髋关节屈伸肌力为3～5分； ③陆上躯干功能技术测试12分； ④S3～S5神经支配区皮肤有部分感觉，鞍区感觉评分0～2分

表 3-1-4 残奥视障分级评估

级别	损伤特征
B1	视力小于 LogMAR 2.6
B2	视力大于或等于 LogMAR 2.6、小于或等于 LogMAR 1.5
B2	视野半径小于 5°
B3	视力大于或等于 LogMAR 1.4、小于或等于 LogMAR 1
B3	视野半径小于 20°

在残奥越野滑雪比赛中，比赛成绩由竞赛时间与残障系数（%）的乘积计算得出。残障系数是根据世界杯比赛结果算出的，每个级别都有相应的百分比（表 3-1-5）。

表 3-1-5 2019—2020 年残奥越野滑雪残障系数

级别	视障			站姿							坐姿			
	B1	B2	B3	LW2	LW3	LW4	LW5/7	LW6	LW8	LW9	LW10	LW10.5	LW11	LW11.5	LW12
传统	88	99	100	92	86	97	89	90	92	87	86	88	93	95	100
自由	88	99	100	93	87	96	89	95	96	88	N/A	N/A	N/A	N/A	N/A

第二节 残奥越野滑雪场地设施和器材装备

一、场地设施

残奥越野滑雪比赛场地基本是依山而建的，尽量贴近自然原貌，避免人为设置重复路况。残奥越野滑雪比赛赛道由国际雪联统一认证，一般为三分之一上坡、三分之一水平和三分之一下坡路段，海拔高度不超过 1800m。残奥越野滑雪比赛场地必须合理设计各比赛区域，相关区域须采用适当的控制措施，如设置大门、防护栏及标识区等，以保证残奥运动员可以多次通过、所有参赛人员及观众可以轻易地明确各功能区，确保各项比赛空间足够。

（一）起点区

前 50m 为起点区，此区域需要分隔开，分隔的宽度和长度由仲裁委员会根据比赛形式及场地设置决定，分隔的长度应尽可能长。

（二）终点区

最后的 50～100m 直道作为终点区，此区域需要分隔开且明显标注，但标识不能影响运动员滑行。分隔的长度应该尽可能长，其宽度和长度由仲裁委员会根据比赛形式及场地设置决定。终点线必须用彩色带标识出，彩色带宽度不超过 10cm。

（三）交接棒区

接力项目中交接棒区域范围应宽阔充足，标识明显，设置于平整光滑的地段。应根据场地大小和比赛形式调整交接棒区的长宽。

（四）修理站

如果残奥越野滑雪比赛允许更换滑雪板，则组委会必须为每个代表队设立专门的修理站，并以国旗或缩写作为区别标识。同时，组委会应当为不进入修理站的运动员提供最短路径的通道。修理站的位置和数量由仲裁委员会根据运动员报名数量及实际场地大小决定。

（五）附属设施

在残奥越野滑雪比赛期间，应设置队伍准备区域及上蜡区。此区域应适当供暖通风且靠近赛场。无障碍卫生间及盥洗室应设置于靠近比赛场地处，尤其要靠近起点。

（六）即时信息公布设施

在上蜡区附近应设置信息公布栏，用以公布成绩、通知、温度等信息。其中温度信息应按以下时间予以公布：比赛开始前 2h、比赛开始前 1h、比赛开始前 0.5h、比赛开始时、比赛开始后 30min、比赛开始后 1h。在场馆区域内和极端温度（如最高、最低温）可能产生的地点进行温度测量。应使用广播即时发出通知，其音量应调整至适合 B 级运动员收听的程度，广播及通知时须使用英语。

二、器材装备

残奥越野滑雪站姿组和视障组运动员比赛时使用的器材装备包括滑雪板、雪杖、雪鞋、固定器、雪杖握柄、握柄带、雪上杖尖、滑雪眼镜/眼罩等；坐姿组运动员比赛时使用的器材装备主要有坐式滑雪器、雪杖握柄、握柄带、雪上杖尖和滑雪眼镜/眼罩等。主要器材装备介绍如下。

（一）坐式滑雪器

坐式滑雪器是由雪橇演变而来的专门为残奥越野滑雪坐姿组运动员设计的器材装备。坐式滑雪器底部雪橇由两块普通滑雪板组成，用以固定座椅。座椅包括座位安全带和悬挂装置，以降低残奥越野滑雪运动员的身体损伤风险。座位各连接处不可调节，座位底部与雪板顶端允许的最大高度为 40cm（包括坐垫）。在残奥越野滑雪比赛中，必须使用无弹性绑带将残奥运动员的大腿固定在座位上，以保持臀部与座位贴合。需要强调的是，对于不同残障级别的坐姿组运动员，坐式滑雪器的设计样式不尽相同。

（二）滑雪板

滑雪板主要由玻璃纤维制造而成。传统技术滑雪板尖端较窄，腹部较厚并呈弧形。相较而言，自由技术滑雪板表面更硬，弧度更小，更便于下肢操控。

（三）眼罩/眼镜

在残奥越野滑雪比赛中，视障组 B1 级运动员必须佩戴经技术委员会检查的眼罩/眼镜，以减轻亮光对眼睛的刺激。如果残奥越野滑雪运动员自己携带的眼罩/眼镜未通过检查，则使用技术委员会提供的眼罩/眼镜。残奥越野滑雪比赛器材装备对比赛成绩具有较大影响，因此在实际训练过程中，须针对不同残障级别运动员提供个性化的运动器材装备，以提高舒适度，减少运动损伤，增强比赛表现。

第二章

残奥越野滑雪运动素质特征及训练

残奥越野滑雪项目隶属于体能主导类耐力性项群，提高该项目运动员运动表现的关键运动素质是良好的力量、速度和耐力。本章主要阐述残奥越野滑雪力量素质特征及训练、残奥越野滑雪速度素质特征及训练和残奥越野滑雪耐力素质特征及训练，旨在介绍残奥越野滑雪运动员的专项运动素质特征和相应的训练安排。

第一节 残奥越野滑雪力量素质特征及训练

一、力量素质特征

对于残奥越野滑雪坐姿组与视障组运动员来说，撑杖技术对其上肢力量提出极高要求。上肢力量强能够提高每杖动作效率。在次极限强度时，越野滑雪运动员在0.2s左右撑杖时间内的撑杖力可达460N，滑幅可达7.5～8.0m。越野滑雪男子运动员平均卧推1RM为75±10kg，坐姿下拉1RM为68±9kg。以50%1RM卧推上肢爆发力为439±85W，卧推、坐姿下拉爆发力分别为234±94W（70kg）和491±80W（60kg）。这表明残奥越野滑雪坐姿组与视障组运动员的上肢最大力量和爆发力应是力量训练的重点内容。

残奥越野滑雪运动员的核心力量是动力链传递的主要贡献单元，有助于提高运动员全身发力效率。研究表明，越野滑雪运动员在撑杖过程中髋屈肌、肩伸肌、肘伸肌先后被激活，在离心收缩过程中，躯干部位的主要发力肌群对向心收缩产生积极影响。对越野滑雪男子运动员躯干屈肌和伸肌进行最大等长力量测试（全力收缩3～5次，每次收缩时间为2～3s）时发现，其躯干屈肌和伸肌最大力量分别为87±17kg和114±18kg。因此，残奥越野滑雪运动员的核心力量也是力量训练的重点。

残奥越野滑雪站姿组和视障组运动员在下肢侧蹬滑行过程中表现出较强的侧蹬爆发力，与越野滑雪运动员的下肢发力特征近似。研究发现，在处于最大滑行速度时，越野滑雪运动员在 0.2～0.3s 腿部推蹬时间内的下肢推蹬力峰值高达 2208N 和 1600N 左右，腿部推进力发展速率（rate of force development，RFD）为 14.1±1.4kN/s。可见，越野滑雪运动员腿部推进动作的肌肉收缩接近跳跃的力学特点，表现为时间短、速度快和力量大的用力特征。据报道，越野滑雪男子运动员下蹲跳平均高度为 0.33±0.08m；较强腿的半蹲跳峰值力及其力量发展速率分别为 764±140N 和 4681±2555N/s，弱势腿的半蹲跳峰值力和力量发展速率分别为 730±122N 和 4024±2320N/s。这表明残奥越野滑雪站姿组和视障组运动员下肢最大力量和爆发力也是力量训练的重要内容。

二、力量素质训练

（一）上肢力量训练

上肢力量训练的目的在于提升残奥越野滑雪运动员上肢撑杖"爆发式"用力效果和爆发式肌肉耐力，解决站姿组运动员上肢单侧肌肉萎缩和躯干失衡问题。依据残奥越野滑雪运动员力量水平，通常安排负荷强度为 30%～90%1RM，每组做 8～12 次（侧），做 3～8 组，组间间歇为 2～3min。具体训练手段如下。

1. 直臂下拉

①挺胸直背，手臂伸直，肩胛骨内收；

②带动手臂下拉至髋部位置。

训练目的：增强坐姿组和视障组运动员上肢撑杖推进力；提高背阔肌和肱二头肌力量。

教练员提示：注意腹部收紧，背部保持挺直不动；LW10、LW10.5 级运动员可佩戴护具以保持躯干稳定；站姿组运动员单侧训练时注意保持身体姿势和个体最佳负荷强度。

2. 杠铃卧推

①仰卧在推凳上，头部、上背和臀部充分接触凳面；

②使用中握距握住杠铃，将其从架子上拿下；

③伸直手臂将杠铃举在胸部上方的位置，手臂与地面垂直；

④保持挺胸，弯曲手臂，慢慢将杠铃下降，使其碰到胸部；

⑤然后用力将杠铃推回起始位置，同时呼气。

训练目的：提高胸大肌和三头肌力量，增强坐姿组和视障组运动员的撑杖效果。

教练员提示：注意控制动作节奏，控制下降速度；视障组运动员双腿自然分开；坐姿组运动员保持躯干稳定；站姿组运动员的单侧训练需要在教练员的保护下完成。

3. 哑铃侧平举

①呈坐姿或俯卧，双脚并拢，腹部收紧，背部平直，身体前倾约 45°；

②目视斜下方，双手握哑铃置于大腿两侧，手臂自然伸直；

③向上时，双手外展至上臂与地面平行，向下至手臂几乎垂直于地面。

训练目的：增强坐姿组和视障组运动员上肢撑杖推进效果；提高坐姿组和视障组运动员肩部肌群和肱骨三角肌力量。

教练员提示：背部保持平直，不要塌腰弓背；LW10、LW10.5 级运动员可佩戴护具，使背部保持平直；站姿组运动员单侧训练时应注意动作节奏，身体不要前后摆动。

4. 坐姿哑铃肩上推举

①呈自然坐式姿势，直握哑铃垂于体侧；

②吸气用力将哑铃推起，缓落时呼气。

训练目的：增强坐姿组和视障组运动员上肢撑杖推进效果；提高坐姿组和视障组运动员肱骨三角肌力量。

教练员提示：紧贴背部，臀部后靠，腰部收紧；LW10、LW10.5 级运动员可佩戴护具，使背部贴紧；站姿组运动员单侧训练时注意控制负荷强度。

5. 坐姿平推固定器械动作

①调整座椅高度，使推手把柄对准胸部中间位置；

②腰椎及颈椎呈自然状态，背部紧靠靠背；

③双手锁握，将把柄推至前端，肘关节微屈，而后缓慢回落到起始位置。

训练目的：增强坐姿组和视障组运动员上肢推进效果；提高坐姿组和视障组运动员胸大肌、肱三头肌的肌肉力量。

教练员提示：向前用力推把柄时呼气，回落时吸气；LW10、LW10.5 级运动员可佩戴护具，使背部靠紧靠背；站姿组运动员单侧训练时应注意控制身体姿势。

6. 杠铃卧拉

①俯卧在长凳上，保持背部挺直，双臂自然下垂，手掌握住杠杆；

②手肘弯曲将杠铃拉向胸前，让中上背得到锻炼（锻炼背阔肌则将杠铃拉向腹部）；

③在顶端停留片刻，然后慢慢回到起始位置。

训练目的：增强坐姿组和视障组运动员的上肢推、拉能力；提高坐姿组和视障组运动员胸大肌和肱三头肌的肌肉力量。

教练员提示：练习过程中保持头、颈部及躯干的稳定绷直；LW10、LW10.5级运动员可佩戴护具，使身体核心稳定；站姿组运动员单侧训练时应注意控制身体姿势。

（二）核心力量训练

核心力量训练的目的在于通过多组动作的重复练习，提升坐姿组、站姿组和视障组运动员身体平衡稳定能力和上下肢体的协同工作能力。可采用重复训练法、间歇训练法和持续训练法。依据残奥越野滑雪运动员力量水平，通常安排15～20次/组（侧）或30～45秒/组（侧），做5～6组，组间间歇为2～3min。具体训练手段如下。

1. 两头起

①呈仰卧姿势，两臂自然伸直于头后，两腿自然伸直并拢；

②在运动过程中，两臂、两腿同时下压上举并向中间靠拢。

训练目的：提高坐姿组、站姿组和视障组运动员的身体核心力量和躯干稳定性；增强坐姿组、站姿组和视障组运动员的腹直肌力量。

教练员提示：以髋关节为轴，呈最大对折姿势时需要保持"V"形不动；站姿组运动员注意保持上身直立姿势；坐姿组运动员下肢可佩戴假肢进行练习。

2. 平板支撑

①手臂屈肘90°撑地，双手分开与肩同宽；

②保持头、上背和髋部成一条直线；

③挺直脊柱，收紧腹部和臀部。

训练目的：强化坐姿组、站姿组和视障组运动员的核心肌群；减少坐姿组运动员的腰椎压力，提高站姿组运动员的身体平衡能力。

教练员提示：肘关节和肩关节与身体都应保持直角状态；坐姿组和站姿组运动员可佩戴假肢进行练习；针对腰椎有损伤的坐姿组运动员，须合理控制其负荷强度。

3. 两点支撑俯桥

①躯干呈跪姿，单臂和双脚推起；

②背部平直，颈部保持中立位；

③抬起异侧（或者同侧）手和脚，直至与地面平行，回到起始姿势；

④腹肌收紧，脊柱始终保持中立位。

训练目的：强化坐姿组、站姿组和视障组运动员的肩部和核心肌群；改善坐姿组和站姿组运动员脊柱倾斜状态；增强视障组运动员上下肢协同做功能力。

教练员提示：坐姿组和站姿组运动员可佩戴假肢进行练习；站姿组运动员进行单侧练习时应注意适当降低负荷强度。

4. 侧平板支撑

①侧卧于垫上，单手撑住身体；

②双腿并拢，颈部和脊柱保持中立位；

③腰腹部和臀部收紧，依靠腹斜肌向斜上方发力，推起肩部和上腰段。

训练目的：强化坐姿组、站姿组和视障组运动员腹外斜肌和腹内斜肌；

教练员提示：坐姿组和站姿组运动员可佩戴假肢进行练习；坐姿组运动员在支撑臂尽量往前推的同时身体不要蜷缩；站姿组运动员进行单侧练习时应注意适当降低负荷强度。

5. 药球俄罗斯转体

①坐于垫上，挺直背部；

②双膝微屈抬起、脚离地，与上身呈"V"形；

③双臂抱药球于胸前，上身分别往返扭转至两侧，目光跟随双手移动。

训练目的：强化坐姿组、站姿组和视障组运动员腹肌、腹外斜肌和腰背肌肉力量，提升躯干稳定性。

教练员提示：上背部须略微弓起；下背部须处于挺直状态；身体向一边旋转时，确保臀部收缩，使髋关节与地面平行；LW10、LW10.5级运动员可佩戴假肢进行练习；站姿组运动员利用双肩来带动手臂的移动并进行转体。

6. 山羊挺身

①双脚固定在罗马椅后方的护垫上,躯干始终保持直立姿势;

②身体逐渐下放到最低点,大腿后侧发力,上身向上挺起;

③在最高点感受臀腿后侧的挤压感,而后控制好身体缓慢下放。

训练目的: 强化坐姿组、站姿组和视障组运动员下背部、臀部、股二头肌和竖脊肌肌群;提升核心募集和躯干稳定能力。

教练员提示: 由髋关节主导,保持腰背部始终挺直和适宜的动作节奏;坐姿组运动员可佩戴假肢进行练习;运动幅度不宜过大。

7. 药球转身投掷

①站于墙边,双脚开立与肩同宽,双手捧一药球;

②手臂向前伸直,使球与胸部保持在相同高度;

③身体向墙壁方向快速转动,将球向墙壁投掷,在反弹时接住球。

训练目的: 增强坐姿组和视障组运动员腹部肌群力量和上肢爆发力;增强坐姿组和视障组运动员上肢撑杖技术的动作效果。

教练员提示: 坐姿组运动员可以采用跪姿或坐姿,以消除对下身的影响;保持核心收紧,腰背保持挺直。

(三)下肢力量训练

下肢力量训练的目的在于通过多组动作的重复练习,提升残奥越野滑雪站姿组和视障组运动员下肢蹬冰"爆发式"用力效果和爆发式肌肉耐力,解决坐姿组运动员下肢单侧肌肉萎缩和躯干失衡问题。可采用重复训练法、间歇训练法和循环训练法。通常安排负荷强度为60%~95%1RM,8~12次/组(侧),做3~5组,组间间歇为2~3min。具体训练手段如下。

1. 单腿跳箱

①跳箱与膝盖同高,右腿屈膝至大腿与地面平行,快速站起;

②下蹲时控制速度,膝关节不要超过脚尖或者内扣。

训练目的: 提高站姿组和视障组运动员下肢蹬冰爆发力;强化股四头肌、股直肌和股外侧肌等肌群的肌肉力量。

教练员提示: 根据弹跳能力选择适合的箱子高度;站姿组运动员应注意保持身体姿势,不要倾斜。

2. 杠铃深蹲

①双腿开立与肩同宽，手正握杠铃，用颈后斜方肌顶住杠铃；

②下蹲时锁住双肩，平视前方，上身微前倾，臀部后坐；

③缓慢屈髋、屈膝，下蹲至大腿与地面平行，膝关节略超过脚尖。

训练目的：提高站姿组和视障组运动员下肢蹬冰动作效果；强化股四头肌、腘绳肌，以及臀部肌群的肌肉力量。

教练员提示：避免身体过度前倾，保持膝关节与脚尖同向，避免内扣或外翻；站姿组运动员须在教练员保护下完成练习，注意躯干保持正直。

3. 杠铃硬拉

①站姿，双脚分开与肩同宽，腹部收紧，躯干保持中立位，目视前方；

②向下时，双腿保持自然伸直，身体前倾至躯干接近与地面平行；

③向上时，臀部发力挺髋，使身体还原至起始姿势。

训练目的：提高站姿组和视障组运动员全身协调发力效果；增强运动员臀大肌、股四头肌，以及背部肌群的肌肉力量。

教练员提示：在身体前倾过程中，背部保持平直；站姿组运动员可将杠铃替换为壶铃，将壶铃放置于双腿中心前方位；单侧上肢拉起后，尽可能保持脊柱不偏斜。

4. 杠铃站姿提踵

①躯干保持中立位，目视前方，双脚开立与肩同宽；

②前脚掌站在杠铃片上，使脚跟悬空，双腿自然伸直；

③双手正握杠铃置于斜方肌上部；屈踝向上提起脚跟至小腿肌肉顶峰收缩后，稍停顿，缓慢向下至充分伸展小腿肌肉。

训练目的：增强视障组和站姿组运动员的小腿力量和踝关节稳定性；强化腓肠肌和比目鱼肌的肌肉力量。

教练员提示：采用史密斯机上颈后负重来完成提踵；膝关节保持伸直，控制离心收缩速度；站姿组运动员须在教练员的保护下完成练习；保持脊椎的正直，并在动作全程中均保持这个姿势。

第二节 残奥越野滑雪速度素质特征及训练

一、速度素质特征

残奥越野滑雪是一项雪上竞速运动,全程保持高速滑雪是其显著的速度特征。在残奥越野滑雪竞技运动中,运动员速度素质特征主要体现在对外界信号刺激的快速反应、在不同地形的位移速度和动作速度上。

在集体出发、同道竞速的比赛方式下,良好的启动速度既有利于提高运动员早期的有氧供能比例,推迟运动性疲劳出现的时间,又有利于在集体出发后50 m处变更雪槽、占据有利地形,从而获取良好的比赛时机。研究发现,奥地利、斯洛伐克和瑞士国家队越野滑雪男子运动员50m最大滑行速度为 7.45 ± 0.63m/s,冲刺时间为 8.36 ± 0.57s(双杖推撑技术);挪威越野滑雪男子运动员30m最大速度冲刺(采用一步一蹬技术),在20m时最大加速度为 2.68 ± 0.08 m/s;瑞典越野滑雪男子运动员在传统双杖推撑与一步一蹬技术下,20m最大速度分别高达 7.87 ± 0.36m/s 和 10.21 ± 0.41m/s。从上述研究中可以推测,残奥越野滑雪运动员应具备较快的启动滑行速度。

不同地形的位移速度能力是残奥越野滑雪运动员保持高速滑行的基础。研究发现,优秀越野滑雪运动员在平坦、缓坡(7°)、陡坡(11°)和滑降时的速度分别可达7.8m/s、3.66m/s、2.66m/s和13m/s。残奥越野滑雪运动员具备良好的位移速度能力,能够提高最大滑行速度和速度保持能力,在比赛中能够维持流畅的滑雪节奏,保持滑雪技术动作的协调性和稳定性,降低疲劳状态下的速度下降程度。

作为周期性竞速运动,残奥越野滑雪运动员还表现出较快的动作速度特征。在最大速度下,越野滑雪运动员撑杖和蹬冰动作频率分别可达 1.24 ± 0.07Hz 和 1.45 ± 0.12Hz。这表明残奥越野滑雪运动员在获得绝对力量的同时,应提升专项肌肉力量转化为绝对速度和动作速度的能力。残奥越野滑雪运动员的动作速度训练通常采用复合训练方法,涵盖大负荷抗阻和专项技术爆发力训练内容及一定的间歇,引起后激活效应,既能提升运动员力量水平,也满足了对动作速率的训练要求,能够使运动员产生与撑杖"动力链"一致的神经适应,实现了神经肌肉收缩训练效果向撑杖效率的转化。

二、速度素质训练

速度素质训练的目的在于通过训练提升残奥越野滑雪坐姿组、站姿组和视障组运动员的滑行启动速度、位移速度和动作速度，可采用重复训练法。具体训练手段如下。

（一）启动速度

1. 发令启滑

①运动员站在一条直线上，预备启动姿势；

②教练员发出出发指令后，运动员快速出发；

③滑行30～50m，做6～10次。

训练目的：提高坐姿组、站姿组和视障组运动员对出发指令的反应能力。

教练员提示：掌握好间歇时间，避免在疲劳状态下进行训练；坐姿组运动员可采用雪橇和轮椅两种练习方式；站姿组运动员可采用跑步和滑行两种练习方式。

2. 根据信号变化变换速度和方向

①运动员间隔2～3m，在雪场匀速滑雪；

②教练员发出突然变化的指令或信号，运动员迅速改变滑雪方向。

训练目的：提高坐姿组、站姿组和视障组运动员对指令或信号应答反应专项动作的熟练程度。

教练员提示：可做出向左、向右滑等滑行方向和"Z"字滑等滑行路线；坐姿组运动员快速变向时，需注意控制躯干角度，防止侧翻；站姿组运动员快速变向时，需增加下肢制动角度以维持身体稳定性。

（二）位移速度

1. 平地短冲

①以站立姿势，在雪道或者沥青平坦地面进行练习；

②进行60～80m短冲练习，完成8～10次；

③由慢至快，逐渐加速至最高速度后保持惯性滑行。

训练目的：提高坐姿组、站姿组和视障组运动员的位移速度和速度保持能力。

教练员提示：坐姿组运动员注重借助躯干的重力势能进行快频撑杖；站姿组运动员注重下肢快速滑行时对躯干横向位移的控制；视障组运动员须重视训练上下肢协调发力的高频技术。

2. 冲坡练习

①在雪道或者沥青地面的上坡路段进行 100～200m 上坡冲刺；
②训练坡度为 10°～15°，完成 8～10 次。

训练目的：提高坐姿组、站姿组和视障组运动员上坡冲刺和疲劳状态下的上坡速度保持能力。

教练员提示：强调对轮椅、雪橇或雪板的短而有力的推进动作；强调坐姿组运动员上坡时的快频撑杖动作，同时强调保持躯干前倾；站姿组运动员上坡时应重视侧蹬角度的增加，同时减少身体横向位移。

3. 滑降转弯

①在雪道或者沥青地面的下坡路段进行训练；
②坡度为 10°～15°，距离为 300～500m，完成 8～10 次。

训练目的：提高坐姿组、站姿组和视障组运动员的滑降转弯速度和控制能力。

教练员提示：坐姿组运动员利用点杖控制方向，注意把握点杖时机，避免侧翻；站姿组运动员利用侧向碎步控制滑行方法，注意躯干内倾；视障组运动员保持下坡滑行技术动作，忌主动减速。

（三）动作速度

1. 快频动作

在上肢抗阻训练后，基于滑雪测功仪进行 10～15 次快频率同推。

训练目的：通过后激活效应，提高坐姿组和视障组运动员的专项动作速度。

教练员提示：注意控制专项动作的节奏和质量；坐姿组运动员可采用坐式或单侧佩戴假肢完成练习。

2. 快频滑行

①站立姿势，在雪道或者沥青平坦地面进行练习；
②进行 50～80m 的快频滑行练习，完成 8～10 次；
③由慢至快，逐渐加速，接近最高速度后保持惯性滑

训练目的：增强坐姿组、站姿组和视障组运动员快频滑行的稳定性。

教练员提示：在强调快频的同时，保持一定的动作幅度；坐姿组运动员快频滑行时，强调利用躯干重力进行推撑；站姿组运动员快频滑行时，注意保证躯干的稳定性。

第三节　残奥越野滑雪耐力素质特征及训练

一、耐力素质特征

在比赛中，残奥越野滑雪运动员较强的有氧耐力能够帮助其保持较高的滑行速度，加速疲劳恢复，防止疲劳的提早发生。在残奥越野滑雪竞赛过程中，有氧代谢比例占总能耗的85%～95%。研究发现，与其他坐姿运动员相比，残奥越野滑雪运动员具有较强的有氧耐力，最大摄氧量平均绝对值和相对值分别为2.9L/min和45.6mL/（kg·min）。从不同残障类别看，残奥越野滑雪站姿组运动员的有氧耐力强于坐姿组，其最大摄氧量绝对值和每分通气量峰值分别比坐姿组运动员高74%和32%。造成上述较大差异的原因可能与运动姿势有关，坐姿会导致下肢静脉聚集，将对运动员滑雪时的每搏氧耗产生不利影响，进而降低其心脏预负荷和心输出量值。

在残奥越野滑雪比赛过程中，无氧供能系统仅占总供能能量的25%左右，但是它仍能够在起滑、上坡、冲刺，以及超越对手等高强度活动区为运动员快速运动提供能量，并成为获得较高滑行速度与夺取比赛优胜的关键因素。有研究报道称，残奥越野滑雪坐姿组男子运动员3min全力滑后平均血乳酸峰值＞16mmol/L，坐姿组女子运动员3min全力滑后平均血乳酸峰值＞14.4 mmol/L；视障组男子运动员3min全力滑后平均血乳酸峰值＞10mmol/L，视障组女子运动员3min全力滑后平均血乳酸峰值＞14mmol/L。由此可见，残奥越野滑雪运动员具备较强的糖酵解供能能力。

残奥越野滑雪运动员全年耐力训练量为800～900h，其中，60%～70%的训练量在准备期完成，且80%的耐力训练为低强度有氧训练。在比赛期，高强度无氧耐力训练的比例增加。因此，依据负荷强度划分，残奥越野滑雪运动员的耐力素质训练主要包括有氧耐力训练和无氧耐力训练两种。

二、耐力素质训练

（一）有氧耐力训练

有氧耐力训练的目的在于提高残奥越野滑雪运动员的心肺功能和肌肉代谢水平，进而增强其抗疲劳能力。可采用持续训练法，进行中低强度的持续性运动，运动时间通常为 30～60min。具体训练手段如下。

1. 法特莱克

①选择户外山地环境，持续时间为 40min；

②小步幅、快频率上坡；

③在下坡和平坦地形减速蓄力，慢跑恢复。

训练目的：增强坐姿组和站姿组运动员心血管和呼吸系统的功能，提高其有氧代谢能力。

教练员提示：坐姿组运动员依据地形和路况选择雪橇或者轮椅器材，下坡转弯时注意控制滑速，防止侧翻；站姿组运动员在下坡转弯过程中，通过身体内倾和踏步侧蹬等动作维持身体平衡。

2. 功率自行车

①功率自行车骑行 5min 热身，速度自选；

②以 72%～82%HRmax 的强度骑行 30～60min；

③以 50%HRmax 的强度骑行 10min，速度逐步减慢，直至停止。

训练目的：提高站姿组和视障组运动员心肺功能和下肢有氧代谢能力。

教练员提示：站姿组运动员上身尽可能保持正直，避免侧倾；适当补充糖类、蛋白质等营养物质并做好腿部肌肉放松。

3. 匀速滑轮 / 滑雪

①以 72%～82%HRmax 负荷强度，匀速滑行 40～60min；

②身体放松，保持良好的动作节奏。

训练目的：提高坐姿组、站姿组和视障组运动员运输、利用氧的能力。

教练员提示：适当补充糖类、蛋白质等营养物质；训练后做好放松训练。

4. 变速滑轮 / 滑雪

①在轮滑场或者雪道滑行 8～12 圈（每圈 1km）；

②每圈（1km）内含 50m 短冲，或逐圈递增强度。

训练目的： 增强坐姿组、站姿组和视障组运动员的混氧能力。

教练员提示： 在匀速阶段注意动作节奏，以低频长幅步态滑行，加速时力求全力以赴。

（二）无氧耐力训练

无氧耐力训练的目的在于强化残奥越野滑雪运动员在超越、上坡和冲刺等高强度运动区间的无氧工作能力。可采用高强度间歇训练法和重复训练法。具体训练手段如下。

1. 高强度间歇

①对每次跑/滑/骑的间歇时间进行严格规定；

②采用 85%～90% HRmax 强度进行，持续时间为 30s～2min；

③间歇时间以心率恢复到 120～130 次/分时为标准，做 4～5 组。

训练目的： 提高坐姿组、站姿组和视障组运动员高强度冲刺能力。

教练员提示： 按照循序渐进的原则控制训练强度和间歇时间。

2. 重复训练

在长度 100～200m 的斜坡上进行全力上坡滑，重复 6～8 次。

训练目的： 提高坐姿组、站姿组和视障组运动员的心肺功能和无氧代谢能力。

教练员提示： 坐姿组运动员采用雪橇或者轮椅完成练习，强调快频撑杖和倾斜躯干，以克服上坡重力困难；站姿组运动员可加大雪板外角，提高侧蹬频率，加强爬坡效率；下坡时为间歇放松时间。

第三章
残奥越野滑雪技术特征及训练

残奥越野滑雪技术包括上下肢协调配合的全身动作，运动员技术水平的高低往往直接影响比赛成绩。本章在总结残奥越野滑雪运动员技术特征的基础上，介绍了残奥越野滑雪技术训练，旨在介绍残奥越野滑雪运动员的专项技术特征和相应的训练安排。

第一节　残奥越野滑雪技术特征

双杖推撑是坐姿组运动员的主要滑行技术。在撑杖过程中，运动员主要通过矢状面的躯干屈伸带动上肢，进行对称性发力的推压，使雪杖与雪面形成固定支点，推进"人-雪杖-雪橇"系统向前滑行。残奥越野滑雪坐姿组运动员的撑杖技术主要分为撑杖阶段、过渡阶段和恢复阶段三个部分。但是，鉴于不同的剩余功能，残奥越野滑雪坐姿组运动员的坐姿姿势和撑杖运动学存在很大区别。例如，坐姿组 LW10 运动员缺乏腰腹部力量，必须将骨盆和腿固定在雪橇上，而 LW11 和 LW12 运动员对腹部和背肌有部分或完全的控制，不需要固定骨盆，进而采用膝盖低于骨盆的坐位姿势（除了利用弯曲的腿来限制躯干前倾的截瘫患者），该姿势已被证实能够有效传递撑杖力。另外，LW11 和 LW12 运动员能够通过头部、手臂和躯干惯性的补偿机制增加重力势能，进而提升撑杖效率，获得较长滑幅。但是，LW10 运动员由于核心肌肉功能的缺失，无法运用上身的重力优势。综上可知，流畅的上身运动链和较强的专项力量是双杖推撑技术的主要特征。

一步一撑蹬冰技术是视障组运动员的主要滑行技术，通常被用于平地或较缓的上坡地段，站姿组运动员则主要采用无杖或单杖蹬冰技术。在一步一撑蹬冰过程中，运动员每一次腿部蹬动都要配合一次上肢的滑雪杖推撑动作，站姿组运动员采用无杖的蹬冰技术。一步一撑动作要求有很好的连贯性。双滑雪板呈外"八"字形，双滑雪杖同时向后撑，一只腿带动滑雪板用板内侧刃蹬动雪面，用另一只滑雪板向另一个方向支撑滑行，以此类推连续左右交替。次极限强度时，一步一撑蹬冰技术的滑行速度的提高依赖周期频率和周期长度的同步增加，这意味着既要保持较长的滑幅，又要保持较高的滑频。该技术需要运动员具备较高的专项力量水平和全身协调的发力模式。

第二节　残奥越野滑雪技术训练

一、双杖推撑技术训练

（一）技术要领

①准备姿势，呈坐式，双手握杖，逐渐抬起并高于头顶，双臂弯曲；
②撑杖起始于身体和手臂伸展至最大幅度时，至最大速度时结束；
③撑杖前，前臂上抬，手平齐或略高于下颌，杖尖略高于雪面；
④撑杖时，躯干前倾，雪杖与地面接近垂直，利用身体重力将雪杖插入雪地并向后推撑；
⑤撑杖后，双臂后上摆，手指张开放松。

（二）技术训练

残奥越野滑雪双杖推撑技术训练的主要目的是提升坐姿组运动员的动作稳定性和动作效率，训练内容包括陆地动作模拟和雪上技术应用两个方面。其中，陆地技术训练的主要训练手段有原地动作模仿、持杖山地滑行，以及复合技术训练等。雪地技术训练主要目的是提高运动员在不同地形中技术的转换、调控能力。可采用间歇训练法和重复训练法，通常安排8~10次/组，做3~5组，组间间歇为3min。具体训练手段如下。

1. 陆地技术训练

（1）徒手技术模仿

按照动作要求，面对镜子进行动作模仿，反复练习直至定型。

训练目的： 优化撑杖动作，达到规范的动力定型。

教练员提示： 专注于动作技术要点，保持动作的正确性。

（2）滑雪测功仪

基于滑雪测功仪，进行撑杖练习（手柄带和把手类似雪杖）。

训练目的： 优化撑杖动作，达到规范的动力定型。

教练员提示： 专注于动作技术要点，保持动作节奏稳定。

（3）滑轮跑台

基于滑轮跑台，雪橇正对前方，手持双杖进行撑杖动作模拟。

训练目的： 优化上半身协调发力模式。

教练员提示： 注意轮滑跑台的动作适应，根据需要调整速度和坡度。

（4）山地轮滑

在不同地形的沥青地面，进行持续时间为 30～60min 的撑杖滑行。

训练目的： 提高运动员在不同地形下对撑杖技术的熟练度。

教练员提示： 注意动作节奏，以及不同地形过渡时的撑杖动作调整。

2.雪地技术训练

（1）中高强度滑行

在规定时间/距离内（30～60min/10～15km），以双杖推撑技术按规定进行强度滑行。

训练目的： 提高运动员高强度雪地滑行时的动作稳定性。

教练员提示： 负荷强度应控制在 72%～82%HRmax。

（2）低强度滑行

在放松的条件下体会撑杖技术要领，有针对性地提高关键动作的经济性。

训练目的： 提高运动员双杖推撑杖动作的经济性。

教练员提示： 动作放松，注意滑幅的延长，负荷强度控制在 67%～72%HRmax。

二、一步一撑蹬冰技术训练

（一）技术要领

①呈基本蹲姿，确定要蹬动的一侧腿，以左腿蹬动为例，把重心放在右腿上，三点一线对齐右腿，左脚呈外"八"字形开立；

②以滑雪板内侧向身体后侧45°侧蹬（只在起步时允许向后蹬动），缓慢用力，直到把支撑腿的滑雪板滑动为止；

③进入侧蹬滑行阶段，侧蹬腿提供滑行的动力，支撑腿来承接动力滑出的速度，不可向前送腿，收腿时膝关节弯曲收回；

④侧蹬交换重心前，积极引身，重心放在重力前，同时撑杖，撑杖的方向必须沿动力前进的方向；

⑤滑行时交替换腿，节奏不能过快，身体重心要快速转移。第二步滑行正常向身体侧面蹬动即可。

（二）技术训练

残奥越野滑雪一步一撑蹬冰技术训练的主要目的是提升站姿组和视障组运动员的技术稳定性和动作效率。可采用重复训练法和持续训练法。通常安排每组20~30次，做5~8组，组间间歇为2~3min的训练。具体训练手段如下。

1. 陆地技术训练

（1）蹬冰跳

左右交替单脚跳跃，起跳瞬间摆臂、转身、蹬腿同时发力。

训练目的：优化下肢蹬冰动作，达到规范的动力定型。

教练员提示：落地后膝盖不能超过脚尖，用臀部力量吸收落地的冲击力。

（2）非稳定性蹬冰

单脚呈基本蹲姿于波速球、滑雪板或木桩上，左右蹬跳。

训练目的：提高运动员下肢蹬冰动作的规范性。

教练员提示：两脚交替不宜过快，体会转换重心的过程。

（3）全身蹬冰

单脚呈基本蹲姿于波速球、雪板或木桩上，加入撑杖动作，左右蹬跳。

训练目的：提高运动员全身蹬冰动作的规范性，形成全身发力模式。

教练员提示：强调双杖推撑与雪板蹬动的同步性，以及重心转换的控制能力。

（4）滑轮跑台

基于滑轮跑台，滑雪板正对前方，手持双杖进行一步一撑动作练习。

训练目的：优化一步一撑动作，提高身体协同性。

教练员提示： 注意对轮滑跑台的动作适应，根据需要调整速度和坡度。

（5）山地轮滑

在不同地形的沥青地面，进行持续时间为 30～60min 的一步一撑蹬冰滑行。

训练目的： 提高运动员在不同地形下一步一撑蹬冰技术的熟练度。

教练员提示： 注意控制动作节奏，以及不同地形过渡时的动作调整。

2. **雪地技术训练**

（1）中高强度滑行

在规定时间/距离内（30～60min/15～20km），以一步一撑蹬冰技术进行滑行。

训练目的： 提高运动员高强度雪地滑行时的动作稳定性。

教练员提示： 负荷强度应控制在 72%～82%HRmax。

（2）低强度滑行

在放松的条件下体会一步一撑蹬冰技术要领，有针对性地提高关键动作的经济性。

训练目的： 提高运动员一步一撑蹬冰技术动作的经济性。

教练员提示： 注意蹬冰动作的力度。负荷强度应控制在 67%～72%HRmax。

第四章
残奥越野滑雪热身与恢复训练

残奥越野滑雪运动员的训练和比赛均在高原冷环境下进行。通过科学的热身训练，可以充分激活肌肉活力，防止运动损伤发生；而恢复训练则可以及时促进运动员疲劳恢复，确保运动员运动表现的提升。本章主要阐述了残奥越野滑雪热身训练和残奥越野滑雪恢复训练，旨在介绍残奥越野滑雪运动员的热身与恢复的训练安排。

第一节　残奥越野滑雪热身训练

一、一般性热身

（一）有氧运动

有氧运动的主要目的在于促进残奥越野滑雪运动员血液循环，给机体预热。有氧运动主要采用持续训练法，通常安排20～30min，负荷强度为40%～60%VO$_2$max。具体训练手段有跑步、轮椅滑行等。

（二）关节活动

关节活动的主要目的是提高残奥越野滑雪运动员关节的活动度和灵活性，降低肌肉和关节的黏性阻力，降低运动损伤风险。关节活动可采用重复训练法，通常安排8～10次/组，共计3～5组，组间间歇为1～2min。具体训练手段有颈部旋转、手臂绕环、腰部绕环、摆腿动作、髋外展和提拉侧踹等。

关节活动

二、专项性热身

（一）低强度滑轮/滑雪

低强度滑轮/滑雪有利于促进坐姿组、站姿组和视障组运动员氧和营养物质向工作肌肉的运送，促进工作肌肉的血液循环，为激烈的专项运动做好准备。可采用持续训练法和重复训练法，通常安排 20~30min，负荷强度为 67%~72%VO$_2$max。具体训练手段如下。

1. 滑轮/滑雪

在不同地形的沥青/雪地地面，进行持续时间为 30~60min 的专项技术滑行。

训练目的： 提高坐姿组、站姿组和视障组运动员专项技术的熟练度。

教练员提示： 采用低频高幅的滑行节奏，动作放松，呼吸均匀；坐姿组运动员上身尽可能伸展，利用身体重心完成撑杖；站姿组运动员应避免身体左右摇晃，运动轨迹尽可能向前；视障组运动员跟随引导员进行滑行。

2. 上肢撑杖

基于滑雪测功仪，通过上身伸展带动手臂向下推拉。

训练目的： 激活坐姿组和视障组运动员上肢专项肌肉。

教练员提示： LW10.5~LW11 坐姿组运动员佩戴辅具采用坐姿进行训练；LW11.5~LW12 坐姿组运动员佩戴辅具或假肢，采用坐姿或站姿进行训练。

（二）高强度滑轮/滑雪

高强度滑轮/滑雪训练的主要目的是提高坐姿组、站姿组和视障组运动员中枢神经兴奋的程度和专项肌肉收缩的强度，主要采用重复训练法，在平坦地形，通常安排 50~100 米/次，做 2~3 次，间歇时间为 3~5min。具体训练手段如下。

1. 逐渐加速

由慢至快，逐渐加速至最高速度后保持惯性滑。

训练目的： 提高坐姿组、站姿组和视障组运动员专项肌肉收缩的强度。

教练员提示： 要求动作放松，保持基本动作不变形。

2. 间隔出发

间隔 10m 出发，以极限强度进行训练。

训练目的： 提高坐姿组、站姿组和视障组运动员中枢神经的兴奋程度。

教练员提示： 注意力高度集中，全力赶超队友；在赶超阶段强调动作幅度小、频率快。

3. 快频滑行

在规定的起滑线，听指令集体出发，距离为 30～50m。

训练目的： 提高坐姿组、站姿组和视障组运动员的启动反应能力。

教练员提示： 注意力高度集中，防止摔倒；坐姿组运动员撑杖频率快、幅度小；站姿组运动员侧蹬角度大、频率快；视障组运动员注意上下肢的协调发力，动作节奏快。

4. 转弯控制

在弯道地段，沿外道以 70%～80% 强度进行滑行；进入弯道时要利用惯性。

训练目的： 提高坐姿组、站姿组和视障组运动员快速转弯时的身体控制能力。

教练员提示： 注意力高度集中，正确把握转弯阶段撑杖和蹬冰的时机；转弯滑行时，坐姿组运动员利用躯干内倾和点杖维持身体平衡；站姿组运动员运用外侧脚快速小踏步控制身体姿势；视障组运动员须提前适应场地，根据引导员的提示完成转弯练习。

第二节　残奥越野滑雪恢复训练

一、训练学恢复

（一）有氧恢复

有氧恢复的主要目的是加快坐姿组、站姿组和视障组运动员肌肉酸痛处的血液循环和代谢物清除。主要采用持续训练法和间歇训练法，可安排 30～60min，40%～60%HRmax 中低强度的有氧恢复训练。具体训练手段如下。

1. 大幅滑行

在平坦地形，以低滑频（自选滑频 -10%）进行大幅滑行。

训练目的：提高坐姿组、站姿组和视障组运动员运用专项技术时的肌肉代谢水平。

教练员提示：注意低滑频节奏，体会动作细节；坐姿组运动员撑杖前上身和手臂积极伸展，而后爆发式撑杖；站姿组运动员侧蹬前提高身体重心，而后利用势能积极侧蹬；视障组运动员体会上下肢协调发力的技术动作。

2. **法特莱克**

选择户外山地环境，慢跑 45～60min。

训练目的：提高站姿组和视障组运动员耐力训练的生动性；提高对地形、地貌、速度多变性的把控能力。

教练员提示：根据地形调整跑步速度，上坡冲刺，下坡放松；站姿组运动员上下坡时注意调整身体姿势，防止摔倒；视障组运动员须在熟悉的场地上完成练习。

（二）静态拉伸

通常将肌肉拉伸到极点后，保持 15～20s，让肌肉在静止状态下获得最好的拉伸效果，放松肌肉和关节。主要采用重复训练法。具体训练手段如下。

1. **肩部拉伸**

①呈站姿或坐姿，保持身体挺直，头微抬 15°～20°，让颈部向上延伸；

②肩膀放松，以肩膀为中心，慢慢向前、向上、向后及向下伸展，以圆周运动方式进行。

训练目的：改善坐姿组和视障组运动员肩颈部肌肉的紧张状况。

教练员提示：身体放松，与呼吸节奏配合；坐姿组运动员采用坐式（LW10～LW11 佩戴护具），视障组运动员采用坐式或站式，拉伸时应感到轻微拉伸感。

2. **背部伸展**

①呈站姿或坐姿，头微抬 15°～20°；

②双手在背后交握，往后慢慢延伸；

③双手及背部尽量向前延伸，双脚伸直，慢慢吐气。

训练目的：缓解坐姿组和视障组运动员的背部肌肉疲劳。

教练员提示：LW10～LW11 级运动员需要在教练员辅助下完成练习，以能够感觉到背部拉伸的幅度为宜。

3. 猫式伸展

①保持跪姿，双手掌着地，手臂伸直；

②脊柱轻缓下凹，臀部微微抬高；

③在脊柱进一步下凹的同时吸气，胸部和臀部上提；

④慢慢呼气，拱起整个背部，头下垂，臀部内收；

⑤交替背部一拱一凹动作，平稳呼吸，持续 12~15s。

训练目的：增强坐姿组和视障组运动员脊柱的弹性和髋部的灵活性；缓解腰背的肌肉紧张。

教练员提示：动作配合呼吸，尾骨在拱背时内收，在背部凹下时抬高；LW10~LW11 级运动员完成练习时要尽量缓慢，不建议使用外力施压。

4. 臀大肌拉伸

①双脚交叉下蹲，将左脚放到右腿外侧，让左腿环抱住右腿；

②身体用力向前压抱，感受胸前弯曲腿带动的臀部肌肉拉伸感。

训练目的：增加站姿组/视障组运动员臀大肌的肌肉弹性、伸展性，降低臀大肌的肌肉黏滞性，降低运动损伤的风险。

教练员提示：做静力性拉伸，建议动作持续 15~20s，做 3 组；视障组运动员身体保持稳定，避免晃动；站姿组运动员须在教练员辅助下完成躯干压抱动作。

5. 腘绳肌拉伸

①仰卧，将弹力带固定于一只脚的脚心位置；

②屈膝并将其提至胸口，而后弯曲腿伸直抬高，感受腘绳肌的拉伸感。

训练目的：缓解站姿组/视障组运动员腘绳肌肌肉紧张。

教练员提示：在伸展的最大程度上进行简单的停留，建议动作保持 15~20s，做 3 组；站姿组运动员在教练员的辅助下完成单侧腿屈膝、提膝和伸直动作。

6. 内收肌拉伸

①盘膝端坐，双脚脚底相对，脚跟贴近腹股沟；

②身体向前趴伸，让双腿尽量压平，拉伸腹股沟。

训练目的：改善站姿组/视障组运动员髋部肌肉紧张状况。

教练员提示：调整呼吸，慢慢下降躯干，动作保持约 20s，做 3 组；注意要始终保持中立位，不能弓背或塌腰；站姿组运动员无法保持躯干挺直，可以采用单侧屈膝或两侧屈膝的姿势，也可以在腿部下方垫上一个软垫。

（三）泡沫轴按摩

将泡沫轴置于按压部位之下，通过自身体重进行外部施压，以达到加快局部血液流动、促进淋巴细胞回流、有效消除代谢产物和放松肌群的目的。在肌肉酸痛点上停留一定时间，至规定时间完成动作（60～90s），重复8～10次。具体训练手段如下。

1. 肱三头肌

①呈右侧卧姿，右臂屈肘，将泡沫轴置于右上臂的下方；

②左腿伸直，右腿屈髋屈膝置于身体前方；

③左腿屈伸带动身体移动，使泡沫轴在腋窝与肘关节间来回滚动。

训练目的： 放松坐姿组/视障组运动员肱三头肌肌群。

教练员提示： 建议滚动60～90s，然后放松另一侧；LW11～LW12运动员开展单侧练习，注意延长间歇时间；视障组运动员注意保持躯干稳定性。

2. 前锯肌

①呈右侧卧姿，将泡沫轴放在腋窝下方前锯肌的位置；

②身体前后滚动，使泡沫轴在腋窝与前锯肌间来回滚动。

训练目的： 放松坐姿组/视障组运动员前锯肌，强化肩胛骨功能。

教练员提示： 建议滚动60～90s，然后放松另一侧；坐姿组运动员须在教练员辅助下完成来回滚动动作。

3. 手臂和肩部肌群

①呈跪立姿，双腿分开略大于髋部，双手放在泡沫轴上；

②向前滚动泡沫轴，身体前屈向下、还原。

训练目的： 放松坐姿组/视障组运动员手臂和肩部肌群。

教练员提示： 坐姿组运动员可进行静态滚压，找到疼痛敏感点后停留3～5s；视障组运动员注意保持滚动节奏和躯干中立位。

4. 胸肌

①呈俯卧姿，双腿伸直脚尖踩于地面，被按摩胸肌的异侧手臂屈肘支撑；

②将泡沫轴置于一只手的腋下后方3～4cm处；利用双脚和支撑肘左右滚动身体。

训练目的： 放松坐姿组、站姿组、视障组运动员的胸部肌群。

教练员提示： 建议保持 30～90s，不能过量滚压，避免过度疼痛；坐姿组运动员由教练员推动来完成身体滚动；站姿组运动员可佩戴假肢完成支撑动作，动作幅度不宜过大。

5. 下腰背

①呈仰卧姿，双腿屈膝，将泡沫轴放在中背部的下方；

②双臂交叉环抱于胸前，腹部收紧；

③双腿屈伸带动身体移动，使泡沫轴从中背部至腰骶部来回滚动。

训练目的： 放松坐姿组、站姿组、视障组运动员的竖脊肌和腰背肌群。

教练员提示： 根据个人主观感受循序渐进；针对坐姿组运动员脊椎损伤的问题，谨慎使用该方法；站姿组运动员保持身体正直，避免在滚动过程中躯干歪斜。

6. 小腿后侧

①坐在地板上，双腿伸到面前，将滚轮放在左小腿下面；

②右脚踩在地板上或双脚脚踝交叉，以增加压力；

③前后移动一直滚到腘窝的位置再回来，直到踝关节的上侧。

训练目的： 放松站姿组、视障组运动员的小腿后侧肌群。

教练员提示： 适应之后，可以将一条腿放在另一条腿上单侧放松，以增加难度；站姿组运动员须在教练员辅助下完成上身支撑动作。

7. 大腿后侧

①仰卧在泡沫轴上，让泡沫轴充分接触大腿后侧肌肉；

②用双肩的力量推动身体前后运动，双脚脚跟全程离地。

训练目的： 放松站姿组、视障组运动员大腿后侧肌肉。

教练员提示： 站姿组运动员可佩戴假肢进行支撑；注意重心缓慢移动，不能过量滚压，避免过度疼痛。

二、医学生物学恢复

（一）氧气疗法

残奥越野滑雪运动员产生运动疲劳时会产生大量能量代谢产物，酸碱平衡遭到破坏，体内乳酸过剩，这会对人体系统的机能产生负面影响。另外，在大负荷训练和比赛后，残奥越野滑雪运动员易出现缺氧状态，缺氧能引起相邻组织肿胀，增加血管的渗透性及血管壁化。氧气疗法能够改善氧运输系统功能，影响血流量分布，增强肌肉代谢能力，有效降低疲劳程度。氧气疗法的主要方式如下。

1. 提高氧浓度进行气体补充

①在正常氧压情况下进行训练，吸氧流速可为 8～12L/min；

②氧含量一般为 50% 以上，每次干预时间一般为 20～30min。

训练目的：增加残奥越野滑雪运动员机体吸入的氧气量。

教练员提示：运动员一般在间歇休息期及运动结束后吸入高浓度氧气体。

2. 提高氧分压进行气体补充

①暴露的高压氧舱大气压处于 2～3 绝对大气压之间；

②氧气浓度为 90%～100%，每次干预时间可为 20～30min。

训练目的：提高残奥越野滑雪运动员体内血氧饱和度和血氧含量。

教练员提示：运动员一般在间歇休息期间及运动结束后吸入高压氧气体。

（二）红外线疗法

残奥越野滑雪运动员机体的循环能力易受长时间低温运动的负面影响。通过红外线疗法，能提升运动员局部肌肉温度，激活血管和组织的感觉器，增强皮肤导电性，进而引起局部和全身理化反应，如降低肌紧张程度、缓解抽搐和止痛，同时扩张皮下血管，加速酶的反应和物质代谢，进而改善机体循环功能和肌肉再生补偿过程。红外线疗法的主要方式如下。

1. 大面积治疗

①通过发光的光浴器（主要发射近红外线），照射残奥越野滑雪运动员躯干、双下肢或全身的大面积肌肉；

②光浴器与皮肤距离为 50～100cm，以患部有舒适的温热感为度；

③每次治疗 20～30min，每日 1～2 次，15～20 次为一个疗程。

训练目的：激活残奥越野滑雪运动员的血管感觉器，改善肌肉再生补偿能力。

教练员提示：一般在运动员间歇休息期间及运动结束后进行。

2. 局部治疗

①使用红外线辐射器，灯头对准目标肌肉中心部位；

②灯与皮肤距离为30～50cm，以患部有舒适的温热感为度；

③每次治疗15～20min，每日1～2次，15～20次为一个疗程。

训练目的：降低残奥越野滑雪运动员的肌肉紧张程度，缓解抽搐并止痛。

教练员提示：一般在运动员间歇休息期及运动结束后进行。

（三）水疗

高强度、大负荷的训练或比赛会对残奥越野滑雪运动员肌肉关节产生明显的刺激，如延迟性的肌肉酸痛、肌纤维结构的损伤、肌肉僵硬和关节活动度下降等。水疗的主要目的是借用水的温度刺激和化学刺激来帮助残奥越野滑雪运动员恢复身体机能。水疗的主要方式如下。

1. 温度刺激

（1）热水浸泡

平躺在全身涡流气泡浴缸或水下按摩及电浴联合治疗浴槽中，全身浸泡在水中，水温控制在37.8～41.1℃，浸泡时间为15～20min。

训练目的：改善残奥越野滑雪运动员肌肉僵硬状态，提高恢复速度。

教练员提示：一般在运动员非高强度训练的间歇休息期及运动结束后进行。

（2）冷水浸泡

平躺在水下按摩及电浴联合治疗浴槽中，全身浸泡在水中，水温设定为10～15℃，根据耐受程度，浸泡时间为5～10min。

训练目的：改善残奥越野滑雪运动员肌肉肿胀状态，提高代谢速度。

教练员提示：一般在运动员高强度训练的间歇休息期及运动结束后进行。

（3）冷热交替浸泡

在全身涡流气泡浴缸中热浴3min（水温为37.8～41.1℃），然后到水下按摩及电浴联合治疗浴槽中冷浴1min（水温为10～15℃），循环3组，以冷浴结束。

训练目的：降低残奥越野滑雪运动员损伤部位的炎症反应程度，加快肌酸肌酶的清除速度。

教练员提示：在运动员高强度训练的间歇休息期及运动结束后进行。

2. 化学刺激

（1）盐水浴

浸泡在温度为 36～40℃、浓度为 1～3g/L 的矿物盐水中，浸泡时间为 15～30min，每周 2～3 次。

训练目的：促进残奥越野滑雪运动员血红细胞生成、血液循环，改善肌肉和关节炎症状态。

教练员提示：在运动员高强度训练的间歇休息期及运动结束后进行。

（2）中药浴

中药浴可选用当归、川芎、防风、羌活、独活、鸡血藤、桂枝、木瓜、川乌、草乌等药物。首先根据运动员疲劳程度选择药物，制成中药煎液，一般先将中药放在冷水中浸泡 0.5～1h，再煎煮 0.5～1h，将所得药液用水稀释到合适的浓度，然后加热至适宜的温度，放入浴盆中，水温保持恒定，一般为 38～40℃，浸泡 15～20min，每周 2～3 次。

训练目的：促进残奥越野滑雪运动员局部血液循环，加速炎性物质的清除。

教练员提示：在运动员高强度训练的间歇休息期及运动结束后进行。

第五章

残奥越野滑雪损伤与预防

残奥越野滑雪是一项损伤发生率较高的雪上项目，运动员在快速滑行转弯过程中，存在较高的损伤风险。因此，残奥越野滑雪运动员损伤预防是保证科学化训练的关键环节。本章主要介绍了残奥越野滑雪损伤特征和残奥越野滑雪损伤预防，旨在为有效预防残奥越野滑雪运动员损伤提供重要参考。

第一节 残奥越野滑雪损伤特征

一、非创伤性/运动过度损伤

（一）肩袖损伤

肩袖是覆盖于肩关节前、上、后方的肩胛下肌、冈上肌、冈下肌、小圆肌等肌腱组的总称。肩袖位于肩峰和三角肌下方，与关节囊紧密相连。肩袖的功能如下：①拉近肱骨头，使其靠近关节盂；②维持肱骨头与关节盂的正常支点。因此，肩袖损伤将对上肢外展功能产生负面影响。残奥越野滑雪坐姿组运动员肩关节外展是主要活动特征，长时间做撑杖动作会导致肩关节磨损，使组织炎症性反应加剧，导致肩袖损伤。

（二）脊柱损伤

脊柱是人体运动系统最重要的组成部分，也是最容易受伤的部位之一。超过60%的躯干损伤和腰背疼痛与旋转运动有关。在训练和比赛过程中，准备活动不充分、技术动作错误、身体机能状态不良或疲劳导致协调性下降等情况会增加残奥越野滑雪运动员脊柱损伤的风险。残奥越野滑雪坐姿组和视障组运动员在使用撑杖技术时，要求背部肌肉做大强度的反复屈伸，这容易导致该部位肌肉疲劳和酸疼，进而引起脊柱损伤。在不明确病情的前提下，绝对禁止残奥越野滑雪运动员进行任意翻身、扭曲，以防止进一步加重脊柱损伤。

（三）膝踝关节损伤

对于残奥越野滑雪站姿组和视障组运动员来说，下肢侧蹬和交替滑行是使用的主要技术，其髋膝关节是主要受力部位。尤其在较高速度的转弯滑降时，下肢膝关节旋转过度会使髌骨遭受牵拉，极易引起半月板损伤。另外，长时间在低温环境中运动，残奥越野滑雪运动员身体循环功能较弱，因此风寒侵袭等也是膝关节慢性损伤的主要诱因。在残奥越野滑雪站姿组运动员上肢不能帮助维持平衡的情况下，踝关节要克服身体惯性，尤其是在滑行急转时踝关节软组织极易出现扭伤。

二、创伤性损伤

（一）脑震荡

由于残奥越野滑雪运动员身体功能受限，所以在面临滑降转弯、路面不稳、障碍物躲避等情况时，常常发生意外摔倒，极易引起头部撞击，较为严重的会使运动员产生短暂的脑功能障碍，临床称为脑震荡。脑震荡作为一种脑损伤，即刻会使运动员有一过性的、持续时间为30min左右的意识丧失，但是患者清醒及治疗后，大多数患者可以痊愈，对后续训练没有影响。值得注意的是，残奥越野滑雪坐姿组运动员利用滑雪架和双杖进行滑行时，对于身体的控制能力较弱，在下坡转弯期间极易发生侧摔，因此，建议残奥越野滑雪坐姿组运动员在训练初级阶段应佩戴头盔，避免产生严重的脑损伤。

（二）割伤和皮肤裂伤

户外自然生态环境会增加运动员在滑行过程中的割伤风险。在训练和比赛过程中，残奥越野滑雪运动员可能与滑道旁的石头、树枝产生接触，进而造成割伤。残奥越野滑雪运动员血液循环能力差、伤口自愈能力较弱，伤口易受感染。

因此，医护人员和教练员应该立刻为其进行止血包扎，以防伤口感染。具体方法如下：①用干净纱布压绑住患部以止血；②用碘伏洗净伤口后贴敷料并包扎，如伤口较深，则用双手将伤口往中间挤压并加压止血。

（三）冻伤

残奥越野滑雪运动员须长时间在低温环境下运动，因此，耳朵、脸部、手脚的局部冻伤极为常见。冻伤最初的症状是皮肤发生变色、疼痛、麻木，而后发生浮肿，严重的患者可能失去知觉。在通常情况下，引起冻伤的原因主要为低温和风冷两个因素。例如，当风速为10m/s（中度风力）、户外温度< -5℃时，空气吹在脸上的实际有效温度为 -25～-20℃。因此，为了抵挡寒风产生额外的寒蝉效应，所有残奥越野滑雪运动员在户外训练时都必须配备防寒服装和防冻护具。

第二节　残奥越野滑雪损伤预防

一、损伤预防教育

残奥越野滑雪运动员、教练员及医疗工作人员首先要了解损伤发生的机制、特点，以及关于损伤预防措施的相关知识，加强自我保护意识，清楚地意识到和判别各种危险行为，并合理地规避它们；其次，需要对项目的生理学、生物力学及损伤的流行病学知识有充分的了解，同时要对残奥越野滑雪运动员在高强度训练中机体的运作方式有足够的认识。只有在了解适应性运动的固有风险及与损伤相关知识的情况下，才能更全面地减少损伤情况的发生。

二、损伤预警系统

损伤预警系统对于发现残奥越野滑雪运动员损伤的机制和原因有着积极的作用。官方的残奥越野滑雪运动员监测系统于2002年的盐湖城冬残奥会中正式启用，但其仅仅对残奥会期间的伤病情况进行监测。由于许多与肌肉骨骼相关的损伤都是微创伤逐渐累积的后果，所以损伤预警系统要注重过程化和全覆盖，应被引入日常训练中。通过监控训练生成突出早期细小的功能减退的自我报告，从而更全面地对残奥越野滑雪运动员的健康问题进行干预，防止损伤和过度使用身体功能发展为慢性疾病。

三、适配器材设备

残奥越野滑雪运动员使用的器材设备包括适应性设备和防护设备两部分，适应性设备能够帮助残障运动员无障碍地参加适应性运动项目，如专门的假体、助滑器（雪杖）及轮椅等。合适的杖长和滑雪板重量，以及规范的雪道在降低越野滑雪运动损伤严重程度方面具有积极效果。另外，坐式滑雪器具有个性化特征，因此应根据不同残障级别的残奥越野滑雪坐姿组运动员的情况设计适配的坐式滑雪器，提高器材设备的适配度。防护设备主要包括各种肢体护具、头盔、防冻贴等。

四、加强肌肉力量

残奥越野滑雪运动员力量素质的提高能够帮助运动员克服因肢体残疾而引起肌群间力量不均衡问题，进而改善其身体控制能力，提高肌肉关节稳定性和缓震能力，同时增强动作经济性，延缓肌肉疲劳，进而降低损伤风险。对于残奥越野滑雪坐姿组运动员来说，提高腰背部及上肢力量能够预防腰背和肩关节劳损；对于残奥越野滑雪站姿组和视障组运动员来说，加强核心及下肢力量对于力量传递和预防损伤均具有重要意义。

五、优化技术动作

无论是残奥越野滑雪站姿组、视障组运动员还是残奥越野坐姿组运动员，身体的残缺都会对完整技术动作产生影响，动力链的传递效果也会大打折扣，不合理的动作技术会加速局部肌肉损伤。因此，在储备一定肌肉力量的基础上，优化技术动作是保障良好的肌肉动力链、提高动作效率、预防运动损伤的关键环节。对于残奥越野滑雪坐姿组运动员来说，技术优化应强调利用躯干重量进行推压，避免做单纯上肢肩关节发力的撑杖动作。由此认为，上下肢协同配合的发力模式应是残奥越野滑雪站姿组和视障组运动员技术优化训练的重点。

参考文献

[1] 冯萌. 改革开放以来我国残疾人体育发展回眸[J]. 体育文化导刊, 2006, 3（7）: 14-16.

[2] 毛晓荣, 毕学翠. 我国残疾人体育医学与功能分级师队伍的现状分析[J]. 西安体育学院学报, 2008, 25（2）: 5-7.

[3] HOLMBERG H C, LINDINGER S, STÖGGL T, et al. Biomechanical analysis of double poling in elite cross-country skiers[J]. Medicine and science in sports and exercise, 2005, 37（5）: 807-818.

[4] MIKKOLA J, LAAKSONEN M S, HOLMBERG H C, et al. Changes in performance and poling kinetics during cross-country sprint skiing competition using the double-poling technique[J]. Sports biomechanics, 2013, 12（4）: 355-364.

[5] LINDINGER S J, STÖGGL T, MüLLER E, et al. Control of speed during the double poling technique performed by elite cross-country skiers[J]. Medicine and science in sports and exercise, 2009, 41（1）: 210-220.

[6] STÖGGL T. General strength and kinetics: Fundamental to sprinting faster in cross country skiing?[J]. Scandinavian journal of medicine and science in sports, 2011, 21（6）: 791-803.

[7] 刘瑞, 祝杨, 钟亚平, 等. 世界级短距离越野滑雪运动员专项体能特征研究进展及启示[J]. 武汉体育学院学报, 2020, 54（10）: 8-10.

[8] HOLMBERG H C, LINDINGER S, STÖGGL T, et al. Biomechanical analysis of double poling in elite cross-country skiers[J]. Medicine and science in sports and exercise, 2005, 37（5）: 807-818.

[9] MIKKOLA J, LAAKSONEN M, HOLMBERG H C, et al. Determinants of a simulated cross-country skiing sprint competition using V2 skating technique on roller skis[J]. Journal of strength and conditioning research 2010, 24（4）: 920-928.

[10] ANDERSSON E, PELLEGRINI B, SANDBAKK Ø, et al. The effects of skiing velocity on mechanical aspects of diagonal cross-country skiing[J]. Sports biomechanics, 2014, 13（3）:

267-284.

[11] SANDBAKK Ø, HOLMBERG H C. A reappraisal of success factors for Olympic CROSS-COUNTRY skiing [J]. International journal of sports physiology and performance, 2014, 9 (1): 117-121.

[12] 刘美含, 吴雪萍, 丁海勇, 等. 冬残奥运动项目损伤特征、风险因素及预防措施 [J]. 武汉体育学院学报, 2021, 55 (2): 8-11.

[13] 周彤, 章碧玉. 复合式训练研究进展 [J]. 体育科学, 2017, 37 (10): 72-79.

[14] 蔡旭旦, 毛丽娟, 张蓓, 等. 不同来源项目运动员越野滑雪长期训练运动能力变化——基于运动机能监控的研究 [J]. 中国体育科技, 2020, 56 (12): 44-55.

[15] 李忠堂, 阎智力. 预测越野滑雪运动成绩生理学指标的实验研究 [J]. 中国体育科技, 2015, 51 (3): 6.

[16] InGIER F. Maximal oxygen uptake as a predictor of performance ability in women and men elite cross-country skiers [J]. Scandinavian journal of medicine and science in Sports, 1991, 1 (1): 25-30.

[17] BERNARDI M, CARUCCI S, FAIOLA F. Physical fitness evaluation of paralympic winter sports sitting athletes [J]. Clinical journal of sport medicine, 2012, 22(1): 26-30.

[18] SANDBAKK Ø, HOLMBERG H C.A reappraisal of success factors for Olympic cross-country skiing [J]. International journal of sports physiology and performance, 2014, 9 (1): 117-121.

[19] GASTALDI, LAURA, PASTORELLI, et al.A biomechanical approach to paralympic cross-country sit-ski racing [J].Clinical journal of sport medicine: January, 2012, 22 (1): 58-64.

[20] VESTERINEN V, MIKKOLA J, NUMMELA A, et al.Fatigue in a simulated cross-country skiing sprint competition [J]. Journal of sports sciences, 2009, 27 (10): 1069-1077.

[21] SANDBAKK Ø, ETTEMA G, LEIRDAL S, et al.Analysis of a sprint ski race and associated laboratory determinants of world-class performance [J].European journal of applied Physiology, 2011, 111 (6): 947-957.

第四篇

残奥单板滑雪训练教程

目 录

第一章　残奥单板滑雪运动项目概述……………………………161
第一节　残奥单板滑雪运动简介……………………………161
第二节　残奥单板滑雪场地设备和器材装备…………………164

第二章　残奥单板滑雪运动素质特征及训练……………………166
第一节　残奥单板滑雪力量素质特征及训练…………………166
第二节　残奥单板滑雪速度素质特征及训练…………………176
第三节　残奥单板滑雪耐力素质特征及训练…………………180
第四节　残奥单板滑雪平衡能力特征及训练…………………182

第三章　残奥单板滑雪运动技术特征及训练……………………187
第一节　残奥单板滑雪技术特征……………………………187
第二节　残奥单板滑雪技术训练……………………………189

第四章　残奥单板滑雪热身与恢复训练…………………………195
第一节　残奥单板滑雪热身训练……………………………195
第二节　残奥单板滑雪恢复训练……………………………197

第五章　残奥单板滑雪损伤与预防………………………………202
第一节　残奥单板滑雪损伤特征……………………………202
第二节　残奥单板滑雪损伤预防……………………………205

参考文献……………………………………………………………207

第一章

残奥单板滑雪运动项目概述

残奥单板滑雪在 2014 年索契冬残奥会上，作为残奥高山滑雪的一个分项，首次成为冬残奥会正式比赛项目。在 2018 年平昌冬残奥会上，残奥单板滑雪从残奥高山滑雪项目中分离出来，成为独立的雪上比赛项目。本章主要包括残奥单板滑雪运动简介和残奥单板滑雪场地设备和器材装备两大部分内容，旨在系统介绍残奥单板滑雪运动的项目特点。

第一节 残奥单板滑雪运动简介

一、起源发展

（一）比赛项目

在 2018 年平昌冬残奥会上，残奥单板滑雪正式成为冬残奥会比赛项目。目前，残奥单板滑雪项目主要分为 4 个赛事级别：一级赛事包括冬残奥会、世锦赛、世界杯；二级赛事为洲际赛；三级赛事为国家锦标赛；四级赛事为 IPC 国际比赛。中国在 2018 年平昌冬残奥会上只有 4 名运动员参加残奥单板滑雪项目比赛。然而，中国在 2022 年北京冬残奥会上该项目的参赛人数达到 18 人，首次实现了全项目参赛，并取得 3 金 3 银 4 铜的历史性佳绩。

（二）分类分级

为了保证比赛尽可能公平、公正和安全地进行，残奥单板滑雪项目要求对参赛选手的残障程度进行分类分级，其残障类型主要有肌张力增高、手足徐动、共济失调、关节被动活动范围受限、肢体缺失等（表 4-1-1）。目前，残奥单板滑雪运动员仅有站姿组，依据残障程度分为上肢残疾和下肢残疾，共设有 SBLL-1、SBLL-2 和 SBUL 3 个级别，其中，SBLL 级为下肢损伤，SBLL-1 级为膝关节以上截肢，SBLL-2 级为膝关节以下截肢；SBUL 级为上肢损伤，下肢损伤的运动员可以佩戴假肢参加比赛。

表 4-1-1　残奥单板滑雪运动员分级标准

残障级别	损伤特征
SBLL-1 级 （膝关节以上截肢）	①单侧膝关节或膝关节以上截肢；双侧踝关节以上截肢；至少单侧下肢的膝关节功能丧失； ②单侧下肢肌力评分为 0～10 分；双侧下肢肌力评分为 0～30 分； ③双下肢任何方向肌张力增高，肌张力大于或等于 2 级； ④可观察到的双下肢及躯干不自主运动； ⑤双侧踝关节无活动范围，并且至少一侧膝关节或髋关节被动活动度减少 50%
SBLL-2 级 （膝关节以下截肢）	①单侧踝关节以上截肢；先天性踝关节缺失导致踝关节无功能； ②单侧下肢踝关节跖屈、背屈，膝关节屈、伸，髋关节屈、伸肌力评分为 0～2 分；单侧下肢肌力总分不超过 24 分； ③至少单侧下肢任何方向肌张力增高，肌张力大于或等于 2 级； ④可观察到的单侧下肢不自主运动； ⑤双下肢长度至少相差 70mm； ⑥单侧踝关节无活动范围，或者至少单侧膝关节或髋关节被动活动度减少 50%
SBUL 级 （上肢损伤）	①单侧或双侧腕关节以上截肢；先天性腕关节缺失； ②至少单侧上肢肌力下降，肘关节屈伸肌力评分为 0～2 分和/或肩关节屈、伸、内收、外展肌力总分小于或等于 8 分； ③至少单侧上肢任何方向肌张力增高，肌张力大于 2 级； ④可观察到的至少单侧上肢不自主运动； ⑤单侧上肢被动活动受限，肩关节和肘关节被动活动度仅存 50%；单侧肩关节或肘关节被动活动度仅存 25%

二、比赛方式

残奥单板滑雪项目是在人造雪道上进行滑雪比赛的项目，雪道设置多种障碍用于跳跃和翻转。2022 年北京冬残奥会的残奥单板滑雪项目包括坡面回转和障碍追逐两个比赛项目，男、女各设 4 个小项，共产生 8 枚金牌。

（一）坡面回转

坡面回转每次比赛采取单人计时赛形式，共滑行 2～3 次，取其最好成绩作为最终成绩。在特殊情况下，仲裁裁委会可以允许运动员进行 1 轮计时滑，但该规定应在比赛前的领队会上宣布，最迟不得超过官方资格赛开始之前。如果一名运动员第一轮即出现 DSQ（取消资格）、DNF（未完成）或 DNS（未开始）的情况，则取消其第 2 轮滑行资格。第 1 轮出发顺序由残奥单板滑雪坡面回转积分排名前八（或前四）的运动员抽签决定。第 2 轮出发顺序为第 1 轮的倒序（除了 DNF，DSQ，DNS 的运动员，这 3 类运动员按以上顺序排列）。

（二）障碍追逐

障碍追逐比赛采取预赛、决赛制。预赛采取单人计时赛形式，运动员共进行 2 次计时比赛，取其最好成绩进行资格排名。决赛根据参赛运动员人数确定，一般由 2 名或 4 名运动员同时进行比赛，当决赛人数分别为 32 人、16 人、8 人或 4 人时，每轮有 4 名运动员同时比赛；当决赛有 16 名男运动员和 8 名女运动员参加时，每轮有 2 名运动员同时比赛。

1. 资格赛

在资格赛中采用计时滑行来决定决赛名单，每次 1 名运动员在赛道上计时滑行。

计时赛有 3 种赛制，具体如下。

（1）1 轮计时资格赛

所有运动员滑行 1 轮，按计时成绩进行排名。

（2）2 轮计时资格赛

所有运动员滑行 2 轮，取其最好成绩进行资格排名。DNF、DSQ、DNS 的运动员可以参加第 2 轮滑行。

（3）"缩减模式"的 2 轮计时滑行

在第 1 轮资格赛中，所有参赛人数按前 50% 排名（例如，16 人决赛男子组中，第 1 轮比赛前 8 名直接进入决赛；8 人决赛女子组中，第 1 轮比赛前 4 名直接进入决赛）。只有第 1 轮中未取得资格的运动员进行第 2 轮滑行，包括第 1 轮中 DNF、DSQ、DNS 的运动员，出发顺序与第 1 轮相同，根据计时赛最好成绩排名。

2. 决赛

当决赛人数分别为 32 人、16 人、8 人或 4 人时，采取每组 4 名运动员或由裁委会决定的其他人数同时比赛的方式。当每组 2 人参赛时，采取单一淘汰赛赛制；当决赛人数为每组 16 男或 8 女时，采取 2 名运动员或由裁委会决定的其他人数一对一淘汰的赛制，在特殊情况下可能出现决赛人数为每组 32 男和/或 16 女的情况。如果出现平局，则根据运动员身体或滑雪板的某一部位优先穿过终点线的情况进行录像回放判断；如果录像无法获得，或者查看视频后平局仍然存在，则依据资格赛成绩排名。如果资格赛成绩相同（两轮计时中最好成绩为资格赛成绩），则两轮成绩相加靠前的运动员胜出。

第二节　残奥单板滑雪场地设备和器材装备

一、场地设施

（一）坡面回转

坡面回转赛道场地为不规则地形，坡面中等倾斜，垂直落差为 100～250m，赛道平均坡度为 15°±3° 或 20°～35°，赛道长度为 400～1000m，斜坡宽度至少为 25m，赛道宽度至少为 4m。赛道的设计和建造可以在地势轮廓的基础上完善，最好使用天然雪，还应同时考虑运动员的滑行安全和技术水平。赛道的建造要保证滑雪板与地面平行；在转弯处设置形状适宜的坡面；第一个旗门应与出发门呈直线距离，第一个旗门后的坡面和旗门间的最小距离为 14m；所有赛事的出发门都应有把手，出发门也可作为障碍追逐的出发门；赛道障碍的设置应保证运动员在滑行过程中能够获得最大速度，并且在每个障碍前不需要减速就能顺利、流畅地通过。

（二）障碍追逐

障碍追逐赛道由各种障碍及坡面组成，场地垂直落差为 100～250m，长度为 500～1000m，平均坡度为 12°±2°，斜坡至少宽 40m，赛道宽度为

6～16m。赛道出发区为出发线和第一个坡之间的区域，长度至少为100m，坡度为6°～8°，宽度至少为10m。赛道斜坡最好用蓝—红色涂料加以区分，首选坡度为10°～20°。赛道障碍物的设计包含以下所有或部分障碍物：雪坝（新月形）、双雪坝、波浪地形障碍（单个、2个或3个）、跳跃形障碍、山脊形障碍和双山脊形障碍、专业跳障碍、扭转跳障碍（着陆区向左或右侧倾斜）、平顶形障碍和下降跳障碍。

二、器材装备

（一）器材装备简介

比赛器材包括滑雪板、固定器、滑雪靴、头盔、风镜和残奥运动员特有的辅助器材，如保护装置和假肢等。

（二）器材装备比赛要求

残奥单板滑雪运动员参加世界残奥单板滑雪委员会（World Para Snowboard，WPSB）举办的比赛，必须使用符合WPSB规定的器材装备，禁止使用自动化、计算机辅助或机器人等相关器材装备。

1. 比赛及辅助器材装备

比赛器材装备指WPSB器材装备规则中规定的器材装备，辅助器材装备指WPSB器材装备规则中明确描述的残奥运动员在赛场上可以使用的特殊器材装备（如坐式滑雪器、保护装置、假肢、矫正器等）。运动员须对使用的比赛及辅助器材装备负责，确保其符合WPSB器材装备规则手册规定。新型辅助器材装备的使用须经WPSB批准，且必须进行提前申报，一般在赛前一个月向IPC提交书面申请表和技术支持材料。

2. 比赛器材装备的广告标识

在冬残奥会比赛中，比赛器材装备上的广告标识必须符合IPC产品商标标识使用指南的规定，且严禁在服装和器材装备上使用污言秽语及不雅标识。

3. 器材装备检查

WPSB具有比赛器材装备检查权。如果违反相关规定，仲裁委员会有权决定实施适当的处罚。

第二章

残奥单板滑雪运动素质特征及训练

残奥单板滑雪运动员在比赛过程中，需要时刻保持身体平衡，利用身体倾斜快速完成滑雪板前后刃之间的转换，以及连续转弯或在波浪形赛道上的快速滑行，这就要求运动员具备良好的力量素质、速度素质和平衡能力等。本章主要包括残奥单板滑雪力量素质特征及训练、残奥单板滑雪速度素质特征及训练、残奥单板滑雪耐力素质特征及训练、残奥单板滑雪平衡能力特征及训练四大部分内容，旨在阐述残奥单板滑雪运动员的专项运动素质特征，框架性地构建相应的训练体系。

第一节　残奥单板滑雪力量素质特征及训练

一、力量素质特征

力量素质是残奥单板滑雪运动员运动素质中的关键，力量素质的强弱直接影响运动员的滑雪速度。运动员主要依靠良好的出发优势和滑行速度，以及利用滑雪板对雪的压力来获得较快的滑雪速度，在这一过程中，运动员的上肢和下肢肌肉力量发挥了主要作用。

上肢力量在残奥单板滑雪运动员的出发阶段起着关键作用。出发阶段是残奥单板滑雪运动员比赛中唯一的"蓄力"机会，无论是参加障碍追逐还是坡面回转，运动员都需要利用上肢快速拉拽出发门，以达到尽可能快的出发速度。上肢力量强的运动员能够在比赛中唯一的"蓄力"阶段获得出发优势。比赛时获得较好的出发优势，对于残奥单板滑雪运动员在比赛过程中的滑行速度，乃至最终比赛成绩具有积极影响。研究发现，单板滑雪运动员出发阶段拉拽出发门的速度与比赛表现显著相关。这是因为出发领先的运动员能够占据良好的心理优势，易对其他运动员的心理产生负面影响，进而影响其比赛成绩。可见，增强上肢力量是残奥单板滑雪运动员力量训练的重要组成部分之一。

核心力量是残奥单板滑雪运动员在不稳定雪面上保持滑降速度和身体重心稳定性的基础。在滑行过程中，运动员通过身体前倾或后仰实现滑雪板前刃、后刃之间的快速转换，同时不断调整身体重心，时刻维持身体平衡，获得保持直线加速、高速转弯和跳跃的能力。残奥单板滑雪共设有 SBLL-1、SBLL-2 和 SBUL3 个级别。其中 SBLL 指下肢损伤，SBLL-1 指膝关节以上截肢，SBLL-2 指膝关节以下截肢，SBUL 指上肢损伤。残障程度和类型的不同会不同程度地影响运动员的比赛表现。例如，SBUL 级运动员因为一侧手臂的缺失，在比赛出发阶段的拉门过程中易产生身体侧移，这会影响其出发时的起动速度。因此，SBUL 级运动员在比赛出发时需要更强的身体平衡能力或者更大的侧身幅度。SBLL 级运动员因为下肢肢体损伤，在保持高速进行的连续转弯或在不同大小波浪道上的滑行与飞跃时，转弯速度和技术发挥会受到影响。核心力量不仅可以稳定残奥单板滑雪运动员的骨盆及脊柱，使运动员在出发及比赛过程中保持稳定的身体姿态，促进肌肉群的相互协调，还可以提升核心肌群向肢体传输能量的效率，保证运动员技术动作的质量，进而为提升残奥单板滑雪运动员的竞技能力和比赛表现提供有效保障。

残奥单板滑雪运动员具有较强的下肢力量，这有助于其提高障碍追逐比赛时的跳跃和着陆质量，以及坡面回转高速滑降时身体的动态姿势控制能力。此外，残奥单板滑雪运动员在进行长时间的技术训练时，主要依靠下肢肌肉力量保持正确的站姿。一项关于 2006—2007 赛季奥地利单板滑雪世界杯和欧洲杯冠军运动员下肢屈、伸肌群等速肌力的研究发现，女子运动员下肢相对功率峰值与世界杯积分存在较强相关性（$r = 0.67$）。另一项关于单板滑雪运动员下肢等长肌力的研究也发现，男子单板滑雪障碍追逐运动员的膝关节伸膝肌群最大随意等长收缩的峰值力矩与比赛成绩高度相关（$r = -0.93$）。残奥单板滑雪与单板滑雪竞速项目的技术特征具有相似性，由此可以推断，强大的下肢力量也是残奥单板滑雪运动员取得比赛胜利的重要影响因素。这是因为更强的下肢力量可以降低比赛时运动员的肌肉最大随意收缩百分比，减少持续高强度比赛所产生的代谢产物，降低运动员在跳跃过程中受到的较高地面反作用力的影响，同时也能保持运动员高速滑降时身体姿势的稳定，从而产生更强的滑降推进力。

对于残奥单板滑雪障碍追逐运动员而言，下肢爆发力和离心肌力在完成跳跃和稳定着陆的过程中占据主导作用，其膝关节伸肌和屈肌的充分协同收缩是影响跳跃和着陆质量的主要因素。有研究显示，单板滑雪运动员跳跃着陆时的下肢肌肉所承受的地面反作用力可达体重的4倍，在0.1s内腿部承受高达3020N的冲击力。因此，残奥单板滑雪障碍追逐运动员具有强大的下肢爆发力和离心肌力，可以有效削弱跳跃着陆时地面反作用力的影响，维持身体的稳定，实现平稳着陆，同时还可以降低摔倒的风险。由此可见，下肢爆发力和离心肌力对残奥单板滑雪障碍追逐运动员完成跳跃的动作质量和稳定着陆至关重要，在训练中应加强下肢爆发力和离心肌力的训练。

在残奥单板滑雪坡面回转比赛中，运动员须具备较高水平的等长肌力，以保持下肢膝关节屈伸动作的稳定，从而快速完成交替滑降和转弯动作。研究表明，优秀的单板滑雪运动员（左脚在先）在转弯阶段的髋、膝、踝关节角度变化分别为5.53°～17.69°、3°～18.35°、4.62°～17.43°。可见，残奥单板滑雪运动员在比赛过程中髋、膝、踝关节的摆动幅度不大，从而间接证明了残奥单板滑雪运动员下肢肌肉等长收缩力量在垂直滑降过程中对保持动作稳定的重要性。更强的下肢最大等长肌力可维持运动员在比赛滑降过程中较低的身体重心以及稳定相对固定的下肢技术动作，是运动员取得比赛胜利的重要决定因素。

二、力量素质训练

残奥单板滑雪运动员身体形态的特殊性，决定了其力量素质训练的特殊性。力量素质训练方法和手段的选择，不仅要考虑专项特征，还要结合残奥单板滑雪运动员的身体形态特征，既要参照健全运动员的体能训练，又要考虑残奥单板滑雪运动员自身的特殊性。

（一）上肢力量训练

上肢力量训练的目的在于促进运动员上肢最大力量、爆发力及力量耐力的提高，进而提升残奥单板滑雪运动员在出发阶段的拉门技术动作效率和出发速度。依据残奥单板滑雪运动员的力量水平，可采用重复训练法和间歇训练法，通常安排30%～90%1RM的负荷强度，8～12次/组（侧），做3～8组，组间间歇为2～3min。具体训练手段如下。

1. 哑铃肩上推举

①坐于训练椅上，头部保持中立位，挺胸直背，双脚分开与肩同宽；

②选择适宜负荷的哑铃，双手正握哑铃置于双肩两侧；

③前臂垂直于地面，向上推起哑铃至手臂伸直，向下至肘关节略低于肩。

训练目的：增强 SBUL 级运动员和 SBLL 级运动员的三角肌肌肉快速收缩能力，进而提高出发时的拉门动作速度。

教练员提示：SBUL 级运动员可单手正握哑铃；SBLL 级运动员双手正握哑铃；腹部与肩胛收紧，保持沉肩，不能耸肩；提高动作速度。

2. 杠铃俯身划船

①双脚分开略比肩宽，屈膝屈髋使身体前倾约 45°，双手正握杠铃；

②向上时，背部发力，屈肘使杠铃沿大腿向上运动至上腹部；

③向下时，将杠铃缓慢下放至起始位置。

训练目的：增强 SBLL 级运动员和 SBUL 级运动员肱二头肌和背阔肌的肌肉力量、出发拉门时身体的动作控制能力，以及调控滑降时的身体重心和姿势的稳定性。

教练员提示：SBLL 级运动员须佩戴专业运动假肢；练习时保持背部平直，身体不能前后摆动。

3. 弹力带引体向上

①双手正握横杆，双手间距略比肩宽，两腿自然屈曲，将弹力带置于腿部助力；

②向上时，背部发力，屈肘使躯干向横杆靠拢，至横杆超过头部；

③向下时，手臂几乎伸直。

训练目的：改善 SBUL 级运动员残肢侧与健全侧主动肌或拮抗肌力量的失衡状况，增强 SBLL 级运动员核心、上臂、胸部、背部和肩袖肌群的协同发力能力，改善因肌肉紧张和薄弱而引起的出发技术动作模式受损和姿势异常。

教练员提示：SBLL 级运动员须佩戴专业运动假肢；身体不要前后摆动；肘关节内扣，保持与躯干在同一平面上。

4. 哑铃俯身侧平举

①呈坐姿，背部平直，双手握哑铃置于大腿两侧，手臂自然伸直；

②向上时，双手外展至上臂与地面平行；

③向下至手臂几乎垂直于地面。

训练目的：根据出发技术用力特点和肌肉发力顺序，增强 SBUL 级和 SBLL 级运动员肩背部肌肉运动链，最大化地提高出发拉门技术动作的肌肉收缩效率。

教练员提示：SBUL 级运动员可单手正握哑铃；SBLL 级运动员可双手正握哑铃；身体不要摆动，背部保持平直。

5. 杠铃卧推

①仰卧平躺在卧推凳上，身体背部充分接触凳面，双腿自然分开；

②使用中握距握住杠铃，伸直手臂将杠铃举在胸部上方的位置；

③弯曲手臂，慢慢将杠铃下降，同时吸气，直到杠铃杆几乎碰到胸部；

④用力将杠铃推回起始位置，同时呼气。

训练目的：增强 SBUL 级运动员残肢侧与健全侧肌力平衡；提高 SBLL 级运动员上肢肌群和胸部肌群的协同发力能力，改善出发技术动作模式。

教练员提示：SBUL 级运动员须佩戴专业运动假肢；根据训练肌群选择不同的握距；保持对重量的控制，不让重量自由下落；臀部和腰部不能抬离卧推凳。

6. 杠铃卧拉

①将杠铃放在健身椅下方，身体俯卧在长凳上，保持背部挺直；

②双臂自然下垂，手掌向下握住杠铃杆（正握），握距大于肩宽；

③在呼气的同时拉起杠铃，手肘弯曲贴近身体，将杠铃拉向胸前让中上背得到锻炼，如果锻炼背阔肌，则将杠铃拉向腹部；

④在顶端停留片刻，然后慢慢回到起始位置。

训练目的：充分模拟出发技术动作及肌肉的合理用力顺序，修复 SBUL 级运动员受损的上肢推、拉功能，提高爆发力输出的高效性和出发技术动作的经济性。

教练员提示：SBUL 级运动员须佩戴专业运动假肢；保持头、颈部及躯干的稳定绷直。

7. 坐姿平推固定器械动作

①坐在器械坐垫上，调整座椅的高度，使推手把柄对准胸部中间位置；

②挺胸收腹，下颌微收，腰椎及颈椎呈自然状态，背部紧靠靠背；

③双手锁握，将把柄推至前端，肘关节微屈；

④最前端短暂停留 2s 之后，缓慢匀速回落到起始位置；

⑤在向前用力推把柄的过程中吐气（呼气），在回落的过程中吸气。

训练目的：模拟出发门技术动作及肌肉的合理用力顺序，增强 SBUL 级和 SBLL 级运动员在出发阶段的拉门技术动作控制能力。

教练员提示：选择适宜的重量，不能耸肩，避免身体前后左右晃动。

（二）核心力量训练

核心力量训练的目的是提升残奥单板滑雪运动员在滑降过程中对身体姿势的控制能力和假肢与身体的配合能力。可采用重复训练法、间歇训练法和持续训练法。依据残奥单板滑雪运动员力量水平，通常安排 15～20 次/组（侧）或 30～45 秒/组（侧）训练，做 5～6 组，组间间歇为 2～3min。具体训练手段如下。

1. TRX 悬腿卷腹

①双手分开与肩同宽撑于地面，双脚踝关节置于固定带中，背部平直；
②收腹屈髋屈膝，使膝关节向胸部靠拢，然后双腿缓慢伸直还原。

训练目的：促进 SBUL 级和 SBLL 级运动员多块肌肉、多角度、多维度协调有力地收缩，强化运动员跳跃着地时身体重心及姿势的调整能力。

教练员提示：SBLL 级运动员须佩戴专业运动假肢；屈髋屈膝后脊柱不可过度屈曲，控制动作速度。

2. TRX 臀桥卷腿

①身体仰卧，用头部和上背部支撑地面，双脚踝关节置于固定带中；
②下背部和臀部收紧，使双腿自然伸直，身体悬空；
③膝关节屈曲使脚跟靠近臀部，保持臀部和下背部收紧；
④膝关节屈曲至约 45° 后，双腿缓慢伸直并还原至起始位置。

训练目的：提升 SBUL 级和 SBLL 级运动员能量产生和动力传递能力，强化运动员跳跃着地时身体重心及姿势的调整能力。

教练员提示：SBLL 级运动员须佩戴专业运动假肢；保持下背部平直，臀大肌收紧；控制离心收缩的速度。

3. TRX 后侧平板 L 形支撑

①身体仰卧，双手撑地，双脚踝关节置于固定带中；
②下背部和臀部收紧，使双腿自然伸直，身体悬空；

③在背部平直和双腿伸直的情况下髋关节屈曲，使躯干垂直于地面与双腿呈L形，再次伸展髋关节并还原至起始位置。

训练目的：提高脊柱稳定性，提高SBUL级和SBLL级运动员在波浪线赛道滑行时的身体控制能力和平衡稳定能力。

教练员提示：SBLL级运动员须佩戴专业运动假肢；SBUL级运动员残障侧训练时可用肩膀撑地；练习过程中保持背部和双腿自然伸直。

4. 登山者

①身体俯卧，双手分开与肩同宽撑于地面，头部微抬，双脚置于固定带中；
②保持腹部收紧、背部平直，双腿交替屈伸至大腿垂直于地面。

训练目的：提高SBLL级运动员残障侧和健全侧下肢积极屈伸能力，改善使用转弯技术、波浪形赛道滑降技术，以及跳跃落地技术时双侧发力不平衡的状况。

教练员提示：SBLL级运动员须佩戴专业运动假肢；保持躯干挺直，不能弓背，控制双腿交替的动作节奏，不能过快。

5. 仰卧瑞士球转体

①肩背部压球，两手伸直拿实心球，屈膝撑地，身体左转，腰部发力；
②两腿不动，身体右转。

训练目的：增强SBUL级和SBLL级运动员肩关节、髋关节和核心区整体稳定性，提高运动员在不稳定雪面上的本体感受敏锐度。

教练员提示：SBLL级运动员可单手持哑铃；身体向一边旋转时，确保臀部收缩，使髋关节与地面平行。

6. 平板支撑

上臂垂直于地面，保持肩、腰、踝关节在同一直线上，颈部保持自然放松。

训练目的：增强SBUL级和SBLL级运动员滑降时躯干姿势和重心的稳定性，以及残障侧和健全侧肌肉力量动力链的有效传递能力。

教练员提示：SBUL和SBLL级运动员须佩戴专业运动假肢；SBUL级运动员可选择俯卧两头起支撑、背桥、侧桥等手段来进行练习；SBLL级运动员在穿戴假肢的前提下可根据自身能力选择做经典的平板支撑、背桥和侧桥等动作。

7. 山羊挺身

①双脚站在罗马椅上，背部挺直；

②动作开始时腰部用力下压，保证上体往下，注意腰部不要往两边倾斜。

训练目的：提高 SBUL 级和 SBLL 级运动员下背肌和臀部肌肉力量，强化其核心肌群稳定性，增强其伸髋能力和脊柱稳定能力。

教练员提示：SBLL 级运动员须佩戴专业运动假肢，可进行负重练习；由于上肢残障，SBUL 级运动员练习时须注意保持背部姿势的平衡性和稳定性，上体前屈时，保持适宜的动作节奏；腰背部必须始终挺直。

8. 药球转身投掷

①站于墙边，双脚开立与肩同宽，双手捧一药球；

②手臂向前伸直，使球与胸部保持在相同高度；

③身体向墙壁方向快速转动，同时尽可能用力将球向墙壁投掷，并在反弹时接住球；

④重复以上动作至推荐次数，然后转变方向。

训练目的：主要针对 SBLL 级运动员，进一步发展其核心肌群对身体稳定性的控制力、动力性表达，能够在一定程度上起到矫正脊柱侧弯及改善躯体左右力量平衡的作用。

教练员提示：在练习过程中，保持对身体稳定性的控制力，并构建正确、流畅的闭锁式动力链。

（三）下肢力量训练

强大的下肢力量是残奥单板滑雪运动员取得比赛胜利的关键。针对残奥单板滑雪运动员肌力发展不均的特点，在安排力量训练时，不仅要采用多样化的训练手段，提高残障侧和正常肢体肌肉力量的整体性，还要处理好单关节和多关节力量训练的关系，重视多关节力量训练，以促进不同肌肉间的协同。同时，多关节力量训练也要注意练习的动作形式和用力顺序，尽量与专项技术相吻合，实现力量的整体发展。SBUL 级运动员由于下肢健全，可较多参考健全运动员相应的力量素质训练方法和手段，重点突出最大力量、爆发力及协调性的练习等。对于 SBLL 级运动员的下肢力量练习，应遵循主要发展优势腿、同时恢复残障腿的原则，重点提升运动员下肢的稳定性和灵活性等。

下肢力量训练可采用重复训练法、间歇训练法和循环训练法。通常安排 60%～95%1RM 的负荷强度，8～12 次/组（侧），做 3～5 组，组间歇为 2～3min。

具体训练手段如下。

1. 弓箭步蹲

①呈站姿,双脚开立与肩同宽,目视前方,挺胸直背,肩胛骨后缩,腹部收紧;

②膝关节与脚尖同向,向前跨步,前侧腿膝关节屈曲至约 90°,同时后侧腿膝关节屈曲至约 90°;

③姿势稳定后,先收前脚回到起始姿势,再换腿。

训练目的:改善 SBUL 级和 SBLL 级运动员在滑雪过程中的身体控制能力,升级动力链传递效果,确保高速滑行时身体姿势的稳定性。

教练员提示:SBLL 级运动员须佩戴专业运动假肢;残障侧跨步的幅度避免过大或过小,始终将躯干保持中立位。

2. 杠铃深蹲

①呈站姿,双脚分开与肩同宽或略比肩宽;

②将杠铃置于斜方肌上方,双手正握杠铃杆,肘关节屈曲使前臂垂直于杠铃杆,上臂外旋使肘关节与躯干平行;

③目视前方,挺胸直背,肩胛骨后缩,腹部收紧,躯干保持中立位;

④向下时,屈膝屈髋下蹲,至大腿与地面平行或略低于水平面,膝关节略超过脚尖。

训练目的:着重提高 SBUL 级和 SBLL 级运动员下肢残障侧神经支配和控制能力、整体协调能力和本体感受能力,改善健全侧和残障侧之间的肌力平衡。

教练员提示:SBLL 级运动员须佩戴专业运动假肢;避免身体过度前倾,保持膝关节与脚尖同向,避免内扣或外翻。

3. 仰卧挺髋

①仰卧,头部和上背部紧贴地面,手臂置于杠铃两侧;

②双腿屈膝分开与肩同宽,将杠铃放置在髋关节以上并用双手固定住;

③向上时,大腿后侧肌群发力,挺髋,保持臀部收紧和背部平直;

④向下缓慢还原至起始姿势。

训练目的:通过加强 SBLL 级和 SBUL 级运动员的髋关节力量,建立上下肢肌肉力量支点,为滑雪时身体重心的稳定和前进位移力量的传递创造条件。

教练员提示:SBLL 级运动员须佩戴专业运动假肢;根据负荷大小控制动作速度。

4. 杠铃上台阶

①呈站姿，双脚分开与肩同宽，腹部收紧，躯干保持中立位，目视前方；

②身体直立，将杠铃置于双肩后方，站于一个高台前；

③一侧腿踏于 30～45cm 高的箱子或训练凳上（膝关节约呈 90°）；

④向上时，前侧腿发力蹬伸将身体移动至踏板上方，后侧腿无须发力；

⑤向下时，后侧腿先离开踏板，身体缓慢下落。

训练目的：增强 SBLL 级和 SBUL 级运动员在滑降和回转过程中，身体重心和滑行方位不断变换时对身体姿势的控制能力，以及假肢与身体的配合能力。

教练员提示：SBLL 级运动员须佩戴专业运动假肢；不能靠后侧腿蹬地借力，身体尽量保持中立位，避免过度前倾。

5. 杠铃侧蹲

①呈站姿，双脚分开与肩同宽，腹部收紧，躯干保持中立位，目视前方；

②身体直立，将杠铃置于双肩后方；

③向左侧迈出一步，下蹲至大腿与地面平行，重心落在左腿上；

④左腿再向右侧蹬伸，身体还原至起始姿势。

训练目的：加强对 SBLL 级运动员残障侧本体感受器的刺激，提高其中枢神经系统动员肌纤维参与收缩的能力，提高残奥单板滑雪运动员在波浪形赛道滑降时身体姿态的稳定性。

教练员提示：SBLL 级运动员须佩戴专业运动假肢；迈出的步幅避免过大或过小，保持身体重心的稳定性。

6. 杠铃硬拉

①呈站姿，双脚分开与肩同宽，腹部收紧，躯干保持中立位，目视前方；

②双手握杠铃置于大腿前侧，手臂自然伸直；

③向下时，双腿保持自然伸直，屈髋使身体前倾，至躯干接近于与地面平行或杠铃略超过膝关节的位置；

④向上时，臀部发力挺髋，使身体还原至起始姿势。

训练目的：改善 SBLL 级和 SBUL 级运动员神经系统对主动肌和拮抗肌适度协同收缩的精细调控能力，增强其在不规则雪面上快速滑降和回转过程中身体的稳定性，促进上、下肢之间力量的传递。

教练员提示：SBLL 级运动员须佩戴专业运动假肢；在身体前倾过程中，背部保持平直，不要塌腰弓背。

7. 杠铃站姿提踵

①呈站姿，腹部收紧，躯干保持中立位，目视前方；

②双脚开立与肩同宽，前脚掌站在杠铃片上使脚跟悬空，双腿自然伸直；

③双手正握杠铃置于斜方肌上部；

④屈踝向上提起脚跟至小腿肌肉顶峰收缩后，稍作停顿，缓慢向下充分伸展小腿肌肉。

训练目的：提高 SBLL 级和 SBUL 级运动员腓肠肌和比目鱼肌的肌肉力量，进而增强运动员腾空着地时身体姿势的稳定性。

教练员提示：SBLL 级运动员须佩戴专业运动假肢；膝关节保持伸直，控制离心收缩速度，不能过快。

第二节　残奥单板滑雪速度素质特征及训练

一、速度素质特征

残奥单板滑雪项目是一项雪上竞速项目，全程保持高速滑雪是其显著的速度特征，其中起关键作用的是较快的起动速度和转弯速度。在残奥单板滑雪竞技运动中，运动员速度素质特征主要体现在对外界信号刺激的快速反应能力、快速完成滑雪动作的能力，以及特定方向上的位移速度。

良好的反应速度是尽快达到最大滑雪速度的先决条件，反应速度越快，运动员的起动速度越快，达到最大滑雪速度所需时间就越短，有利于形成领先优势，给竞争对手造成心理压力，破坏其滑雪节奏。出发阶段是残奥单板滑雪运动员在比赛中唯一的"蓄力"机会，具有良好反应速度的运动员可以通过快速拉门达到尽可能快的出发速度，获得良好的滑雪优势。研究发现，女子单板滑雪障碍追逐运动员的最大起动速度与 FIS 积分具有显著正相关性，是 FIS 积分变量的较好预测指标，这证实了起动速度对单板滑雪竞速类项目比赛成绩的重要性。

残奥单板滑雪运动员在比赛过程中，为了获得较高的滑行速度，在面对不同障碍物时须迅速、准确、协调且连续地改变身体运动的空间位置和运动方向，这对运动员的动作速度提出了较高要求。动作速度是指运动员完成滑行技术动作的速度，会对运动员滑行中的腿部屈伸、换刃及跳跃等技术动作的完成质量产生影响，继而影响运动员在整个滑行过程中的速度。

良好的位移速度能力是残奥单板滑雪运动员转弯时仍可保持高速滑行的基础。优秀的单板滑雪运动员的转弯平均速度为 11.1 m/s，最高可达 11.9 m/s。运动员主要基于滑行速度和利用滑雪板对雪的压力来获得较快的转弯角度，其中位移速度特征发挥主要作用。残奥单板滑雪运动员具备良好的位移速度能力，能够提高最大滑行速度和速度保持的能力，在比赛中能够维持流畅的滑雪节奏，保持滑雪技术动作的协调性和稳定性，避免滑降速度的过多损失，进而保持全程高速滑雪，减少比赛耗时。

基于以上分析，残奥单板滑雪运动员的速度训练应根据残奥单板滑雪项目的出发阶段及转弯技术动作特点与特征，着重训练运动员反应速度、动作速度和位移速度，以提升运动员的起动加速能力和弯道最大速度保持能力，促使运动员保持最佳的滑雪速度节奏。

二、速度素质训练

速度素质训练的目的在于通过训练，提升运动员在比赛中的启动速度、滑降速度及速度保持能力。残奥单板滑雪运动员速度素质训练的内容、方法及手段总体上与健全运动员基本相同，但是由于残障运动员肢体的损伤可能导致部分训练手段的运用存在一定的特殊性，所以训练中应尽量佩戴假肢进行力量训练，以保障速度素质训练促进人体肌力的平衡发展，以及滑雪技术动作的规范性和残障肢体的适应性。可采用重复训练法，通常安排 6～10 次/组，做 4～6 组，组间间歇为 3～5min。具体训练手段如下。

（一）反应速度

1. 发令起滑

①运动员站在一条直线上，做好出发准备；

②根据教练员发出的出发指令，运动员快速出发，滑行 40～100m，做 6～10 次。

训练目的：模拟 SBLL 级和 SBUL 级运动员的出发技术，利用突然发出的信号，提高残奥单板滑雪运动员对信号的反应能力及启动速度。

教练员提示：要求运动员对各种信号迅速做出反应。

2. 根据信号变化变换滑雪速度和方向

①运动员每隔 2～3m 排列，在雪场匀速滑雪；

②运动员根据教练员发出的突然变化的指令，迅速改变滑雪的速度和方向。

训练目的：提高 SBLL 级和 SBUL 级运动员在不规则雪面上滑降技术和回转技术的综合应用能力，提高滑降过程中身体重心和滑行方位不断变换时对身体姿势的控制能力及假肢与身体的配合能力。

教练员提示：运动员可做出加速滑、向左滑、向右滑、S 形滑、Z 形滑等动作。

3. 选择性信号反应练习

运动员通过对几种复合信号做出选择性判断，且只对其中一种信号做出应答反应来提高反应速度。

①教练员喊下蹲，同时做下蹲动作时，运动员站立不动或跳起，若教练员喊跳起，则运动员做下蹲动作；

②教练员喊向左转，运动员则向右转；

③教练员喊 1、2、3、4 中某个数字时，运动员应及时做出相应的动作（事先规定）等。

训练目的：发展 SBLL 级和 SBUL 级运动员神经支配和控制能力，提高运动员接受某一信号后快速做出相应动作的反应能力，以及 SBLL 级运动员健全肢体和残障肢体的整体协调能力。

教练员提示：SBLL 级运动员须佩戴专业运动假肢；训练时要掌握好训练时间，避免在疲劳状态下进行训练。

（二）动作速度

1. 5-0-5 速度训练

①将两个锥形桶间隔 2～3m 放置在 a 点作为起跑线；

②在距离起跑线 10m 处的 b 点放置另外两个锥形桶，同时放置激光计时器或人为计时；在距离起跑线 15m 的 c 点放置第三组锥形桶作为折返线；

③运动员从 a 点启动冲刺向 c 点，当运动员通过 b 点时计时器自动启动开始

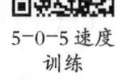

5-0-5 速度训练

计时或由计时员开始计时；

④在 c 点运动员急停变向，然后转身冲刺跑过 b 点，计时结束；

⑤运动员需要分别采用左脚、右脚进行不同方向的变向训练。

训练目的：提高 SBLL 级和 SBUL 级运动员中枢神经系统兴奋抑制的转换速度，提高运动员面对复杂比赛环境时的快速应变能力。

教练员提示：在运动员身体状态好、兴奋性高的情况下进行训练，训练时间不宜过长。

2. 短距离冲刺滑

运动员站在起点处听到教练员发令后，快速启动并全力冲刺滑行 100～200m。

训练目的：提高 SBLL 级和 SBUL 级运动员高速滑降时的速度感知能力，并改善其技术动作的协调性。

教练员提示：提高训练持续时间和间歇时间的适应度。

（三）位移速度

1. 不同距离滑降

分别在初级、中级和高级雪道上进行 500～1000m 冲刺滑行。

训练目的：依据 SBLL 级运动员和 SBUL 级运动员的运动水平，选择相应难度等级的赛道，着重增强运动员面对不同比赛赛道时的速度节奏感知和保持能力。

教练员提示：练习前充分做好热身活动，避免运动损伤；要求运动员尽最大努力达到最大速度。

2. 定时滑

3～4 名运动员为一组，要求运动员在规定时间内完成相应距离的滑行，同时记录运动员滑行距离，依此判定运动员名次。

训练目的：提高 SBLL 级运动员和 SBUL 级运动员完成冲刺、加速、转向动作时在最短时间内实现最大速度的能力。

教练员提示：练习前充分做好热身活动，要求运动员时刻保持注意力集中。

第三节　残奥单板滑雪耐力素质特征及训练

一、耐力素质特征

残奥单板滑雪是以体能为主的竞技项目，其单轮次比赛的持续时间短、强度大。从比赛时间和运动强度看，残奥单板滑雪的能量来源主要以无氧供能为主。运动项目持续时间越短，无氧工作贡献比例越大。相关数据表明，残奥单板滑雪运动员在比赛中的无氧供能系统主要是磷酸原系统和糖酵解系统。研究发现，澳大利亚单板滑雪男、女运动员无氧功率峰值的评估标准分别为 16.5 W/kg 和 13.5 W/kg。残奥单板滑雪项目由加速滑行、转弯、跳跃和落地等一系列复杂动作组成，但动作持续时间短，因此运动员的运动表现在很大程度上是由运动员的能量储备、单位时间释放生物能量的能力及有效利用能量的能力所决定的。

残奥单板滑雪比赛属于多轮次竞赛项目，有氧能力在多轮次比赛中的体能恢复和技术动作的稳定发挥等方面具有重要作用，主要体现在促进多轮次比赛过程中无氧供能系统的恢复上。残奥单板滑雪单轮次的比赛强度较大，运动员较高的肌肉氧化代谢能力不仅是充分发挥技术水平、维持更长时间的高水平运动表现的重要保障，还可以加速分解运动员比赛时肌肉中产生的乳酸，提高供能速率，促进多轮次比赛中体能的快速恢复，有助于运动员承受更大的训练负荷，降低过度训练的风险，促进运动员疲劳恢复。研究表明，最大摄氧量与单板滑雪竞速类运动员比赛成绩的相关性较低，且不具有统计学意义（$P > 0.05$），但有氧功率输出峰值则与男子单板滑雪障碍追逐、平行回转、大回转运动员的比赛成绩高度相关（$r = -0.93$，$r = -0.92$，$r = -0.88$，$P < 0.05$）。上述研究结果在一定程度上说明，残奥单板滑雪运动员的肌肉氧化代谢能力较之氧气的摄取、运输能力可能更为重要。残奥单板滑雪运动员的有氧耐力训练一般安排在年度训练周期的休赛期、准备期、陆地训练中，为运动员在雪上训练中最大限度地提高身体表现做好体能储备。

二、耐力素质训练

（一）无氧训练

无氧训练的目的在于提高无氧代谢供能系统的供能能力，可采用持续训练法和间歇训练法。具体训练手段如下。

1. 功率自行车训练

功率自行车训练可分为 2 大组，每大组分 4 小组，共计 45min，大组间歇为 3min，小组间歇为 1.5min，内容包括 1.5min 快蹬和 3min 慢蹬。

训练目的： 主要针对 SBLL 级运动员，提高其心肺功能和无氧代谢能力。

教练员提示： 依据运动员耐力素质水平，按照循序渐进的原则安排训练强度。

2. 跑步机训练

跑步机训练可分为 2 大组，每大组分 4 小组，共计 45min，大组间歇为 3min，小组间歇为 1.5min，内容包括 3min 快跑（坡度为 10°、速度为 6~7 km/h）和 1.5min 走。

训练目的： 主要针对 SBUL 级运动员，提高其心肺功能和无氧代谢能力。

教练员提示： 依据运动员耐力素质水平，按照循序渐进的原则安排训练强度。

（二）有氧训练

在有氧训练中应依据残奥单板滑雪运动员的耐力素质水平，按照循序渐进的原则安排耐力素质训练，目的在于提高运动员吸收、输送和利用氧气的能力及强化心脏功能，进而促进多轮次比赛中运动员竞技表现保持能力的进一步提升。可采用持续训练法和间歇训练法，通常训练时长在 40min 以上，强度保持在最大心率的 60%~80%。具体训练手段如下。

1. 功率自行车匀速持续骑行

在室内健身房内进行功率自行车骑行训练，心率控制在 150 次 / 分左右，时间在 1 h 以上。

训练目的： 主要针对 SBLL 级运动员，能够提高其摄氧能力，改善其心血管和呼吸系统的功能。

教练员提示：训练前后适当补充糖类、蛋白质等营养物质；训练后放松身体。

2. 越野跑

在自然环境中跑步，时间为 40min～1.5h；跑步速度不做要求，可匀速，也可变速。

训练目的：主要针对 SBUL 级运动员，提高其摄氧能力，改善其心血管和呼吸系统的功能。

教练员提示：训练前后适当补充糖类、蛋白质等营养物质；训练后放松身体。

3. 雪场滑行

在初级、中级和高级雪道进行滑雪训练，时间为 40min～1.5h；速度不做要求，可匀速，也可变速。

训练目的：提高 SBLL 级和 SBUL 级运动员的氧运输、利用能力，以及肌肉代谢、氧化能力。

教练员提示：训练前后适当补充糖类、蛋白质等营养物质；训练后放松身体。

第四节　残奥单板滑雪平衡能力特征及训练

一、平衡能力特征

保持身体姿态的平衡是残奥单板滑雪运动员完成各种运动技术的前提条件。在比赛过程中，残奥单板滑雪运动员为了获得较快的滑雪速度，在面对不同障碍物时，需要通过对滑雪板和身体的有效控制，迅速、准确、协调且连续地改变身体运动的空间位置和运动方向，同时保持身体的稳定性，从而确保整个滑降过程的流畅、空中动作的稳定、落地与滑行的紧密衔接。这要求残奥单板滑雪运动员具备良好的平衡能力。

残奥单板滑雪运动员的平衡能力主要体现在两个方面：一是静态平衡能力，即以最小的运动幅度保持特定姿势的能力；二是动态平衡能力，即在滑雪过程中执行某种特定姿势时能够快速恢复身体稳定性的能力。由于残奥单板滑雪运动员始终是在非稳定的雪面上进行训练和比赛的，其肌肉时刻处于相对动态稳定状态，再加上残障运动员的残障程度和类型不同，这在一定程度上加大了训练和比赛过程中身体稳定性的控制难度。如何在非稳定的滑行过程中保持良好的滑行速度及身体重心的稳定性，成为残奥单板滑雪运动员平衡能力训练主要解决的问题。

二、平衡能力训练

残奥单板滑雪运动员的上肢、下肢有着不同程度的残障，导致其在做旋转和跳跃等高难度的技术动作时身体的稳定性受限，尤其是 SBLL 级运动员。如何在非稳态的雪面上进行直滑降、在转弯阶段和飞包过程中保持较快的速度和稳定的重心是训练中着重解决的难题。因此，在运动员素质训练中，除要重视基础力量素质训练，还应加强运动员的平衡能力训练。

（一）静态平衡

静态平衡能力训练的目的在于让残奥单板滑雪运动员更好地体会核心肌群在滑雪过程中的发力特点及对身体的有效控制，训练核心肌群中主动肌和协同肌的同步兴奋与协调发力，提升运动员在静止状态下对身体重心的控制能力。静态平衡能力训练可采用重复训练法和持续训练法。静态平衡能力训练通常安排 30~60 秒/组（侧）或 10~12 次/组，做 3~5 组，组间间歇为 30s~1.5min。具体训练手段如下。

静态平衡

1. 仰卧两头起

①仰卧在地板或瑜伽垫上，头稍上抬，向头顶伸直双臂，伸直双腿绷紧，但不接触地面，使身体呈"一"字形；

②手臂和两腿同时向上抬起，在最高点保持姿势 30~45s；

③慢慢放松并呼气，返回原始位置，继续重复动作。

训练目的：提高 SBLL 级和 SBUL 级运动员以稳定身体重心、产生和传递力量为基础的核心肌肉力量及身体的协调性。

教练员提示：SBLL 级运动员须佩戴专业运动假肢；在练习过程中保持动作匀速起、落，时刻提醒和规范运动员的动作，注意练习动作与呼吸的配合。

2. 俯卧背起

①俯卧在地板或瑜伽垫上，双臂自然伸向头顶，两腿分别伸直，身体呈放松状态；

②两臂和两腿同时向上抬起离开地面，在最高点保持姿势 30~45s；

③慢慢放松并呼气，返回到原始位置，继续重复动作。

训练目的：提高 SBLL 级和 SBUL 级运动员以稳定身体重心、产生和传递力量为基础的核心肌肉力量及身体的协调性。

教练员提示：SBLL 级运动员须佩戴专业运动假肢；在练习过程中保持匀速起、落；保持背部挺直。

3. 平板支撑

①俯卧在地板或瑜伽垫上，双肘弯曲支撑在地面上，肩膀和肘关节垂直于地面，双脚踩地，身体离开地面；

②躯干伸直，头部、肩部、胯部和踝部保持在同一平面，腹肌收紧，盆底肌收紧，脊椎延长，眼睛看向地面，保持均匀呼吸。

训练目的：增强 SBLL 级运动员和 SBUL 级运动员滑降时重心的稳定性及动力链的有效传递能力。

教练员提示：SBUL 级和 SBLL 级运动员须佩戴专业运动假肢；SBUL 级运动员可选择背桥、侧桥等手段进行练习；SBLL 级运动员在穿戴假肢的前提下，可根据自身能力选择经典的平板支撑、背桥和侧桥等动作。

4. 俄罗斯转体

①身体坐于垫子上，双腿屈膝抬起，保持腰背部挺直；

②双臂随肩部和上身向一侧扭转，同时头部和目光同步跟随动作转动；

③稍作停留后，转回起始位置，头部和目光同步跟随动作向前；

④继续向另一侧重复练习动作后，再返回起始状态。

训练目的：更大程度地激活 SBLL 级和 SBUL 级运动员的脊柱肌群，使身体各部位配合发力，保证力量在运动链上的正常传递，实现运动链的整体发展。

教练员提示：在练习过程中，上身挺直，躯干充分旋转；腿部姿势保持不变。

5. 仰卧蹬自行车

①仰卧，双手伸直，掌心向下放在身体两侧，双腿并拢，弯曲膝盖；

②将腿抬起，缓慢做蹬自行车的动作。

训练目的：增强 SBLL 级运动员健全侧和残障侧及 SBUL 级运动员髋关节和膝关节的灵活性，强化其身体核心控制能力，优化其滑雪技术动作模式。

教练员提示：保持躯干挺直，不能弓背，控制双腿交替的动作节奏，不能过快。

(二) 动态平衡

动态平衡能力训练强调残障运动员通过在不稳地面锻炼神经系

动态平衡

统的控制能力来改善身体不平衡性和不协调性。可采用重复训练法和持续训练法，通常安排30～90秒/组（侧）或10～15次/组，做3～5组，组间间歇为1～1.5min。具体训练手段如下。

1. 坐瑞士球

坐在平衡球上，保持身体正直，两脚离地，双手平举辅助平衡。

训练目的：改善因残障而导致的SBLL级和SBUL级运动员肌肉募集缺陷，提高其脊柱、骨盆的稳定性和神经-肌肉系统的平衡和控制能力。

教练员提示：保持身体正直。

2. 平衡板站立

①两脚分别站在平衡板的两端，保持站立位；

②双肩垂直于髋关节，膝盖微屈，躯干保持直立。

训练目的：充分模拟SBLL级和SBUL级运动员的滑雪站姿，刺激运动员的本体感觉，提高运动员在滑雪过程中核心肌群的协调收缩能力，增强对脊椎和骨盆的控制力。

教练员提示：SBLL级运动员须佩戴专业运动假肢；专注于肌肉的控制及身体的平衡。

3. 瑞士球平板支撑

①运动员跪在垫子上，用肘部支撑在瑞士球上；

②伸髋伸膝，利用双肘和双脚形成4个支撑点，保持姿势至规定时间。

训练目的：主要针对SBUL级运动员，能够强化运动员的躯干稳定性，提高其上下肢的动作协调性和工作效率。

教练员提示：在练习过程中用腹部肌肉维持身体稳定，保持身体稳定，呈一条直线。

4. 瑞士球仰卧侧移

①仰卧在瑞士球上，双臂侧平举，屈膝呈90°，双膝至双肩呈一条直线；

②保持双臂侧平举，挺髋，身体在球上平移，移动距离尽可能远；

③移动时，旋转手臂使拇指向后和向下，同时向后下收肩胛骨。

训练目的：强化SBLL级和SBUL级运动员的脊柱力量，提升肩关节、髋关节和核心区的稳定性，提高动力链效率，减少滑雪中不必要的能量流失。

教练员提示：SBLL级运动员须佩戴专业运动假肢；身体向一边旋转时，确保臀部收缩，使髋关节与地面平行。

5. 瑞士球俯卧撑

①双手撑地，将双脚放到瑞士球的顶部；

②保持重心平稳，做俯卧撑。

训练目的：主要针对 SBLL 级运动员，能够提高运动员的本体感觉，以及肩关节、髋关节和核心区的稳定性，提高动力链效率。

教练员提示：SBLL 级运动员须佩戴专业运动假肢；在练习过程中保持身体稳定，呈一条直线。

6. 滑雪跳

①单脚朝向一侧跳跃，单脚落地至标识点，稳定后向另一侧跳跃；

②左右交替进行跳跃。

训练目的：提高 SBLL 级和 SBUL 级运动员跳跃着陆时膝关节和踝关节的平衡保持能力，增强使用飞包技术时的身体协调性。

教练员提示：SBLL 级运动员须佩戴专业运动假肢；跳跃距离适当，起跳瞬间摆臂、转身、蹬腿同时发力。

7. 站立滑雪板 + 瑞士球半蹲起

①将滑雪板置于瑞士球上，双脚分开与肩同宽，身体呈站姿站在滑雪板上，保持躯干直立；

②逐渐下蹲至大腿与地面保持平行，在下蹲过程中时刻控制动作幅度；

③保持身体平衡，然后回到起始姿势。

训练目的：动员 SBLL 级和 SBUL 级运动员更多的肌群参与身体姿势的稳定；强化核心肌群对脊椎骨盆的控制力及稳定性，训练本体与假肢配合运动的能力；避免因健全侧肢体利用率偏高而产生疲劳，以及运动员体能发展的不均衡性。

教练员提示：SBLL 级运动员须佩戴专业运动假肢；在整个动作过程中时刻保持背部挺直。

第三章
残奥单板滑雪运动技术特征及训练

残奥单板滑雪属于典型的由速度和技巧主导的非周期性个人项目，运动员技术水平的高低往往直接影响比赛成绩。本章主要在总结残奥单板滑雪技术特征的基础上，介绍了残奥单板滑雪技术训练，旨在阐述残奥单板滑雪运动员的专项技术特征和相应的训练安排。

第一节 残奥单板滑雪技术特征

残奥单板滑雪运动技术主要分为滑降技术、转弯技术和跳跃技术。其中，滑降技术是所有残奥单板滑雪项目技术动作的基础，转弯技术是坡面回转项目的核心技术，转弯技术和跳跃技术是障碍追逐项目的关键技术。

滑降技术是指运动员在规定的山坡线路上，依靠自身重力，面对垂直落下线快速垂直滑下的技术。在滑降过程中，运动员上身稍向前倾，膝关节微屈，目视前方，身体重心放在前脚上，主要通过屈体下压和引伸减压动作调整对滑雪板的压力，同时调整身体姿势，不断调整滑行的方向及速度。一般而言，残奥单板滑雪运动员采用前后脚的站姿，在直线滑降过程中为了提高转弯过程中的滑雪速度，主要通过对下肢前侧腿施加更大压力，不断调整身体重心，以获得更大的滑降力。在波浪线赛道上滑行时，为应对地形的变化，运动员主要通过屈体下压和引伸减压技术，利用腿部的屈、伸动作或调整身体下压的位置，保持身体重心线与连接于两脚之间的身体下压力作用线垂直于坡面，以维持身体姿势的平衡。向坡上滑行时，对滑雪板的下压力要增大；从坡顶下落时，对滑雪板的下压力要减小。此时，应及时调整对滑雪板施加的力，否则滑雪板可能会导致身体失去平衡。因此，在向坡上滑行时，脚踝要微屈；向下滑行时，脚踝要尽量伸展。

转弯技术主要通过滑雪板的倾斜，在极短时间内通过换刃、转刃来不断改变滑行轨迹，以达到在转弯过程中不降低滑行速度的目的。一般而言，转弯技术主要由入弯、控制、完成、过渡4个部分组成。运动员入弯前，首先，通过滑降技术控制入弯前的滑行速度；其次，通过控制环节精准控制前、后刃角度；再次，利用滑雪板与雪面的作用力与反作用力，使身体以最佳角度和最短半径完成转弯；最后，调整身体重心，前脚控制滑雪板角度完成转弯，过渡到下一个转弯处的滑降技术。转弯技术动作原理是通过前脚将作用力传递至滑雪板，最后传至地面形成最终的转向反作用力。转弯时，运动员通过控制身体肌群实现从肩部到躯干、再到髋部的系列转动，进而通过脚尖完成滑雪板的转向。同时，运动员还要时刻注意滑雪板与雪面的角度，以及身体倾斜的角度，最大限度地确保过弯的安全性。因此，运动员发力的角度和大小都会影响转弯动作的完成效果。研究发现，单板滑雪障碍追逐运动员在转弯过程中，第一阶段，下肢右侧腓肠肌外侧斜肌和右侧股外斜肌活动明显，然而下肢左侧股外侧斜肌在整个过程中的招募水平较低；第二阶段，下肢右侧腓肠肌外侧斜肌招募水平低，然而下肢左侧股内侧斜肌活动明显；第三阶段，下肢左侧股内侧斜肌活动明显，右侧腓肠肌外侧斜肌招募水平较低；第四阶段，下肢右侧腓肠肌外侧斜肌招募水平较低，左侧股内侧斜肌表现出更强的肌肉活动。一项关于单板滑雪运动员刻滑转弯过程中的足底压力的研究显示，回转和障碍追逐运动员的足底压力最高值出现在前侧腿脚后跟部位。

转弯技术主要分为前刃转弯技术、后刃转弯技术和连续转弯技术。利用前刃转弯技术进行转弯时，运动员通过屈膝对下肢前脚掌施加压力，将前刃切入雪面，后脚向后推滑雪板，使滑行路线形成"J"形，从而完成前刃转弯。利用后刃转弯技术进行转弯时，前臂向后方优先转动，依次带动肩部和躯干部位，与此同时两腿屈膝，重心向后转移，将后刃切入雪面，前脚向前推滑雪板，使滑行路线形成"J"形，从而完成后刃转弯。连续转弯技术则是将直滑降、前刃转弯技术和后刃转弯技术有机地结合起来，形成完整的连续转弯技术。连续转弯技术体现了滑降技术和前刃、后刃转弯技术的综合应用能力，以及在滑降过程中身体重心和滑行方位不断变换时，运动员对身体姿势的控制能力及所佩戴的假肢与身体的配合能力。

跳跃技术则是指在滑行中通过不同角度的小跳台进行腾空和加速。起跳和落地动作的完成质量决定了残奥单板滑雪运动员滑行动作的流畅性及滑行的速度保持，其主要取决于参与运动的下肢的爆发力及肌肉间的协调性和核心稳定性。

第二节　残奥单板滑雪技术训练

一、滑降技术训练

（一）技术要领

1. 直滑降

①维持基本站立姿势，重心在两脚之间，眼睛注视前方，两臂自然放松；

②在滑降过程中，双膝微屈，使肩关节和髋关节保持在滑雪板正上方，始终确保身体面向前方，通过转动髋关节来调整滑行方向，通过调整身体重心和腿部用力来控制速度；

③停止时，身体重心上提并稍前移，用后脚发力将滑雪板板尾逐渐推出，使滑雪板形成横推的状态，之后在身体后倾的同时降低重心，逐渐加大立刃至停止。

直滑降如图 4-3-1 所示。

图 4-3-1　直滑降

2. 斜滑降

①滑雪板直滑而下，身体稍微前倾，髋、膝、踝关节稍屈，重心在两脚中间偏后的位置，手臂适当平举；

②眼睛注视前方，膝关节弯曲，降低重心，身体向滑转方向倾斜。

斜滑降如图 4-3-2 所示。

图 4-3-2　斜滑降

（二）技术训练

技术训练的目的在于通过多组动作的重复练习，使运动员快速熟悉滑雪板的弹性和掌握基本的控板能力，提升运动员控板能力及滑雪板和肢体之间的协调能力。可采用间歇训练法和重复训练法，通常安排 8～10 次 / 组，做 3～5 组，组间间歇为 3min。具体训练手段如下。

1. 原地左右荡

①原地穿板站立，在同伴的帮助下，身体直立向滑雪板一侧倾倒；

②利用一侧板尖形成支撑，利用身体惯性和滑雪板弹性，向另一侧荡板；

③荡起的高度应循序渐进，防止因过高导致失去平衡而造成损伤。

训练目的：主要针对一般水平残奥单板滑雪运动员，提升其对滑雪板的控制能力及滑雪板与身体的协调性。

教练员提示：在练习过程中保持匀速荡起。

2. 推坡滑行

①身体重心保持在后刃，同时臀部微微向后坐；

②通过增大和减小对后刃的施压来控制推坡速度，保持匀速下滑。

训练目的： 主要针对一般水平残奥单板滑雪运动员，提高其对滑雪板的熟悉程度及对滑行速度的控制能力。

教练员提示： 保持匀速前进；随着技术水平的提高，逐渐增加滑行距离，增加赛道难度。

3. **直线滑行**

身体重心保持在前腿，膝关节微屈，保持匀速直线滑行。

训练目的： 主要针对一般水平残奥单板滑雪运动员，提高其对滑雪板的熟悉程度，培养其滑雪的速度感觉。

教练员提示： 在滑行过程中应时刻保持身体重心的稳定；随着技术水平的提高，逐步增加赛道难度。

4. **起伏滑行**

在滑行过程中，通过身体的上下起伏来控制滑行的速度和方向。

训练目的： 提高残奥单板滑雪运动员屈体下压和引伸减压技术，以及控制滑行速度的能力。

教练员提示： 运动员应根据坡面倾斜度、滑行速度和外力作用等条件变化调整技术动作；该训练主要在初级和中级赛道上进行。

5. **陡坡滑行**

在高级雪道上进行滑雪练习，以锻炼运动员胆量，增强运动员控制能力。

训练目的： 主要针对高水平残奥单板滑雪运动员，提高其速度感知能力、对高级赛道坡度的适应能力，以及对滑雪板的控制能力。

教练员提示： 着重体会重心上、下、左、右、后的移动对滑雪板产生的影响及控制滑雪板的方法，防止一味追求速度。

二、转弯技术训练

（一）技术要领

1. **前刃转弯**

①保持滑行基本姿势，将板头朝向谷侧直线滑降，身体重心不能向后倾；

②眼睛注视前方，降低重心，前脚脚跟一侧的雪刃切入雪面；

③随着动作的进行，进一步降低重心，后脚脚跟一侧的雪刃切入雪面，随之完成转弯动作［图4-3-3（c）和图4-3-3（d）］。

2. 后刃转弯

①保持滑行基本姿势，将板头朝向谷侧直线滑降；

②转动上半身，眼睛注视前方，降低重心，前脚脚尖一侧雪刃切入雪面；

③随着动作的进行，进一步降低重心，后脚脚尖一侧的雪刃切入雪面，随之完成转弯动作［图4-3-3（a）和图4-3-3（b）］。

（a）

（b）

（c）

（d）

图4-3-3 直滑回转

（二）技术训练

转弯技术训练的目的在于着重训练运动员在陡坡连续转弯中的滑行技巧，以及运动员通过变换重心及有效立刃等技巧获得最大速度保持能力。转弯技术训练主要针对一般水平和高水平运动员。可采用完整训练法和重复训练法，通常安排8~10次/组，做4~6组，组间间歇为3~5min。具体训练手段如下。

1. 滑行转弯

①由直滑降开始，滑离最大倾斜线后，进入半弧转弯；

②前脚抬起控制方向和速度，膝关节弯曲，重心降低，胸背部略向后，双手自然下垂到身体后侧，膝关节向外；

③扭转上半身，加大立刃角度，移动重心完成转弯。

训练目的：提高残奥单板滑雪运动员对板刃的熟练运用和控制能力，为连续转弯打好基础。

教练员提示：视线要注意滑行方向；把握好转弯变刃时机，身体不可过度倾倒。

2. 多动作变化滑行

在高级赛道上，综合运用多种技术，加强滑降技术与转弯技术的灵活转换。

训练目的：提高残奥单板滑雪运动员综合运用不同技术的能力，以及技术转换能力。

教练员提示：注意滑雪板与身体的协调性。

3. 卡宾滑行

在转弯过程中，通过加大身体前倾或后倾角度增加板刃与雪面的角度。

训练目的：主要针对高水平残奥单板滑雪运动员，提高运动员连续转弯技术动作的连续性。

教练员提示：注意髋、膝、踝关节之间的协调配合。

4. 实战滑行

①在运动员掌握扎实的基本功和基本技术的基础上，训练运动员综合运用所有技术动作的能力；

②在近似、模拟或真实的比赛环境和条件下，按照部分或全部竞赛规则、方式，进行包含启动、转弯和跳跃等技术在内的完整技术训练。

训练目的：提高残奥单板滑雪运动员对转弯技术的运用能力。

教练员提示：多做波浪道滑行、大回转、小回转等练习，有针对性地不断提升运动员的转弯技术质量及实战能力。

三、跳跃技术训练

（一）技术要领

①在直滑降的基础上，重心后压，前脚向上提拉，同时后脚下压；

②利用滑雪板被压弯之后恢复的弹力及滑雪速度惯性进行跳跃。

（二）技术训练

跳跃技术训练的目的在于训练运动员起跳、落地及空中动作的稳定性。可采用完整训练法和重复训练法，通常安排8～10次/组，做5～6组，组间间歇为3min。具体训练手段如下。

1. 前、后刃支撑转动跳

①保持标准滑行姿势，重心前移或后移，立起前刃或后刃；

②进行跳跃转体，落地时保持前刃或后刃着地，避免板面着陆。

训练目的： 提高残奥单板滑雪运动员身体与滑雪板的协调性，增强运动员的控制滑雪板能力。

教练员提示： 初学者刚开始练习时跳起高度不应过高，应控制在5cm左右，着重训练协调性、节奏及立刃大小。

2. 原地跳

①保持身体重心在两脚之间，微微下蹲；

②后脚向下压，前脚向上提拉，在滑雪板前部抬起瞬间利用滑雪板弹性跳起，着陆时要求全滑雪板底落地。

训练目的： 主要针对一般水平残奥单板滑雪运动员，提高其动作协调性。

教练员提示： 重点体会身体重心及两脚之间的配合。

3. 跳滑行

①运动员进行直滑降练习；

②依据运动员水平设置不同坡度的波浪道，结合空中跳起进行滑降练习。

训练目的： 主要针对高水平残奥单板滑雪运动员，提高运动员滑降技术与跳跃技术的连贯性。

教练员提示： 起跳和落地时保持身体的平衡性。

第四章
残奥单板滑雪热身与恢复训练

残奥单板滑雪运动员的训练和比赛均在高原寒冷环境下进行，通过科学的热身训练，可以提升运动员体温，充分激活肌肉，增加关节活动范围和灵活性；而恢复训练则可以及时促进运动员生理和心理疲劳恢复，预防运动损伤。本章主要包括残奥单板滑雪热身训练和残奥单板滑雪恢复训练两大部分内容，旨在阐述残奥单板滑雪热身与恢复训练的实践训练体系。

第一节 残奥单板滑雪热身训练

一、一般性热身

残奥单板滑雪一般性热身活动主要包括低强度的慢跑、滑雪和拉伸，目的在于预热身体，降低生理惰性，提高神经系统的兴奋性，以及生理机能与肌肉收缩活动的协调配合度，增强机体的代谢水平和各器官系统的功能。可采用循环训练法，通常安排3～4组，每组15～20s（侧）或8～12次。具体训练手段如下。

①慢跑5～10 min；
②肩部运动；
③侧摆腿；
④正摆腿；
⑤滚雪球；
⑥猫式挺身；
⑦腓肠肌拉伸；
⑧最伟大拉伸。

二、专项性热身

残奥单板滑雪专项性热身活动是指与滑雪技术动作结构、节奏及运动强度相似的各种身体练习，目的是提高寒冷环境下残奥单板滑雪运动员运动中枢神经的协调性，强化动力定型，为正式比赛或训练做好技术和机能的准备。可采用循环训练法，通常安排 3～4 组，每组 15～20s（侧）或 8～12 次。具体训练手段如下。

（一）滑雪热身 5～10min

训练目的：进一步提高 SBLL 级和 SBUL 级运动员中枢神经和肌肉的兴奋性。
教练员提示：速度保持适中。

（二）滑行间下蹲

①缓慢滑行至身体重心及速度均相对稳定；
②滑行期间身体缓慢下蹲后一手抓板沿，另一手保持平行，抓板后恢复初始姿势。

训练目的：激活 SBLL 级和 SBUL 级运动员下肢肌群，提高其参与屈伸技术活动的髋关节、膝关节活动度及对身体重心和身体姿势的控制能力。
教练员提示：控制滑行和下蹲的速度及下蹲的节奏，避免过快。

（三）滑行转身

①缓慢滑行至身体重心及速度均相对稳定；
②滑行期间身体下蹲后迅速蹬地跳跃旋转 180°，落地后待重心平稳后再重复该动作。

训练目的：激活 SBLL 级和 SBUL 级运动员的下肢及核心肌群，提高其在不稳定雪面上的本体感受敏锐度。
教练员提示：控制腾空高度，避免过高，腾空转身速度不能过快。

（四）交替压板

①双脚自然站立；

②如左腿先起跳，则身体左倾将重量移动至左腿上；

③左腿下蹲后迅速起跳，在空中摆动右腿垂直落地。

训练目的：激活 SBLL 级和 SBUL 级运动员的下肢残障侧神经支配和控制能力，提高其假肢与身体的配合能力，为滑雪时身体重心的稳定和前进位移力量的传递创造条件。

教练员提示：控制腾空高度，避免过高；空中摆动幅度不宜过大，避免摔倒。

（五）企鹅走

①双脚自然站立；

②动作开始时一侧腿支撑，另一侧腿屈膝蹬地发力向前迈约 30°；

③双腿交替压板向前。

训练目的：优化 SBLL 级和 SBUL 级运动员上下肢体间、健全侧和残障侧力量在动力链中的传导，使力量输出效率更高，提高假肢与身体的配合能力。

教练员提示：摆动幅度不宜过大，双手积极摆动与下肢协调配合。

第二节　残奥单板滑雪恢复训练

一、训练学恢复

（一）放松训练

运动训练后进行低强度的积极性放松训练，能够快速消除体内代谢的产物，缓解运动后的肌肉酸痛，改善肌纤维的弹性，消除中枢神经和肌肉紧张，加速机体乳酸消除，减轻疲劳程度，加快体能恢复。常见的放松训练包括低强度慢跑、滑雪、骑自行车和游泳训练。可采用持续训练法，安排 30～60min，40%～60%HRmax 的中低强度有氧训练；心率应控制在最大心率的 55%，时间安排在大强度训练后 1～2h；训练强度不应过大，以免加重肌肉和心血管系统的应激反应。

（二）静态拉伸

静态拉伸的目的在于减少肌肉疼痛和降低肌肉僵硬程度，使肌肉得到深层放松，改善关节活动范围，缓解机体疲劳和减少运动损伤等。可采用循环训练法，通过缓慢的动作将肌肉、韧带等软组织拉长到一定程度时，保持静止不动状态 15～20s。具体训练手段如下。

①单臂肩部拉伸；

②扩胸拉伸；

③上背部拉伸；

④单腿股四头肌拉伸；

⑤小腿靠墙拉伸；

⑥仰卧髋部拉伸；

⑦仰卧下背部拉伸；

⑧坐姿大腿内侧拉伸；

⑨坐姿腘绳肌拉伸。

（三）PNF 拉伸

PNF 拉伸

本体感觉神经肌肉促进技术 (Proprioceptive Neuromuscular Facilitation，PNF)，主要分为 3 种类型，包括静力 - 放松、收缩 - 放松和静力 - 放松加主动收缩。

①先进行被动静力拉伸，保持中等程度牵拉感 10s 左右，然后适当对抗施加的外力，使被牵拉肌肉保持等长收缩 6s 左右，之后放松，继续保持被动静力拉伸 30s；

②收缩 - 放松，被动静力拉伸 10s，然后施加对抗力量，使拉伸肌肉在全范围内进行向心收缩，并重复动作至规定次数（一般 6～10 次），然后被动静力拉伸 30s；

③被动静力拉伸 10s，然后适当对抗施加的外力，使被牵拉肌肉保持等长收缩 6s 左右，之后进一步加大拉伸肌肉活动范围并保持 30s。

训练目的：通过神经收缩和松弛的连续训练，恢复残奥单板滑雪运动员肌肉软组织区域的长度，改变肌肉本体感觉整合能力，改善因肌力失衡导致的神经肌肉效率和动作模式异常。

教练员提示：在练习过程中保持思想集中，身心结合，保证动作姿势始终规范，将注意力放在被拉伸的肌肉上，控制好拉伸的幅度。

二、医学生物学恢复

残奥单板滑雪属于高强度无氧运动,加上训练和比赛环境都处于高海拔、高寒冷地区,因此运动员的能量消耗较大。运动后的疲劳恢复是生理、心理多层面恢复的过程,睡眠、冷疗法等短期加速恢复的医学生物学措施是残奥单板滑雪运动员广泛运用的恢复措施。这些医学生物学恢复措施通过改善训练引发的肌肉损伤、能量底物亏损、代谢副产物堆积等疲劳因子,使运动员更快速地恢复至运动前状态。

(一)睡眠

越来越多的研究证实睡眠对促进运动员恢复、保持身体健康具有重要作用。一般而言,建议残奥单板滑雪运动员每天睡眠时间为 7～10h。

训练目的:促进残奥单板滑雪运动员清醒状态下的神经和代谢恢复;加速训练导致的肌肉损伤愈合速度等。

教练员提示:对于睡眠不足的运动员,应通过改善睡眠环境,以及日间小睡或午休(但不宜超过 30min)进行补充;睡前应避免使用手机等电子产品和摄入咖啡因、酒精类饮料。

(二)冷疗法

身体(全部或局部)浸泡于 5～20℃冷水中 10～15min。

训练目的:加速分解消除残奥单板滑雪运动员训练后肌肉产生的乳酸、胺类等代谢物;缓解过度训练而造成的关节、肌肉的酸痛。

教练员提示:在运用冷疗法进行恢复训练时,应密切注意浸泡时间,时间过长或过短均不利于疲劳恢复,反而会加剧肌肉损伤,削弱肌肉力量增长效果。在制订冷水浴方案时,应综合考虑训练阶段、训练内容等因素。

(三)冰敷

训练后,用冰块冰敷 10～15min,间歇 20min 后可重复进行,每日最多进行 3 次。

训练目的:控制运动员炎症,减少肿胀,促进肌肉康复,防止受伤引起的内部组织液和血液的渗透。

教练员提示：如果残奥单板滑雪运动员训练完后感觉身体比平时有更严重的疼痛感，则可以在训练 15min 内，需在炎症没有扩散之前立即对疼痛部位进行冰敷。

（四）热疗

在进行热水浴前，在水中加入镁盐或食盐，使溶水中的盐浓度达 1%～1.5%，水温为 38～40℃。

训练目的：通过对皮肤的刺激使血管扩张，改善残奥单板滑雪运动员皮肤血液循环和代谢，减轻疼痛。

教练员提示：温度适宜，不宜太高。

（五）按摩

依次按摩全身各部位，每种手法各做 5min，全部按摩时间为 30～50min。

训练目的：疏通经络，活血化瘀，缓解训练后肌肉紧张度，增加肌肉的伸展性，加快肌肉中乳酸堆积的消除速度。

教练员提示：建议残奥单板滑雪运动员采用卧姿按摩背、臀、腿、胸、腹部，用坐姿按摩臂、颈部和肩部；按摩时，应先按摩大肌肉群，再按摩小肌肉群。

（六）肌筋膜放松训练

每个肌群部位放松时间为 30～60s，共 1～3 组，总时长建议为 90～120s。

训练目的：增加残奥单板滑雪运动员组织柔韧性，降低肌肉张力，减轻肌肉疼痛等。

教练员提示：肌筋膜放松训练的顺序一般是先大肌群再小肌群，先滚压矢状面肌群再滚压额状面肌群。

三、营养学恢复

营养学恢复主要是采用每日膳食、营养素摄入及训练中、后期营养补充等营养学恢复措施，及时补充人体所需的营养物质。科学合理地补充营养是残奥单板滑雪运动员身体机能积极恢复、提高运动成绩的重要保证。营养学恢复手段主要包括碳水化合物、蛋白质、糖类、水及微量元素的补充。具体恢复手段如下。

①在日常饮食中要注意多种碳水化合物、不同升糖指数的食物搭配，通过食用富含碳水化合物的运动饮料、能量胶、能量棒等来补充碳水化合物；

②训练后 1h 内及时补充蛋白质类补品，尤其是在力量训练和大强度训练后，建议补充剂量为 30g 左右；

③大强度训练、比赛后及时促进糖原恢复和体液平衡，首选补充水分、电解质、维生素、微量元素和富含糖类的食物。

训练目的：保持残奥单板滑雪运动员身体健康，满足能量需求，促进组织生长恢复。

教练员提示：由于个体间的差异，残奥单板滑雪运动员的营养恢复还应根据营养师的建议加以区别对待。

第五章

残奥单板滑雪损伤与预防

残奥单板滑雪运动员在高海拔、寒冷环境下进行高速滑降，并快速做出回转、跳跃和腾空等高难度技巧动作，易造成运动损伤。及时准确把握运动损伤风险、降低运动损伤发生率是残奥单板滑雪运动员取得优异比赛成绩的基础。本章主要包括残奥单板滑雪损伤特征和残奥单板滑雪损伤预防两大部分内容，总结了残奥单板滑雪运动员的损伤特征，探讨了残奥单板滑雪损伤预防策略，旨在介绍残奥单板滑雪损伤与预防的知识体系。

第一节 残奥单板滑雪损伤特征

一、躯干损伤

残奥单板滑雪运动员的躯干损伤主要集中在颈部、胸部、腰部和骶骨等部位，其中胸部损伤最为常见，其余依次为腰部、颈部、头部和骶骨损伤。骨折是躯干损伤中最常见的损伤类型之一，多为爆裂性骨折，其次是压缩性骨折。胸部最常见的损伤类型为胸椎骨折，其次是腰椎和颈椎骨折。胸腰椎骨折的部位以T-12和L-1为主，通常还伴有牵张性和扭转性骨折。颈椎最常见的骨折部位是C-7椎体，且往往还伴有神经损伤。骶骨骨折发生率较低，但往往伴有神经损伤。颈椎损伤多数为独立的损伤部位，而胸腰椎损伤可能与胸部和腹部的损伤有关。头部损伤主要为脑震荡和颅骨骨折。

残奥单板滑雪运动员后刃跌倒往往是产生躯干损伤和头部严重损伤的主要原因，常见于斜坡上向后摔倒，导致枕部受到撞击。有学者对来自FIS损伤监测系统的8个世界杯赛季（2006—2014年）的单板滑雪运动员损伤视频进行了分析，发现单板滑雪运动员的运动损伤往往是向后跌倒造成的，如图 4-5-1 所示，其跌倒过程如下：①运动员靠近倾斜转弯处；②运动员失去对滑雪板的控制后，后刃触地；③身体随着滑雪板倾斜而前倾；④运动员继续前倾至髋部和躯干达到最大限度地折叠，同时滑雪板沿着雪面平移；⑤运动员髋部和躯干伸展时，臀部着地且身体继续向后倾，同时运动员肩膀后伸；⑥头部撞击雪面。

图 4-5-1　后刃跌倒

残奥单板滑雪运动员的躯干损伤原因还包括以下 3 个方面：①从技术动作看，运动员的基本站姿为侧向，且双脚固定，对核心肌群的稳定性有较高要求，易产生轴向负荷或屈曲－牵张力矩，对胸腰椎交界处造成压力；②从运动疲劳看，疲惫感使运动员控制身体姿势和重心的能力下降，进而导致平衡稳定性变弱及技术动作变形，还会引起反应速度变慢，注意力和判断力下降，从而使运动员在不规则雪道上缓冲冲击力的能力变差，最终因缓冲不足或失败而导致损伤；③从技术失控看，陡坡往往容易引起速度过快，进而使运动员摔倒或与障碍物发生碰撞，残奥单板滑雪运动员双脚平行固定的站姿，则加大了脊椎和头部损伤的潜在风险。此外，随着跳跃和空中动作的普遍，残奥单板滑雪运动员跳跃失败不仅会增加损伤概率，还易造成急性脊椎损伤，高速滑行中跌倒通常是导致严重脊椎损伤的主要原因。

二、下肢损伤

残奥会期间的损伤监测表明：相较于其他冬季项目，残奥单板滑雪项目有着较高的损伤发生率，其中下肢损伤占所有损伤的42%，主要集中在骨盆、股骨、膝关节和脚踝，损伤类型主要有急性扭伤、脱位和膝关节韧带损伤。其中，膝关节为损伤多发部位，最常见的是软组织损伤和韧带损伤，包括前交叉韧带、内侧副韧带及半月板损伤。流行病学研究表明：残奥单板滑雪运动员的膝关节损伤占其所有损伤的27%～40.8%，前交叉韧带损伤占所有损伤的17.2%。脚和脚踝常见的损伤类型为扭伤或骨折，骨折部位主要是距骨。距骨外侧髁骨折（图4-5-2）是残奥单板滑雪运动员特有的骨折类型，多发于跳跃着陆过程中，由踝关节被迫压缩和内翻或背屈导致。髋关节脱位和骨折脱位也是常见的下肢损伤类型。骨盆损伤多为稳定性骨折，占所有骨盆骨折损伤的85.5%，以耻骨或坐骨孤立性骨折最常见，其次为骶骨孤立性骨折。股骨内侧髁骨折和完全关节内侧髁间骨折（不稳定）相比，股骨外侧髁骨折的发生率低，仅占14.5%。总体来看，骨盆骨折的发生率较低，根据Owens等对145名单板滑雪运动员进行了为期8年的全面回顾，发现骨盆骨折的发生率为2%。损伤原因如下：①可能与穿越旗门失误后与自然物体发生碰撞有关。②运动员在下坡滑行过程中向后摔倒，膝关节屈曲时受到内旋转力。有学者分析了世界杯单板滑雪比赛期间20个前交叉韧带受伤的视频录像，发现运动员向后跌倒时的外部旋转力是导致前交叉韧带损伤的主要原因。③腾空后落地失误。跳跃着陆时膝关节伸展对胫骨施加前向的力，以及膝关节屈曲时股四头肌收缩偏移，迫使膝关节内转。

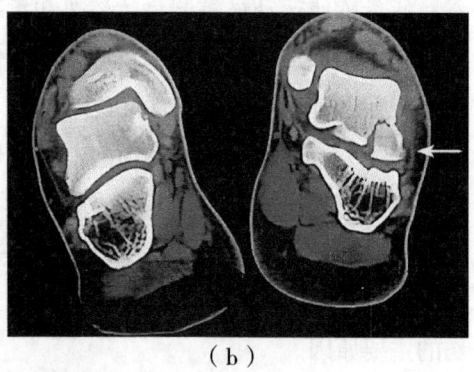

（a）　　　　　　　　　　（b）

图4-5-2　距骨外侧髁骨折

第二节　残奥单板滑雪损伤预防

一、提高训练科学化水平

残奥单板滑雪大部分运动员存在肌力不对称的问题，还有部分运动员存在肩胛不稳定、胸椎关节灵活度受限和骨盆前倾的问题，这些问题的存在极大地增加了残奥单板滑雪运动员发生运动损伤的风险。肌力不足或失衡是导致前交叉韧带损伤的关键因素。因此，残奥单板滑雪运动员应着重加强运动素质的全面、均衡发展。此外，训练或比赛前的充分热身包括静态和动态拉伸训练，可有效降低或预防运动损伤。

残奥单板滑雪运动员在比赛中的滑行速度较快，这是运动损伤发生率较高的主要原因。因此，训练中应采取高度专项化训练，以便有效地预防运动损伤的发生。训练中除常规的心肺耐力和抗阻训练外，还需根据专项技术特征进一步优化训练方法，增加更符合专项负荷特征和运动模式的训练手段，进一步提高运动损伤预防方案的有效性。例如，为减少跌倒导致的损伤，运动员应根据个体差异选择合适的站姿，使用正确的跌倒技术，以避免出现常见的运动伤害，同时加强具有保护性的跌倒动作的练习。

因人而异，选择适宜的训练负荷。残奥单板滑雪运动员的运动损伤是在多种系统和因素的交互作用下产生的，既包括残障运动员的自身因素，也包括运动训练中运动损伤的共性特点。鉴于残奥单板滑雪运动员身体形态的特殊性，控制训练负荷是预防运动损伤的主要途径之一。为此，教练员在制订训练计划时，首先要正确理解残奥单板滑雪项目的特征及残障运动员的训练特点；其次，正确理解训练负荷的基本结构，明确负荷量和强度的评定指标；再次，应循序渐进地增加训练负荷，并科学探求残奥单板滑雪运动员负荷量度的临界值；最后，建立科学的诊断、评价系统。

二、选择适宜的滑雪装备

残奥单板滑雪项目速度较快，危险系数较高，对假肢的适配及滑雪板的选择有着较高的要求。因此，开发并选择适合不同残障类型的残奥单板滑雪运动员的假肢及滑雪板，不仅能提高运动员的比赛成绩，还能有效预防运动损伤。

此外，防护设备如头盔、护腕等为运动员提供最直接的保护，是有效降低运动损伤发生率的较好方法。戴头盔可以有效降低创伤性脑损伤的发生率。残奥单板滑雪运动员腕部损伤多发，适宜的护腕在低能量冲击下能起到有效预防损伤的作用。从生物力学角度来看，理想的护腕可以在不产生任何应力点的情况下吸收尽可能多的摔倒冲量，因而有学者提出通过让运动员佩戴专业的护腕对其腕部实施保护，以降低腕部损伤风险和严重程度。研究表明，脚踝弯曲峰值对固定器刚度最为敏感，这说明踝关节偏斜对关节刚度的依赖性很强。为了防止踝关节损伤，通过对固定器的合理设计可减轻踝关节损伤发生率。此外，滑雪靴的选择也是影响运动损伤发生率的因素。有研究指出，残奥单板滑雪运动员的前侧脚脚踝损伤发生率高于后侧脚，可能与不对称的捆绑方式导致脚踝在做旋转动作时不对称有关。相比较软的滑雪靴，较硬的滑雪靴可以降低脚踝背屈、外翻和外旋度，鉴于此，为进一步降低残奥单板滑雪运动员踝关节运动损伤发生率，应选择适宜硬度的滑雪靴。

参考文献

[1] VERNILLO G, PISONI C, THIEBAT G. Physiological characteristics of elite snowboarders [J]. The journal of sports medicine and physical fitness, 2015, 56(5): 527-533.

[2] SPASIĆM, SEKULIĆD, LEŠNIK B. Mechanical model of the relationship between the body mass of snowboarders aand time needed to descend on slope [J]. Kinesiologia slovenica, 2016, 22(3): 16-22.

[3] RUOTSALAINEN I. Training and periodization for snowboard cross, parallel slalom and parallel giant slalom [D]. Finland: University of Jyväskylä, 2012.

[4] KIPP R. Physiological analysis and training for snowboard's halfpipe event [J]. Strength and conditioning, 1998, 20(4): 8-12.

[5] ŻEBROWSKA A, ŻYŁA D, KANIA D, et al. Anaerobic and aerobic performance of elite female and male snowboarders [J]. Journal of human kinetics, 2012, 34(1): 81-88.

[6] NEUMAYR G, HOERTNAGL H, PFISTER R, et al. Physical and physiological factors associated with success in professional alpine skiing [J]. International journal of sports medicine, 2003, 24(8): 571-575.

[7] VERNILLO G, PISONI C, THIÉBAT G. Physiological and physical profile of snowboarding: A preliminary review [J]. Frontiers in Physiology, 2018, 9: 770.

[8] RASCHNER C, MÜLLER, L, PATTERSON C, et al. Current performance testing trends in junior and elite austrian alpine ski, snowboard and ski cross racers [J]. Sports orthopaedics and traumatology, 2013, 29(3): 193-202.

[9] PLATZER H P, RASCHNER C, PATTERSON C, et al. Comparison of physical characteristics and performance among elite snowboarders [J]. The journal of strength and conditioning research, 2009, 23(5): 1427-1432.

[10] BACK J, SON W, LEE J, et al. Emg analysis of muscle activity in lower limbs of snowboarders [J]. International journal of bio-science and bio-technology, 2013, 5(6): 21-32.

[11] LEE C H, NAM K J, BACK J H. Biomechanical analysis of snowboard riding motions [J]. International journal of bio-science and bio-technology, 2016, 8 (6): 243-252.

[12] STEENSTRUP S E, MOK K M, MCINTOSH A S, et al. Head impact velocities in fis world cup snowboarders and freestyle skiers: Do real-life impacts exceed helmet testing standards? [J]. British journal of sports medicine, 2018, 52 (1): 32-40.

[13] DERMAN W, RUNCIMAN P, JORDAAN E, et al. High incidence of injuries at the Pyeongchang 2018 Paralympic winter games: A prospective cohort study of 6804 athlete days [J]. British journal of sports medicine, 2020, 54 (1): 38-43.

[14] OWENS B D, NACCA C, HARRIS A P, et al. Comprehensive review of skiing and snowboarding injuries [J]. Jaaos-journal of the American academy of orthopaedic surgeons, 2018, 26 (1): e1-e10.

[15] MUÑOZ J, GARCÍA-RUBIO J, RAMOS D, et al. Effects of jump difficulty on the final performance in snowboard-slopestyle-winter Olympic games, socchi 2014 [J]. Annals of applied sport science, 2018, 6 (2): 15-21.

[16] HAYCRAFT J A Z, GASTIN P B, ROBERTSON S. The acute effect of maximal voluntary isometric contraction pull on start gate performance of snowboard and ski cross athletes [J]. International journal of sports science and coaching, 2016, 11 (5): 721-727.

[17] HOGG P. Preparation for skiing and snowboarding [J]. Australian family physician, 2003, 32 (7): 495-498.

[18] JEON Y, EOM K. Role of physique and physical fitness in the balance of korean national snowboard athletes [J]. Journal of exercise science and fitness, 2020, 19 (1): 1-7.

[19] SMITH E, LARSON A, DEBEELISO M. The physical profile of elite bordercross snowboarders [J]. Journal of sports science, 2015, 3: 272-281.

[20] ZEMKOVÁ. Sport-specific balance [J]. Sports medicine, 2014, 44 (5): 579-590.

[21] MCALPINE, P R. Biomechanical analysis of snowboard jump landings: A focus on the ankle joint complex [D]. New Zealand: The University of Auckland, 2010.

[22] KRÜGER A, EDELMANN-NUSSER J. Biomechanical analysis in freestyle snowboarding: Application of a full-body inertial measurement system and a bilateral insole measurement system [J]. Sports technology, 2009, 2 (1-2): 17-23.

[23] TURNBULL J, KEOGH J W L, KILDING A E. Strength and conditioning considerations for elite

snowboard half pipe [J]. The open sports medicine journal, 2011, 5 (1): 1-11.

[24] KÖLLING S, DUFFIELD R, ERLACHER D, et al. Sleep-related issues for recovery and performance in athletes [J]. International Journal of sports physiology and performance, 2019, 14 (2): 144-148.

[25] 黎涌明, 邱俊强, 徐飞, 等. 奥运会运动员竞技表现提升的非训练类策略——基于国际创新成果与实践应用 [J]. 北京体育大学学报, 2020, 43 (4): 51-63.

[26] SPÖRRI J, KRÖLL J, GILGIEN M, et al. How to prevent injuries in alpine ski racing: what do we know and where do we go from here?[J]. sports medicine, 2017, 47 (4): 599-614.

[27] FERRARA M S, BUCKLEY W E, MESSNER D G, et al. The injury experience and training history of the competitive skier with a disability [J]. The American journal of sports medicine, 1992, 20 (1): 55-60.

[28] RASCHNER C, PLATZER H P, PATTERSON C, et al. The relationship between ACL injuries and physical fitness in young competitive ski racers: A 10-year longitudinal study [J]. British journal of sports medicine, 2012, 46 (15): 1065-1071.

[29] 刘美含, 吴雪萍, 丁海勇, 等. 冬残奥运动项目损伤特征、风险因素及预防措施 [J]. 武汉体育学院学报, 2021, 55 (2): 93-100.

[30] WILLIAMS R, DELANEY T, NELSONE, et al. Speeds associated with skiing and snowboarding [J]. Wilderness and environmental medicine, 2007, 18 (2): 102-105.

[31] SCHMITT K U, WIDER D, MICHEL F I, et al. Characterizing the mechanical parameters of forward and backward falls as experienced in snowboarding [J]. Sports biomechanics, 2012, 11 (1): 57-72.

[32] ESTES M, WANG E, HULL M L. Analysis of ankle deflection during a forward fall in snowboarding [J]. Journal of biomechanical engineering, 1999, 121 (2): 243.

[33] DERMAN W, SCHWELLNUS M P, JORDAAN E, et al. High incidence of injury at the Sochi 2014 Winter Paralympic Games: A prospective cohort study of 6564 athlete days [J]. British journal of sports medicine, 2016, 50 (17): 1069.

第五篇

残奥冰球训练教程

目 录

第一章　残奥冰球运动项目概述 ········213
第一节　残奥冰球运动简介 ········213
第二节　残奥冰球场地装备 ········215

第二章　残奥冰球运动素质特征及训练 ········216
第一节　残奥冰球力量素质特征及训练 ········216
第二节　残奥冰球速度素质特征及训练 ········220
第三节　残奥冰球耐力素质特征及训练 ········222
第四节　残奥冰球灵敏素质特征及训练 ········224

第三章　残奥冰球运动技术特征及训练 ········227
第一节　残奥冰球技术特征 ········227
第二节　残奥冰球技术训练 ········230

第四章　残奥冰球运动战术特征及训练 ········240
第一节　残奥冰球战术特征 ········240
第二节　残奥冰球战术训练 ········242

第五章　残奥冰球热身与恢复训练 ········251
第一节　残奥冰球热身训练 ········251
第二节　残奥冰球恢复训练 ········253

第六章　残奥冰球损伤特征与预防 ········257
第一节　残奥冰球损伤特征 ········257
第二节　残奥冰球损伤预防 ········258

参考文献 ········260

第一章

残奥冰球运动项目概述

残奥冰球（Para Ice Hockey）原名"冰橇冰球"，于1994年正式成为冬残奥会比赛项目。本章重点阐述残奥冰球运动简介及残奥冰球场地装备，旨在系统介绍残奥冰球运动的项目特点。

第一节　残奥冰球运动简介

一、起源发展

残奥冰球是一项以冰球运动为原型，将下肢功能有缺陷的残障运动员的下肢固定在冰橇上，只能通过上肢和躯干完成动作的运动项目。早在20世纪60年代初，在瑞典斯德哥尔摩，3名轮椅运动员就凭借对冰球的热爱发明了残奥冰球这项运动。1976年，第一届冬残奥会在瑞典恩舍尔兹维克开幕，残奥冰球被列为表演项目，第一次在冬残奥运会中亮相。1994年，在第六届利勒哈默尔冬残奥会上，残奥冰球正式成为冬残奥会的比赛项目之一。

我国残奥冰球运动始于2014年12月河北省冰橇冰球队的成立，相比韩国1998年及日本2006年开展该项目，我国起步较晚。2017年，中国残奥冰球队正式成立。2018年，中国残奥冰球队参加世界残奥冰球锦标赛C组别比赛并夺得冠军，成功晋级到B组别；2019年参加残奥冰球世锦赛B组别比赛并获得季军；2021年再次参加残奥冰球世锦赛B组别比赛，以五战全胜的战绩强势夺冠，并顺利晋级A组别。与此同时，中国残奥冰球队也获得了2022年北京冬残奥会的参赛资格，并在2022年北京冬残奥会上，以4∶0的成绩战胜韩国队，完成了冬残奥首秀就夺得一枚铜牌的壮举。

二、比赛方式

比赛时，双方各上场 6 名运动员，其中包括 1 名守门员。比赛分 3 局进行，每局 15min，中间休息 15min，进一球得 1 分，得分多者获胜。如果双方得分持平，则进行加时赛，如果任何一方在 5min 内进球，那么该方获胜，比赛立即结束；如果加时赛双方仍然得分持平，则将进行射门比赛，直至决出胜负。

（一）比赛时间

残奥冰球比赛一般分为 3 局，每局有 15min 的净时间和两个 15min 的局间休息时间。每局开始前，双方运动员交换场地。

（二）比赛的开始和每局的开始

整场比赛或者每局比赛都应以中区争球点争球作为开始。双方运动员在比赛开始后应先防守离自己运动员席最近的球门。各队在完成每局比赛之后交换场地（常规比赛或加时赛）。在加时赛或射门比赛前，不清扫冰面时，两队不交换场地。

（三）暂停

①在常规比赛或加时赛期间，每队允许有一次 1min 的暂停。
②在比赛正常停止时，由教练员指定的任何运动员都可以向主裁判员请求暂停，主裁判员要向比赛记录员报告这个暂停。
③两队可以在同一次比赛停止时请求暂停。但是，第二个要求暂停的队必须在第一个队的暂停结束之前向主裁判员提出暂停。

（四）比赛结果的确定

①在每局 15min 的 3 局比赛中，得分多的队伍将获得胜利。
②如果在比赛结束时双方得分持平，则应以加时赛的方式决出胜负。
③如果在加时赛中双方都没有进球，则将采用射门比赛的方式决出胜负。

（五）加时赛

不同阶段的加时赛比赛时长不同。在预赛阶段，加时赛一般为 5min；在复赛、半决赛或铜牌争夺战中，加时赛一般为10min；在决赛阶段，加时赛一般为15min。进行决赛阶段的加时赛时，还须在局间休息时重新浇冰，比赛开始后双方运动队交换场地，在中区重新争球。当加时赛耗时结束或一方射门得分后，比赛结束，得分的球队为获胜队。如果在加时赛阶段没有射门得分，那么将进入射门比赛阶段。

（六）射门比赛

如果加时赛仍没有分出胜负，那么应开始进行射门比赛。具体流程如下。

①在射门比赛时，双方队伍不交换场地。在射门比赛之前的规定时间内，用扫冰车干扫冰场的中路部分。主队有权选择先射门或后射门。

②射门比赛开始后，每队挑选3名不同的射手进行交替射门。所有在官方比赛名单中的运动员都有资格参加射门比赛。

③两队所有运动员轮流交替射门，直到出现决定性射门得分，剩余的射门将不再继续。

④如果每队射门3次后，得分仍然持平，那么每队选派一名运动员以一球定胜负的方式继续进行射门比赛，一旦出现决定性结果，则比赛立即结束。

第二节　残奥冰球场地装备

残奥冰球比赛冰场的长度为56～61m，宽度为26～30m，场地各角以7～8.5m为半径制成圆弧状。2022年北京冬残奥会残奥冰球比赛在国家体育馆举行，为增强比赛的观赏性，国际冰球联合会首次采用26m×60m的小尺寸比赛场地。参加残奥冰球运动的均为下肢残障运动员，运动员身穿冰球护具，双手执杆坐在冰橇上进行比赛，用冰橇代替冰鞋，用球杆末端推冰滑行，用球杆前端击打冰球。

残奥冰球运动员装备包括移动性装备和保护性装备两部分，其中移动性装备包括冰橇、雪橇、冰球刀；保护性装备包括头盔、防护面具、手套、护肘、护胸、护膝、护腿和冰球服等。冰橇一般采用钢、铝、钛和镁等材料制作而成，包括车架、前滑轨、足蹬、座斗、足跟支撑及1～2个冰刀。球员所用冰球杆一般是碳纤维材料制成的，最大长度不超过1m，杆头最大长度为32cm，最大宽度为7.5cm。杆两端的形状和功能不同，杆柄顶端为齿状，用来推冰滑行，像船桨的一端是杆刃端，用来击球。

第二章
残奥冰球运动素质特征及训练

残奥冰球项目隶属于技能主导类全场对抗性项群，提高该项目运动员运动表现的关键运动素质包括良好的力量、速度、耐力和灵敏等。本章主要阐述残奥冰球的力量、速度、耐力和灵敏素质特征及训练，旨在介绍残奥冰球运动员的专项运动素质特征和相应的训练安排。

第一节 残奥冰球力量素质特征及训练

一、力量素质特征

对于残奥冰球坐姿组运动员来说，驱动球杆、击打冰球和推行冰橇均对上肢力量提出极高要求。当手持球杆支撑于地面时，手臂需承受30~40kg的重力；而在射击、攻防转换、短距离启动和急停等运动过程中，运动员需要拥有较强的上肢力量。世界残奥冰球男子运动员卧推1RM为115±12kg、坐姿下拉1RM为101±10kg，爆发性卧推40kg的平均功率为485.4±50.7W，坐姿推药球测试（4kg）成绩为522.2±53.4cm，30m冲刺时间仅为6.4±0.5s。残奥冰球女子运动员卧推1RM测试成绩为89.79±14.17kg。这表明，残奥冰球运动员的上肢力量突出，上肢最大力量和爆发力应是力量训练的重点内容。

残奥冰球运动员的核心力量是动力链传递的主要贡献单元，有助于提高上肢发力效率。此外，在残奥冰球比赛中允许双方运动员有身体接触和合理冲撞，因此，较强的躯干力量能让残奥冰球运动员在身体对抗中占据优势，并降低运动损伤风险。因此，残奥冰球运动员的核心力量也是力量训练的重点。

二、力量素质训练

（一）上肢力量训练

上肢力量训练的目的在于提升残奥冰球运动员上肢最大力量、爆发力及力量耐力，改善驱动球杆、击打冰球和推行冰橇的动作效果。可采用重复训练法和间歇训练法，依据残奥冰球运动员力量水平，通常安排负荷强度为30%～90%IRM，每组8～12次（侧），做3～8组，组间间歇为2～3min的训练。具体训练手段如下。

1. 杠铃卧推

①仰卧在推凳上，头部、上背和臀部充分接触凳面，双腿自然分开；
②使用中握距握住杠铃，将其从架子上拿下；
③伸直手臂将杠铃举在胸部上方的位置，手臂与地面垂直；
④保持挺胸，弯曲手臂，慢慢地将杠铃下降，碰到胸部；
⑤用力将杠铃推回起始位置，同时呼气。

训练目的： 提高残奥冰球运动员胸大肌和三头肌力量，增强击打冰球效果。

教练员提示： 在教练员辅助下维持躯干稳定姿势并完成练习。

2. 坐姿推胸

①调整座椅高度，使推手把柄对准胸部中间位置；
②腰椎及颈椎呈自然状态，背部紧靠靠背；
③双手锁握，将把柄推至前端，肘关节微屈，而后缓慢回落到起始位置。

训练目的： 增强残奥冰球运动员胸大肌、肱三头肌的肌肉力量；提高残奥冰球运动员推行冰橇的动作效率。

教练员提示： 不要塌腰弓背，可佩戴护具使背部保持平直；保持良好的呼吸节奏，在推把柄的过程中呼气，在回落过程中吸气。

3. 仰卧哑铃飞鸟

①呈坐姿或俯卧，双脚并拢，腹部收紧，背部平直，身体前倾约45°；
②目视斜下方，双手握哑铃置于大腿两侧，手臂自然伸直；
③向上时，双手外展至上臂与地面平行，向下至手臂几乎垂直于地面。

训练目的： 提高残奥冰球运动员胸部肌群力量。

教练员提示：保持躯干稳定；哑铃负荷不宜过大，强调动作的控制和双侧胸肌对称发展。

4. 杠铃卧拉

①俯卧在长凳上，保持背部挺直，双臂自然下垂，手掌握住杠杆；
②手肘弯曲将杠铃拉向胸前，锻炼中上背（锻炼背阔肌时可将杠铃拉向腹部）；
③在顶端停留片刻，然后慢慢回到起始位置。

训练目的：提高残奥冰球运动员上背部、后肩带和前肘关节内肌肉力量；增强驱动球杆、击打冰球和推行冰橇动作的功能性。

教练员提示：保持头、颈部及躯干的稳定，伸直手臂，避免扔杠；LW2 运动员须由教练员协助稳定其髋部，防止动力引起背部弯曲或拱起。

5. 引体向上

①双手正握横杆，间距略比肩宽，挺胸直背，肩胛收紧，两腿自然屈曲；
②向上时，背部发力，屈肘使躯干向横杆靠拢，至横杆超过头部；
③向下至手臂几乎伸直。

训练目的：提高残奥冰球运动员上臂、肩部、背部肌群肌肉力量，强化核心力量。

教练员提示：抓杠由教练员辅助完成，避免躯干前后摆动；如果练习困难，则前期以一系列简化动作练习为主要内容，着重训练手指抓握、上肢、背部和腰腹肌的力量。

6. 坐姿后抛实心球

①按标准冰橇体位坐在波速球上，双手持实心球于腹前；
②将球引至头的后上方，充分展肩，将上臂引至耳后，手臂伸直；
③快速向后方绕过头顶抛起实心球，拨指拨腕。

训练目的：增强残奥冰球运动员上肢和身体核心的爆发力，提高协同发力能力。

教练员提示：注意动作幅度，避免上半身出现过大的晃动，身体不要侧倾。

（二）核心力量训练

核心力量训练的目的在于通过多组动作的重复练习，提升残奥冰球运动员的身体平衡稳定能力及躯干与上肢的协同工作能力。可

核心力量训练

采用重复训练法、间歇训练法和持续训练法，依据残奥冰球运动员力量水平，通常安排每组 15～20 次（侧）或 30～45s（侧），做 5～6 组，组间间歇为 2～3min。具体训练手段如下。

1. 两头起

①呈仰卧姿势，两臂自然伸直于头后，两腿自然伸直并拢；

②在运动过程中，两臂与腿同时下压上举并向中间靠拢。

训练目的：提高残奥冰球运动员核心力量和躯干稳定性。

教练员提示：由教练员辅助控制髋部位置，防止躯干侧倾，以胯为轴保持最大对折姿势 3～5s。

2. 平板支撑

①手臂屈肘 90°撑地，双手分开与肩同宽；

②保持头、上背和髋部呈一条直线；

③挺直脊柱，收紧腹部和臀部。

训练目的：强化残奥冰球运动员核心肌群，减少腰椎压力；提高躯干与上肢的发力效率。

教练员提示：肩肘关节与躯干保持直角；针对腰椎有损伤的残奥冰球运动员，须合理控制负荷强度。

3. 侧平板支撑

①侧卧于垫上，单手撑住身体；

②双腿并拢，颈部和脊柱保持中立位；

③腰腹部和臀部收紧，依靠腹斜肌向斜上方发力，推起肩部和上腰段。

训练目的：强化残奥冰球运动员腹外斜肌和腹内斜肌，增强核心肌群功能。

教练员提示：髋和肘关节作为支撑点，身体尽量不要蜷缩；根据残奥冰球运动员水平，适当降低负荷强度。

4. 药球俄罗斯转体

①坐于垫上，挺直背部；

②双膝微屈，与上半身成"V"形；

③双臂抱药球于胸前，左右扭动。

训练目的：强化残奥冰球运动员腹肌、腹外斜肌和腰背肌肉；增强骨盆和核心部位稳定性。

教练员提示：在教练员辅助下完成训练，下背部须挺直；身体旋转时，确保臀部的收缩，使髋关节与地面平行。

5. 坐姿药球转身投掷

①坐于轮椅上，腰背保持挺直，双手捧一药球；

②手臂向前伸直，使球与胸部保持在相同高度；

③身体向墙壁方向快速转动，将球向墙壁投掷，在反弹时接住球。

训练目的：增强残奥冰球运动员躯干和上肢的爆发力；提高多向击球、推撬的动作速度和协调能力。

教练员提示：保持残奥冰球运动员髋部的稳定；强调通过旋转躯干使核心肌肉产生拉升感；尽可能地将药球投掷到墙面上的同一个位置，提高发力控制能力。

第二节　残奥冰球速度素质特征及训练

一、速度素质特征

残奥冰球项目的比赛特点在于短距离、高强度的冲刺、急停和移动，在此过程中运动员还要快速完成传球、接球和射门等技术动作，这对残奥冰球运动员的速度素质提出极高要求。从移动速度看，鉴于比赛规则和场地规格限制，残奥冰球运动员进行最大速度冲刺的平均时间小于4s，因此，残奥冰球运动员速度素质主要表现为启动加速能力。

冬奥冰球运动员速度素质的评价多采用向前、向后冲刺滑行测试，测试通常在5m或10m处增置计时器，以评价运动员的加速能力。男子冰球运动员10m、30m向前和向后冲刺滑行的用时分别为 1.94 ± 0.14s、4.68 ± 0.37s 和 2.51 ± 0.28s、5.96 ± 0.80s。对女子冰球运动员进行了5m、40m向前冲刺滑行测试，两项指标的用时分别为 1.20 ± 0.05s、6.09 ± 0.17s，平均最大滑行速度可达 8.24 ± 0.18m/s。从上述研究中可以推测，残奥冰球运动员具备较快的启动滑行速度和最大速度水平，两者是速度训练的主要内容。

二、速度素质训练

速度素质训练的目的在于通过训练提升残奥冰球运动员在比赛中的启动速

度、位移速度和动作速度。可采用重复训练法，通常安排 6～10 次/组，做 4～6 组，组间间歇为 3～5min。具体训练手段如下。

（一）启动速度

1. 原地启动

①残奥冰球运动员站在一条直线上，预备启动姿势；

②教练员发出指令，残奥冰球运动员按照标准跨步滑行动作快速出发。

训练目的： 提高残奥冰球运动员对发令信号的快速反应能力。

教练员提示： 残奥冰球运动员应注意推橇频率快、幅度小，躯干保持前倾；掌握好间歇时间，避免在疲劳状态下进行训练。

2. 根据信号变化变换速度和方向

①残奥冰球运动员间隔 2～3m 排列，匀速滑行；

②教练员发出突然变化的指令或信号，残奥冰球运动员迅速改变滑行速度或方向。

训练目的： 提高残奥冰球运动员对信号应答反应的动作熟练程度。

教练员提示： 依据残奥冰球场地，设置向左、向右或 Z 形等滑行路线。

3. 根据不同信号指示将球射向不同方向

①残奥冰球运动员站在一条直线上，预备做好射球、传球的姿势；

②根据教练员的不同指示，残奥冰球运动员将球射向不同方向。

训练目的： 提高残奥冰球运动员快速传球的稳定性和成功率。

教练员提示： 初期，残奥冰球运动员在静态条件下接受信号并完成训练；熟练掌握以后，可以在配合传球等行进间状态下完成训练。

（二）位移速度

1. 平地短冲

①在雪道或者沥青平坦地面，做好站立准备姿势；

②进行 15～30m 直线/曲线短冲练习，完成 8～10 次；

③由慢至快，逐渐加至最高速度后保持惯性滑行。

训练目的： 提高残奥冰球运动员直线和曲线的最大位移速度。

教练员提示： 残奥冰球运动员应进行上肢和躯干的动态热身，防止受伤；推动雪橇，要求动作频率逐渐加快，同时保持良好的用力节奏。

2. 带球冲刺滑

①残奥冰球运动员间隔 3m，排列在起点处；

②教练员发令，残奥冰球运动员带球推动雪橇滑行 20～30m。

训练目的： 提高残奥冰球运动员带球位移速度和控球能力。

教练员提示： 可设置不同滑行距离和方向，也可增加非预期对手干扰；注意观察路线、对手位置，快速选择并控制球路；运动员带球冲刺或者变向时，注意控制身体重心。

第三节 残奥冰球耐力素质特征及训练

一、耐力素质特征

残奥冰球比赛分 3 局进行，每局 15min，局间间歇为 15min。比赛过程中，会反复出现短距离冲刺、急转、急停等一系列高强度运动，整体呈现用时短、大强度和静止恢复相交替的比赛节奏。运动时间和负荷强度共同决定了残奥冰球是一项以有氧为主导、有氧和无氧耐力交替的集体对抗性项目。

在残奥冰球竞赛过程中，较强的无氧耐力能够使运动员重复进行高强度、爆发式的间歇运动，这是有效运用冰球技战术的首要条件。男子冰球运动员在比赛中的高强度滑行（＞17 km/h）距离为 2042±97m（757～3026 m），约占总滑行距离（4606±219m）的 44%，滑行 113±7 次，每分钟平均滑行 7 次；其中快（17.0～20.9 km/h）、非常快（21.0～23.9 km/h）、冲刺滑行（＞24km/h）的距离分别为 1011±53m、547±32m 和 484±34m。冬奥冰球男子运动员高强度滑行（17～24 km/h）距离约占总滑行距离的 45%。这间接说明，残奥冰球运动员具有良好的重复冲刺滑行能力。RSS 测试主要反映了冰球运动员重复冲刺滑行的速度耐力，即多次全力冲刺滑行的速度保持能力。以不同位置的运动员来看，前锋运动员 RSS 测试（4×130 m，间歇休息 15s）的平均用时略少于后卫运动员，分别为 23.80±0.46s 和 24.46±0.71s，但二者无显著性差异。女子冰球运动员 RSS 测试（4×88.4 m，间歇休息 30s）成绩为 62.28±3.81s（55.81～72.09 s）。因此，残奥冰球运动员拥有较强的无氧耐力。

在比赛中,残奥冰球运动员较强的有氧耐力能够帮助其保持较快的滑行速度,加速疲劳恢复及防止疲劳的提早发生。冰上 Yo-Yo 间歇测试 1 级(Yo-Yo Intermittent Recovery Ice-Hockey Test,Yo-Yo IR1-IH)是反映冬奥冰球运动员专项耐力的较好指标。男子冰球前锋与后卫运动员在 Yo-Yo IR1-IHmax 测试中的总滑行距离(2470±395m vs.2381±445m),以及 Yo-Yo IR1-IHSUB 测试中的 %HRmax 均无显著性差异(79.6±7.6%HRmax vs.79.9±5.8%HRmax)。从上述研究中可以推测,残奥冰球运动员具备高水平的无氧重复滑行能力和在比赛中长时间保持高强度滑行的有氧耐力,两者是耐力训练的主要内容。

二、耐力素质训练

(一)有氧耐力训练

有氧耐力训练的目的在于提高残奥冰球运动员的心肺功能、肌肉代谢水平和抗疲劳能力。可采用持续训练法进行中低强度的持续性运动,运动时间通常为 40min 至 1.5h。具体训练手段如下。

1. 匀速绕圈滑(带球和不带球)
①在冰球比赛场地上,残奥冰球运动员按顺时针方向滑行 20～30 圈;
②当残奥冰球运动员滑完第 10～15 圈时,按照逆时针方向再滑 10～15 圈。
训练目的:提高残奥冰球运动员专项耐力和携带冰球滑行的稳定性。
教练员提示:训练负荷控制在 67%～82% 最大心率;可采用带球和不带球两种运动方式,在滑行过程中动作要舒展;训练后,适当补充糖类、蛋白质等营养物质并做好上肢肌肉放松。

2. 变速滑(带球和不带球)
①将残奥冰球运动员分为两组,两组球员分别向两个方向进行雪橇滑行;
②一组球员顺时针滑行,另一组球员逆时针滑行,一共滑行 10 圈;
③每组残奥冰球运动员滑完 5 圈后,交换滑行方向再滑 5 圈;
④残奥冰球运动员按照变速滑行绕圈,遇长道时加速滑行,遇短道时减速滑行。
训练目的:提高残奥冰球运动员专项变速滑行的稳定性。
教练员提示:可采用带球和不带球两种运动方式。

（二）无氧耐力训练

无氧耐力训练的目的在于强化残奥冰球运动员在短时间内进行高强度对抗的能力或机体处于无氧状态时的工作能力。可采用高强度重复训练法和间歇训练法。具体训练手段如下。

1. 重复折线滑

①残奥冰球运动员在冰场的长边线处间隔 5m 排成一排，做好出发准备；

②滑行路线即可以是"之"字形，也可以是不规则的折线路线；

③采用极限强度进行滑行，滑行时间为 8～10s，重复 18～10 次；

训练目的：提高残奥冰球运动员的非乳酸供能能力；增强残奥冰球运动员在高强度滑行时的身体协调能力。

教练员提示：对每次滑行的间歇时间和方式进行严格规定；间歇时间以心率恢复到 120～130 次/min 为标准，采用积极的间歇休息方式，以促进工作肌恢复。

2. 高强度间歇

①基于划船测功仪，采用 85%～90% HRmax 强度进行滑行，持续时间为 30～45s；

②对每次划行的间歇时间进行严格规定，组间间歇为 3min 左右；

③间歇时间以心率恢复到 120～130 次/分为标准，做 4～5 组。

训练目的：提高残奥冰球运动员的心肺功能和无氧代谢能力。

教练员提示：严格控制训练强度和间歇时间。

第四节 残奥冰球灵敏素质特征及训练

一、灵敏素质特征

残奥冰球是攻防转换速度最快的残奥项目之一，对残奥冰球运动员灵敏素质的要求极高。高度发展的灵敏素质，一方面可让残奥冰球运动员快速变向，有效执行技战术策略；另一方面，还能让残奥冰球运动员应对场上瞬息万变的突发情况，获得进攻优势。

从变向次数看，残奥冰球运动员在比赛中的爆发性移动（加速、减速和变向，$> 2.5 \text{ m/s}^{-2}$）次数多达 109 ± 14 次。虽然残奥冰球运动员有前锋、后卫等位置分工，但优秀的残奥冰球运动员的灵敏素质水平相近，并无位置之分。冰上 5-10-5 pro 灵敏测试结果显示，冰球前锋和后卫的平均用时分别为 $4.67 \pm 0.09s$（$4.64 \sim 4.70s$）和 $4.71 \pm 0.14s$（$4.65 \sim 4.72s$），二者无显著性差异（$P > 0.05$）。男子冰球前锋与后卫运动员的转换灵敏性测试（无球）的平均用时也无显著性差异，分别为 $17.2 \pm 0.92s$ 和 $17.3 \pm 0.72s$。上述研究结果表明，各位置的残奥冰球运动员都具有较强的灵敏素质。

残奥冰球运动员的灵敏素质评估可采用冰上 S 形转弯灵敏性测试和冰上 5-10-5 pro 灵敏测试两种方式。S 形转弯灵敏性测试要求残奥冰球运动员在规格为 $18.90\text{m} \times 22.55\text{m}$ 的特定区域内，以 S 形轨迹绕两个红色争球圈进行最大努力的滑行，主要反映残奥冰球运动员的快速变向、交叉步和侧向蹬冰能力。冰上 5-10-5 pro 灵敏测试流程如下：将 3 个锥桶分别平行放置于相距 5m 的位置，残奥冰球运动员从中间锥桶的位置开始测试，其可向任意方向出发（左或右）；以向左出发为例，运动员先向左冲刺滑行 5m，到达第一个锥桶后迅速转身 180° 向右冲刺滑行 10m，到达第二个锥桶后，再次制动转身 180° 向左冲刺滑行 5m 到达终点，该测试主要反映残奥冰球运动员的快速启动、制动、变向和身体控制能力。上述研究显示，残奥冰球运动员的灵敏素质训练也应着重于冰上专项测试，反映出其快速的专项空间变化能力、准确的感知决策能力和良好的协调能力。

二、灵敏素质训练

灵敏素质训练的目的在于通过短距离的路线滑行训练，提升残奥冰球运动员迅速、准确、协调、灵活地改变身体运动的空间位置和运动方向，以适应变化的比赛外环境的能力。可采用重复训练法。具体训练手段如下。

1. 蛇形滑

①在起点处做好出发准备，残奥冰球运动员按照蛇形路线滑行；

②既可以徒手滑行，也可携带冰球进行滑行，要求尽量减少失误。

训练目的：提高残奥冰球运动员运动肌群的控制能力；增强高强度滑行时的快速变向能力。

教练员提示：重复 $6 \sim 8$ 次，间歇时间充分，以不产生疲劳为限度；通过转换身体重心进行方向的调控。

2. 折线滑

残奥冰球运动员在起点处做好出发准备，按照"之"字形和"M"形路线滑行。

训练目的：提升残奥冰球运动员快速加速、减速、变向等能力；在锻炼灵敏素质的同时提升转向的动作经济性。

教练员提示：尽量减少失误，可以设计更复杂的折线路线，或携带冰球训练。

3. 带球"8"字滑行

残奥冰球运动员按照设计的"8"字形路线完成滑行，可携带冰球。

训练目的：提高残奥冰球运动员的转弯动作效率和控球能力。

教练员提示：残奥冰球运动员根据自身情况适度掌握绕环的动作幅度；雪橇滑行速度不宜过快，两个环的连接要顺畅；可通过改变"8"字形的大小或携带冰球调整强度。

4. 5-0-5 速度训练

①将两个锥桶间隔 2～3m 放置在 a 点作为起跑线；

②在距离起跑线 10m 处的 b 点设置另外两个锥形桶，并放置激光计时器；

③在距离起跑线 15m 处的 c 点放置第三组锥形桶作为折返线；

④从 a 点启动冲刺向 c 点，当通过 b 点时计时器自动启动开始计时；

⑤在 c 点处急停变向，然后转身冲刺跑过 b 点，计时结束。

训练目的：提高残奥冰球运动员加速和减速的能力；改善中枢神经系统兴奋抑制的转换速度。

教练员提示：在残奥冰球运动员身体状态好、兴奋性高的情况下进行训练；注意减速阶段身体重心的控制。

第三章
残奥冰球运动技术特征及训练

残奥冰球项目属于技战能主导类同场对抗性项群，运动员技术水平的高低直接影响比赛结果。本章主要包括残奥冰球技术特征和残奥冰球技术训练两大部分内容，旨在阐述残奥冰球运动员专项技术特征和技术训练安排。

第一节 残奥冰球技术特征

残奥冰球的专项技术类型呈现多样化特征，属于多元动作结构变异组合项群，其专项技术动作具有多元性动作结构的特征。残奥冰球技术主要以滑行技术、进攻技术、防守技术、组合技术为主，不同的技术动作都有其各自的特征。

一、滑行技术特征

一般而言，滑行技术分为平滑技术、冲滑技术、倒滑技术、急停和急起技术、转弯技术等，它是残奥冰球专项技术的基础，具有多变性、稳定性和突然性特征。残奥冰球运动员只有具备了扎实的滑行技术，才能积极应对比赛中的攻防快速转换。

残奥冰球项目是一项多元动作结构变异组合的运动项目，技术类型多样。每种技术动作都有其各自的结构特点，多样的技术动作使残奥冰球的技术动作结构具有多元性特征。残奥冰球运动员的技术动作主要由躯干和上肢相互配合完成，具有近端固定、远端固定及两者交替运动的动作结构模式特征。残奥冰球项目的射门、传接球、防射门3种技术是近固定运动，具体是以躯干为固定点，手握球杆做外展、内收等动作来完成击球或挡球任务。此外，在残奥冰球滑行技术中，上肢肌肉运动是以躯干远端为固定点的远固定运动：运动员将球杆的咬合齿插入冰面，并以此为远固定的支撑点推动冰橇完成一系列滑行技术动作。

运动员主要通过上肢两侧的球杆完成滑行技术动作，呈现出对称性特点，具体体现在两侧同杆滑行状态下的技术动作中，即两侧手同时做同一动作，如平滑技术、冲滑技术，其两侧动作结构、发力顺序及外在表现上均呈现一致性。残奥冰球项目对称性动作的训练应以同杆滑行时用力的肌肉为参照安排训练。将此技术与其他动作相组合，完成同杆滑行后接运球、射门等技术动作。

二、进攻技术特征

进攻技术分为运球技术、传接球技术和射门技术等，它在整个残奥冰球技术体系中占据重要位置，其显著特征在于动作结构的精准性，以及动作技术结构的串联性和连贯性。在比赛过程中，残奥冰球运动员完成精准射门、传接球和运球等一系列动作技术，是其赢得比赛的关键环节。

运球技术是残奥冰球比赛中控制和掌握球权的核心技术，主要有球不离杆技术、推跟球技术、单手捣球技术和双手捣球技术。单手捣球技术和双手捣球技术是残奥冰球项目的特有技术。运球技术是残奥冰球所有技战术的基础，稳中求快是其显著特征。灵活运用运球技术，能够帮助运动员摆脱防守，创造出更好的传球角度和传球路线，从而获得最佳射门机会。

传接球技术是残奥冰球比赛时战术实施的串联手段，战术成功实施的关键在于传接球的速率和准确率。此外，该技术也是推进比赛攻防转换的主要方式，因此，传球时运动员应把握好传球时机，一旦时机成熟就要果断传球，且击球速度要快，路线要精准。接球运动员在比赛过程中须随时观察场上情况，尤其是有球队友的状况，分析可能的传球方向，同时判断自己的站位、接球时机、角度等。

射门技术是赢得比赛的关键，射门成功率与次数体现了球队的进攻实力和整体实力。一般而言，射门技术又分为弹射技术、挑射技术、反拍技术、腕射技术及击射技术，不同射门技术对出手速度、动作幅度和射门距离的要求不同，因此掌握不同射门技术的动作要领对于精准得分、获得比赛胜利具有重要意义。

残奥冰球项目的进攻技术动作相对复杂，具有非对称性特点，体现在非同杆滑行状态下的技术动作中。例如，射门技术表现为在一侧手做阻挡或做支撑动作的同时，另一侧手做挑射或弹射等射门动作；运球技术中的推跟球技术表现为在一侧手做划杆滑行动作的同时，另一侧手做稳定推球的动作。这些技术在动作环节、动作顺序及动作细节上并非同步对称完成。残奥冰球项目中以非对称性动作方式出现的技术较多，因此，在训练中可以选择一些两侧交替用力的非对称性动作作为训练手段。

三、防守技术特征

防守技术分为阻挡技术、防射门技术等，是破坏对手战术行动、防止对手得分及争夺球权的重要技术，其动作技术结构具有快速性、果敢性特征。

残奥冰球阻挡技术分为冲撞技术和抢断技术。冲撞技术是无球队员进行阻扰和抢球的有效技术，运用得当可大大增强球队的防守力量。该技术是指运动员利用身体进行合理冲撞，要求运动员具备强壮的力量、优异的冲滑能力及准确的预见性，为队友顺利进攻射门提供空间和路线，并增加截球的机会。抢断技术则要求运动员通过快速的滑行、准确的判断，做到出手快、准、狠，果断抢球，从而获得球权。

残奥冰球防射门技术是指残奥冰球守门员所采取的有效防御性行动和组织发动进攻时所采用的动作方法的总称，其关键技术是挡球技术和抓球技术。及时合理地运用防射门技术有利于阻止对手的进攻，为全队取得最后的胜利起到非常重要的作用。挡球技术的挡球面积较大，采用此技术可利用守门员的挡球手套、球杆或身体进行挡球，但控球力差，挡球后冰球易反弹。抓球技术具有很强的可控性，采用此技术抓球后可给队友传球，但对准确度要求较高，必须将球准确抓到手网里。

残奥冰球防守技术强调上肢和躯干的协同发力，由于技术类型较多，其发力方式多种多样。从滑行技术来看，冲滑技术的发力方式如下：上肢以向前面水平方向拉和推为主要发力方式、躯干以控制姿态为主要发力方式；而急转弯技术的发力方式为一侧上肢向侧面水平方向拉和推，另一侧上肢采用减少阻力并保持肌力紧张的发力方式，躯干采用旋转和控制姿态的发力方式。在完成每个动作的过程中，躯干的臀、腰、背部等部位的力量发挥核心作用，帮助运动员更好地完成技术动作。以防射门技术中的抓球技术为例，在技术动作完成过程中，运动员主要依赖于上肢动作：左手手掌向上垂直用力，而右手则起到支撑作用，保持肌肉的紧张状态以便于发力。同时，躯干的旋转和姿态维持是发力的关键。相较之下，在射门和传球技术中，运动员通常采用上肢一侧手向下垂直方向进行拉、推动作，而另一侧手则用来支撑并保持肌肉的紧张。在这两种技术中，躯干的旋转和稳定性维持同样发挥着至关重要的作用。简而言之，无论是抓球、射门还是传球技术，上肢的正确发力和躯干的稳定性都是技术成功执行的基础。

整体而言，残奥冰球防守技术以躯干的臀、腰、背等部位为核心，以旋转和控制姿态为主要发力方式；上肢以一侧或双侧手的向前、左、右、上、下的水平或垂直方向的拉、推为主要发力方式。因此，残奥冰球运动员在训练中应当注意以多方位、多角度的训练手段安排防守技术训练。

四、组合技术特征

残奥冰球组合技术是指残奥冰球运动员在比赛中，为了达到战胜对手的目的，合理且有效地运用各种滑行技术、进攻技术和防守技术的方法，反映的是运动员将不同技术相互串联、连续运用的能力，这也是运动员所掌握的残奥冰球技术质量和数量的综合体现。残奥冰球运动员在不稳定的冰橇车架中做各种技术动作，且通常只有一侧手用来支撑滑行，由于冰面为非稳固状态，其支撑点不易达到稳定的效果，另一侧手握球杆还需完成射门、传接球、运球等技术动作。每种技术在运用中相互联系、相互影响，不可能独立存在。组合技术存在串联性和连贯性的特点，不同技术的连续运用是完成比赛的保证。残奥冰球技术多样，讲究集体配合，因此比赛过程中组合技术的技术种类并非固定不变的，而是要根据比赛场上对手的变化做出合理组合。因此，组合技术应着重考虑技术特征之间的关联性，在功能上需要相互支持，难易程度要适中，体现出多样性和多边性的特点。此外，残奥冰球运动员在进行运球、传接球、射门等过程中，是以球杆执杆端与冰面的咬合点作为支撑点的，但由于两者的摩擦力较小，其支撑点不易达到稳定的效果，这就要求运动员在非稳定支撑环境中进行技术组合。在非稳定支撑状态下，组合技术的运用对运动员维持身体重心、使用身体核心力量、保持冰橇稳定的能力提出了较高要求。

第二节 残奥冰球技术训练

一、滑行技术

滑行技术是残奥冰球进攻技术与防守技术的基础，滑行技术训练的目的在于通过多组基本滑行技术训练，使运动员熟悉冰橇，掌握和提高球杆控制能力，进而为进攻技术和防守技术奠定基础。可采用重复训练法，通常安排8～10次/组，做3～5组，组间间歇为3min。具体训练手段如下。

（一）障碍滑

①将运动员分为3组，将标志盘在冰场上摆成3列"S"形；
②每组运动员在每列第一个标志盘后做好出发准备；
③运动员分组依次绕过每个标志盘进行冲滑训练（图5-3-1）。

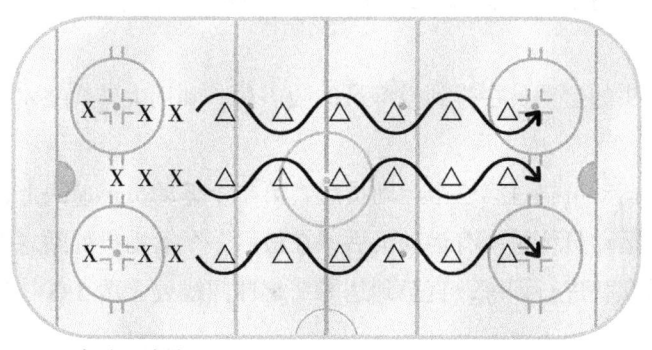

X 表示运动员

图 5-3-1　障碍滑

训练目的：主要针对一般水平运动员，能够提升其对冰橇的控制能力，以及冰橇、球杆与身体的协调性。

教练员提示：在绕标志盘训练过程中保持匀速冲滑。

（二）定点大转弯

①将运动员分成2～3组，从冰场一端至冰场另一端进行直线滑行；

②各组运动员依次在中区蓝线、红线，以及另一端的球门线处做大转弯动作，连续两个来回后结束训练（图5-3-2）。

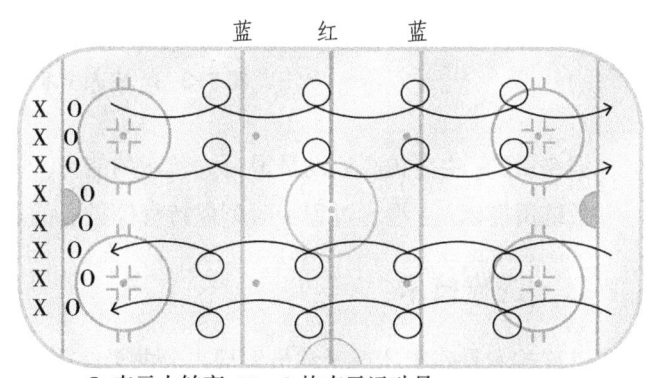

表示大转弯；X、O 均表示运动员

图 5-3-2　定点大转弯

训练目的：主要针对一般水平运动员，锻炼其大转弯技术，为合理冲撞、拼抢与阻截等攻防技术奠定基础。

教练员提示：在滑行过程中时刻保持身体重心的稳定；随着技术水平的提升，逐步增大训练难度。

（三）串人技术

①将运动员分成2组，每组运动员在一端球门线处呈"1"字形排开，间隔稍大一些；

②每个排头的运动员在听到教练员的哨声后，利用大转弯技术依次绕过本组的每个运动员；

③第一个运动员绕过第三个运动员后，第二个运动员迅速跟上；

④第一个运动员绕过所有运动员后，在最后一个运动员处站立做好准备；每组每名运动员交替进行训练，直至到达另一端球门线处（图5-3-3）。

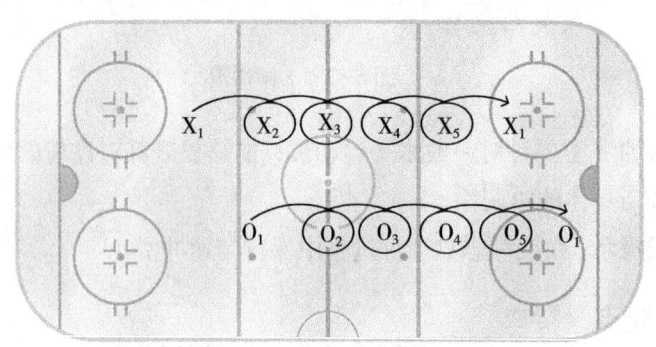

表示大转弯；X、O均表示运动员

图5-3-3 串人技术

训练目的：主要提高运动员滑行大转弯的能力。

教练员提示：在滑行过程中时刻保持身体重心的稳定。

二、进攻技术

进攻技术是残奥冰球运动员实现得分的最终手段，灵活运用进攻技术对于取得比赛胜利十分重要。进行系统化的进攻技术训练可使运动员有效地将进攻技术运用于球队的战术实施中，合理控制比赛进攻节奏。可采用重复训练法，通常安排6~8次/组，做3~5组，组间间歇为3min。具体训练手段如下。

（一）三角射门

①将标志盘摆成三角形放在球门前，每个角摆放若干冰球；

②运动员从第一个标志盘开始滑行，绕标志盘滑行一圈后滑至每个三角处用拉射技术进行射门（图5-3-4）。

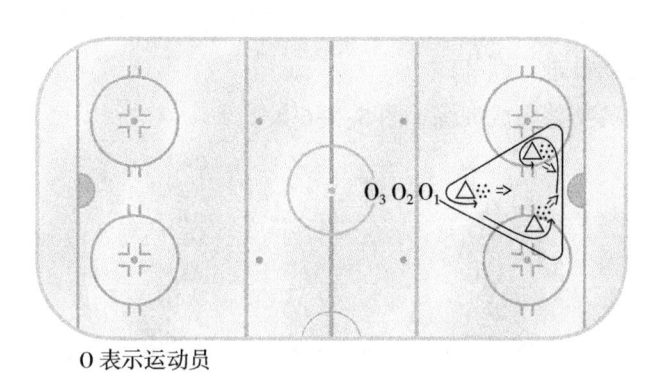

O 表示运动员

图 5-3-4　三角射门

训练目的：主要提高运动员的挑射技术。

教练员提示：滑行过程中时刻保持身体重心的稳定。

（二）壁传行进间传球

①将运动员分成2组，运动员分别在两边界墙处呈纵队排列；

②每个运动员持一个冰球，依次靠界墙向前滑行，在滑行的同时对界墙做壁传技术练习，自己将冰球传出，冲滑后将冰球接住；

③每个运动员从界墙一端开始，重复上述练习至界墙另一端结束（图5-3-5）。

训练目的：主要提高运动员滑行、运球、射门等技术的综合运用能力。

O 表示运动员

图 5-3-5　壁传行进间传球

教练员提示：训

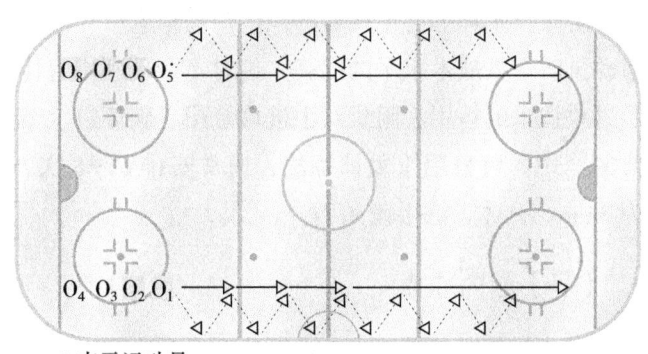

练中要严格要求动作的规范性，要求突出传球的速度与准确性。

（三）腕射连续射门

①教练员将冰球分别在两边球门前摆成一排；将运动员分成 2 组，在两边球门前排成两队；

②每个运动员从第一个冰球开始用腕射技术射门，连续将所有冰球射进球门后即换下一个运动员进行训练；

③2 组运动员交替完成训练（图 5-3-6）。

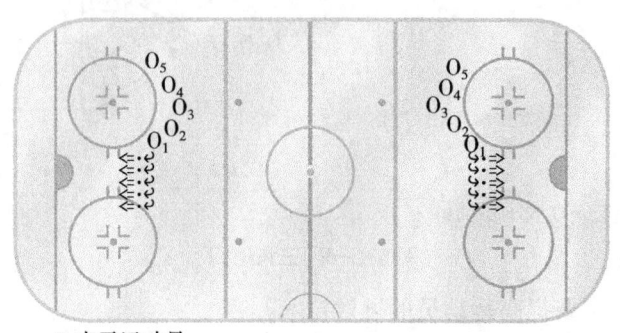

O 表示运动员

图 5-3-6　腕射连续射门

训练目的：主要提高运动员的腕射技术和射门能力。

教练员提示：为增加运动员射门的难度，可安排守门员在球门前防守。

三、防守技术

防守技术训练的主要目的在于提高个人防守能力，加强防守意识培养，促进运动员防守技战术水平的提高，这对于合理利用身体抢占场上有力位置、限制对手进攻技术的运用、阻扰对手进攻意图、破坏进攻节奏、夺取比赛主动权具有重要的作用。可采用重复训练法，通常安排 6~8 次/组，做 3~5 组，组间间歇为 3min。具体训练手段如下。

（一）圈内冲撞

①将运动员分成 5 人一组，两组运动员在争球圈内准备；

②教练员的哨声响起后，两组运动员相互进行冲撞；被撞出圈外的运动员

被取消资格，并绕场冲滑两圈后回到圈外等待；

③当教练员的哨声再次响起时，或最后圈内只剩下 1 名运动员时结束训练（图 5-3-7）。

训练目的：主要提高运动员的冲撞技术和实战运用能力。

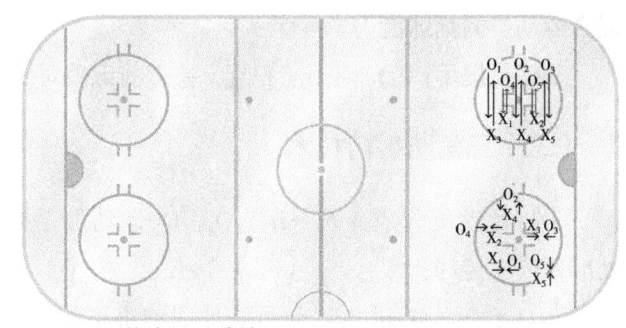

X、O 均表示运动员

图 5-3-7　圈内冲撞

教练员提示：可以用肩、胸、臀等冲撞对方运动员，但不能犯规。

（二）抢球比赛

①将运动员分成 6 人一组，每组将标志盘摆成正方形，并在正方形的一端摆放若干冰球；

②每组的 O_1 运动员和 O_2 运动员在正方形内自由滑行，将冰球从正方形的一端送至另一端，其他运动员在正方形外准备；

③X_1 运动员和 X_2 运动员在中间对冰球进行抢断，防止运球运动员将球送至另一端；

④抢断成功的冰球被放置于正方形中间（其他运动员不能碰），同时被抢断的运球运动员须回到原点重新拿球；运球运动员若将球成功送至另一端，则需要绕过正方形回到原点；

⑤当正方形一端的冰球全部运送结束后，将运球运动员和抢球运动员各获得的冰球数量进行比较，冰球数量少的一组运动员绕冰场冲滑 3 圈（图 5-3-8）。

训练目的：主要

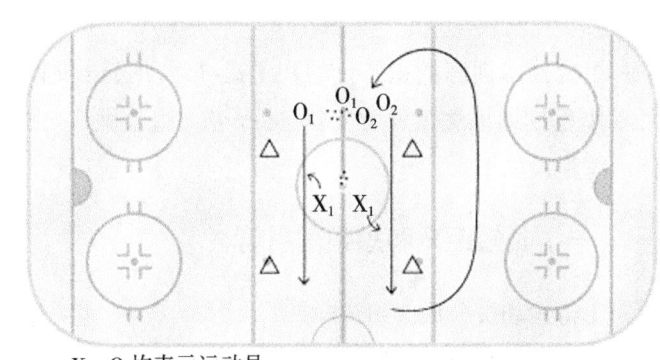

X、O 均表示运动员

图 5-3-8　抢球比赛

提高运动员的抢球能力。

教练员提示：抢球时不能犯规，要提前识破对手意图，判断对手下一步动作。

（三）三角防射门技术

①将运动员分成5人一组，O_1、O_2运动员手持若干冰球在球门两侧球门线处准备依次传球；

②O_3、O_4、O_5进攻运动员在球门前准备接球射门，传球运动员可给其他3名进攻运动员中任意一名进攻运动员传球；

③守门员在球门前用挡球、抓球等技术防止进攻运动员射门成功（图5-3-9）。

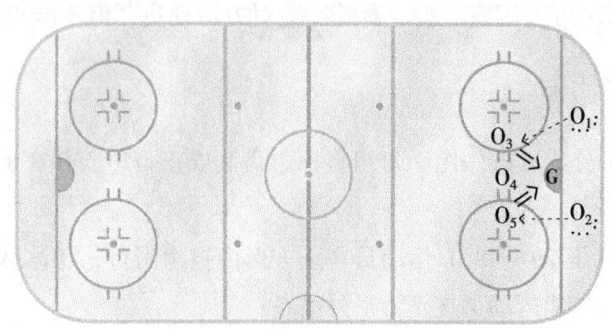

O 表示运动员，G 表示球门

图 5-3-9　三角防射门技术

训练目的：该练习主要提高守门员及时、合理地运用防射门技术能力。

教练员提示：着重练习防射门技术的串联性和连贯性。

四、组合技术

组合技术训练的主要目的在于提高运动员进攻和防守技术的综合运用能力。可采用重复训练法，通常安排5～6次/组，做3～5组，组间间歇为3min。具体训练手段如下。

（一）长短距离和短距离射门

①将运动员分成3组；

②X_1运动员首先从球门运球至争球圈，然后运球转圈并射门，X_2运动员和X_3运动员在X_1运动员到达争球圈顶部后运球出发，与X_1运动员的路线相同；

③3名运动员依次射门后向角落滑行，此时站在角落的教练员传球给这3名运动员；

④3名运动员接球后向对侧球门进攻，X_1运动员从冰场左侧滑行进行射门，X_2运动员从冰场中区滑行进行射门，X_3运动员从冰场右侧滑行进行射门（图5-3-10）。

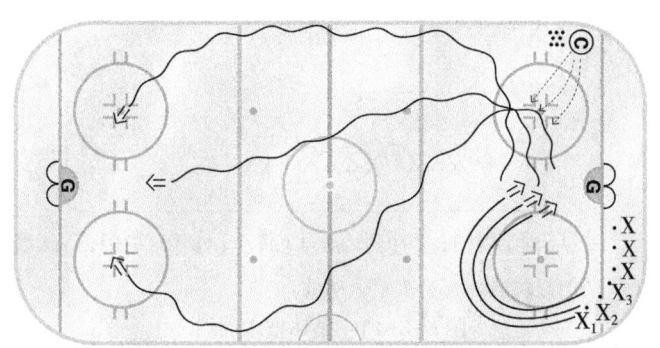

X表示运动员；C表示起点；G表示球门

图5-3-10　长短距离射门

训练目的：提高运动员使用不同距离的射门技术组合完成进攻任务的能力，使其掌握组合射门技术。

教练员提示：着重强调长距离射门和短距离射门技术的衔接组合。

（二）循环训练

①将运动员分成2～4组，每3min换一组，每名运动员拿5～10个冰球，在球门前选择不同的角度射门；

②运动员交替上场进行射门，以便守门员在网中移动，尝试从不同角度进行防守，冲刺滑行时，每名运动员先从球门线冲刺至最近的蓝线，再从蓝线慢滑行至球门线，两名运动员一组，可以交替休息。

③固定传球，与队友一起绕障碍物形成三角形，以不同的传球方式进行传球（正手传球、反手传球）；

④射门时，一名运动员先从球门后运球至球门线，再将冰球传给站在球门前的队友，由队友完成射门；

⑤板墙捡球，运动员来回将冰球捡来并集中在一起，然后将冰球从板墙上拿起，运动员可背对队友，用另一只手练习。穿越障碍物，运动员不带球滑行过每

个障碍物；适应后尝试带冰球训练（图5-3-11）。

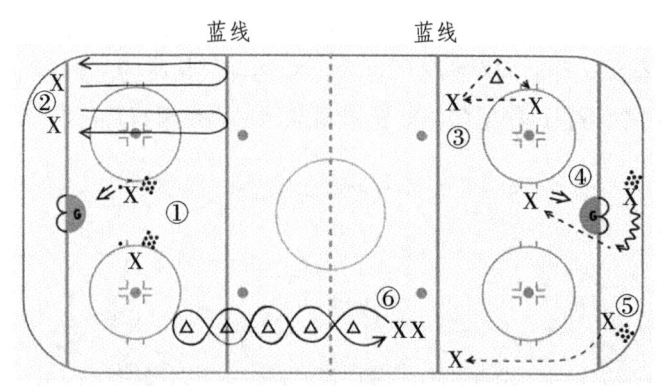

注：①固定射门；②冲刺；③固定传球；④传球射门；⑤板墙捡球；⑥穿越障碍物；X表示运动员

图 5-3-11　循环技术训练

训练目的：着重提高运动员射门、滑行和传球技术的综合应用能力。

教练员提示：注意不同技术之间衔接的流畅性和合理性。

（三）交叉射门

①后卫进行一次长距离的射门训练，射门后，将球门旁的冰球拿起运至争球点附近；

②前锋从中区滑行并转弯，后卫将冰球传给前锋，前锋运球至另一侧球门处，后卫跟随前锋滑行超过蓝线。

③前锋射门后，在球门旁拿起一个冰球，传给跟随的后卫。前锋传球后，滑行至球门前防止后卫射门；后卫接球后运球至球门前射门（图5-3-12）。

训练目的：主要针对高水平运动员，着重提高运动员传球和射门技术的衔接与转换能力。

教练员提示：前锋必须选择适当的滑行时间，

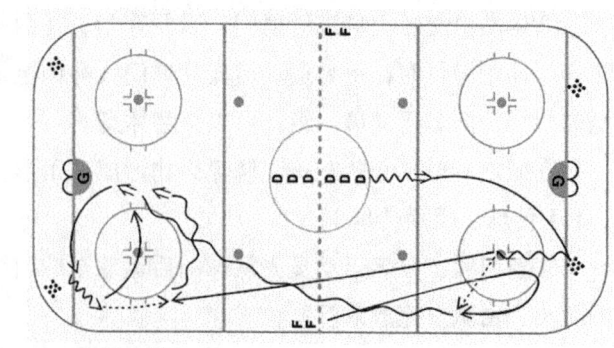

G表示球门

图 5-3-12　交叉射门

使其滑到底线时给防守运动员一个好的传球时间和角度；后卫滑向另一侧等待前锋传球，需要调整自己的时间，避免接球时离球门太近。

（四）传球和抢球

①两人一组，两人在相互距离 2～3 英尺（1 英尺 ≈ 0.3048m）的地方开始传球；
②教练员吹哨后，两人进行抢球，一人抢球，另一人护球；
③持续 20～30s，直到教练员再次吹哨，两人停止抢球，回至传球位置（图 5-3-13）。

（a）

（b）

X 表示运动员

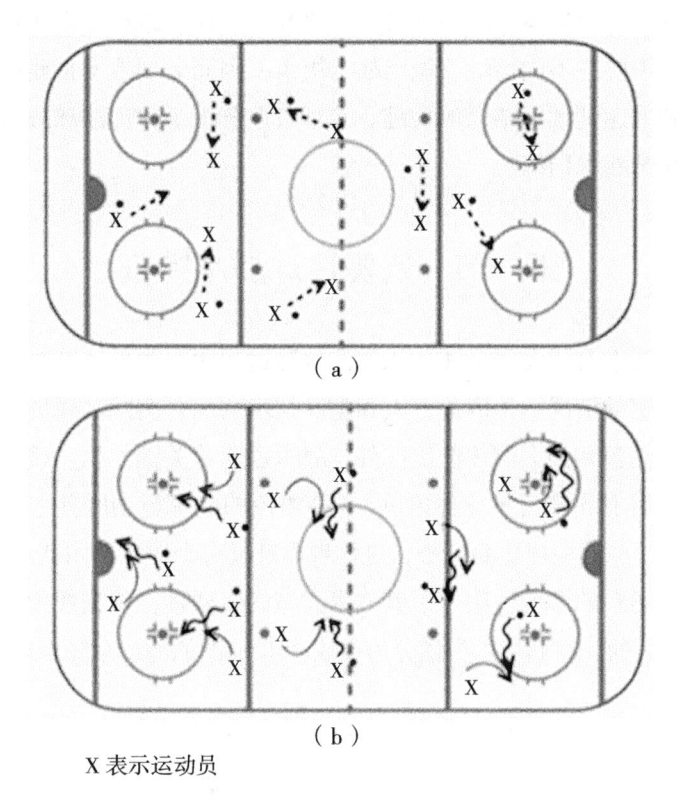

图 5-3-13　传、抢球技术训练

训练目的：主要针对一般水平运动员，能够提高其攻防转换能力。
教练员提示：两人的技术水平尽量相近，若双方技术水平不匹配，则要求水平高些的运动员在有冰球时使用非惯用手进行运球并在较小的范围内运动。

第四章

残奥冰球运动战术特征及训练

残奥冰球是一项集体性运动项目。在比赛中,残奥冰球队将面对不同战术打法的对手,并需要在不同情境下做出战术决策,因而运动战术是残奥冰球运动员取得比赛胜利或达到预期结果的关键。本章着重分析了残奥冰球战术特征,详细介绍了残奥冰球战术训练。

第一节 残奥冰球战术特征

残奥冰球战术是指在残奥冰球比赛的攻防过程中,为了战胜对方,根据自身队伍和对手的实际情况,采取的个人和整队技术的综合实践。残奥冰球比赛除需要大量的技术储备和强大的体能支撑外,战术也起着关键作用。残奥冰球项目有前锋、中锋、后卫和守门员4种角色,4种角色的战术行动既独立又统一,每个角色各司其职,共同完成比赛任务,这体现出其具有个体性和团队性的战术特征。残奥冰球比赛场景的多变性决定了其战术类型的多样性,依据残奥冰球运动员战术行动的攻防目的,将其战术类型分为进攻战术和防守战术(表5-4-1)。

表5-4-1 残奥冰球战术类型及具体战术形式

战术类型	具体战术形式
进攻战术	个人进攻、小团队(2~3人)进攻、全队进攻(快攻、阵地进攻)
防守战术	个人防守、小团队(2~3人)防守、全队防守(2-1-2、1-2-2、1-3-1等阵容)

残奥冰球的进攻战术包括个人进攻、小团队(2~3人)进攻、全队进攻(快攻、阵地进攻),防守战术包括个人防守、小团队(2~3人)防守、全队防

守（2-1-2、1-2-2、1-3-1等阵容）。残奥冰球运动员在比赛中面临的情况均不相同，且处在高强、高压的环境下，为了破解对方战术、赢得胜利，可能会根据场上的具体情况做出新的战术行动，从而形成一种新的战术形式。

残奥冰球攻防战术的焦点是得分，核心是射门位置的争夺。射门得分的概率受射门的位置、比赛的节次和参与创造射门机会的前锋与后卫的数量的影响，射门位置离球门越近，得分概率越高。由此可见，进攻战术和防守战术的焦点都是射门得分。进攻战术以创造更优的射门机会为目的，这就要求运动员熟悉各种情况下的战术打法，同时能够根据赛场人员配备，迅速抉择并统一战术行动，以达到攻其不备的战术效果。防守战术以干扰或破坏对方射门得分为目的，这就要求运动员依据场上位置、球员数量及球员特点等情况预判对手的战术行动，采取有效的防守战术行动限制对方进攻。可见，残奥冰球战术争夺的焦点是射门得分。

残奥冰球项目是同场对抗性项目，在射门前，进攻运动员多数情况下将遭遇防守运动员的干扰。在残奥冰球项目中，与对方球员对抗后射门得分的情况占据相当大的比重，这反映出残奥冰球项目的攻防战术具有高度的对抗性，只有通过有目的地对抗，才能争取最大的获胜机会。在残奥冰球项目的攻防战术实施过程中同样强调对抗的重要性。进攻运动员通过高频次的进攻，持续在对方半场施压，往往会使对方球员疲于防守，防守运动员不断将球打回对方半场，致使其无暇组织进一步的射门进攻。同时，在高压状态下，对方球员可用于替换场上球员的间隔也越发紧密，对方场上运动员也更加容易出现技术失误，从而给己方进球创造机会。可见，残奥冰球战术具有高度的对抗性。

残奥冰球战术还具有开放性的特征。主要原因在于：第一，残奥冰球比赛变幻莫测，对于比赛过程中的意外状况需要及时处理，外部刺激相对动态、开放；第二，残奥冰球技战术动作多变、不可预测，比赛中大多数情况下不能准确地事先决定下一个技战术是什么；第三，残奥冰球运动员需要以更快的速度和反应来应对场上的对手和环境。残奥冰球的上述特征要求运动员应综合场上双方球员的位置、体能、技术特点，以及双方的比分和战术时机等信息，迅速选择对己方有利的战术。在战术行动过程中，不同的球员执行同一战术行动呈现出不同的特点，在战术行动的速度、动作力量、动作幅度等方面存在较大差异。同其他同场对抗性项目一样，残奥冰球运动员丰富的技术体系是其战术能力的基础，特长技术是其战术特色的基石，良好的体能是其快速有效战术行动的保障。

第二节 残奥冰球战术训练

一、进攻战术

进攻战术是进攻队为突破对方的防守而运用的战术配合，主要包括个人进攻、小团队（2～3人）进攻和全队进攻（快攻、阵地进攻）3个层次。进攻战术训练的主要目的是提高运动员进攻的合理性和效率。

（一）个人进攻

个人进攻是指在比赛中为了获得胜利而采取的符合整体进攻目标的个人行动，是构成局部和整体进攻战术的必要环节。个人进攻训练的主要目的是提高个人的进攻能力。可采用重复训练法，通常安排6～8组。具体训练手段如下。

1. 中场1打0

①4组运动员在中区准备，每组有3～4名运动员，由 O_1 运动员拿球向至 O_2、O_4 和 O_3 运动员方向运球，并分别与这3名运动员相互传球；

②当传球结束后，运球至球门前完成射门，依此类推完成训练（图5-4-1）。

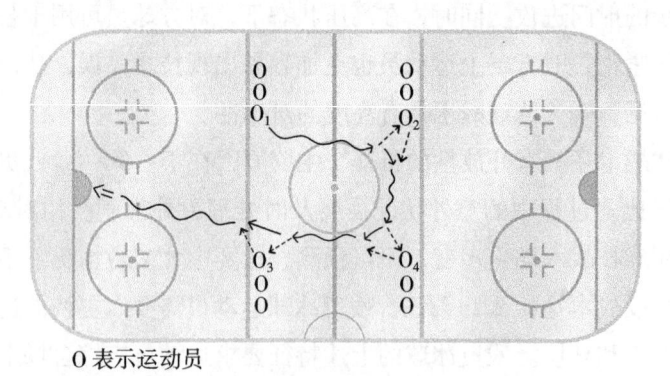

O 表示运动员

图 5-4-1 中场1打0

训练目的：提高控球和射门得分能力。

教练员提示：传接球要准确，保持滑行速度，提高流畅度。

2. 传接球1打0

①在冰场中区争球圈两边有 F_1 和 F_2 两名运动员，其他运动员分为两组分别

在两边的界墙处准备，O_1 运动员给 F_2 运动员传球并向前滑行；

② F_2 运动员接到冰球后回传给 O_1 运动员，O_1 运动员接球向前运球，过蓝线后给 F_1 运动员传球，并滑行至 F_1 运动员位置；

③ 同时 F_1 接球向前运球完成射门，射门结束后滑行至 X_3 运动员后，依此类推（图 5-4-2）。

训练目的：提高传接球和射门得分能力。

教练员提示：传接球准确，保持滑行速度，提高流畅度。

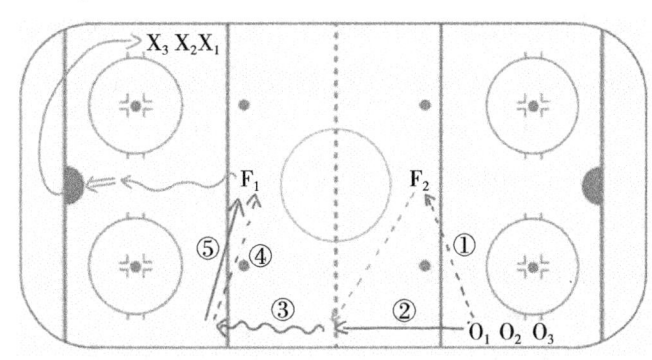

X、O、F 均表示运动员

图 5-4-2 传接球 1 打 0

3. 中区传接球 1 打 0

① 两名后卫运动员 D_1、D_2 在中区准备，其他运动员分为 O 队和 X 队，分别靠近两边界墙处准备；

② O_1 运动员和 X_1 运动员向前同时出发，X_1 运动员将冰球传给 D_1 运动员，D_1 运动员接球后将球回传给 X_1 运动员；

③ X_1 运动员根据接球的位置选择先滑行一段距离后再传球或直接将球传给 D_2 运动员并继续滑行，D_2 运动员接球后回传给 X_1 运动员，X_1 运动员接球后向前运球并完成射门，以此类推（图 5-4-3）。

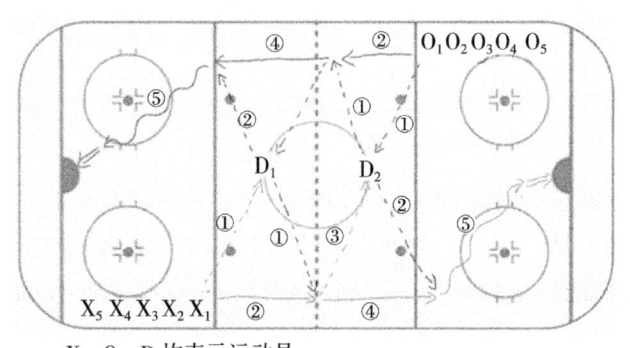

X、O、D 均表示运动员

图 5-4-3 中区传接球 1 打 0

训练目的：提高传接球和射门得分能力。

教练员提示：后卫应注意力集中，及时传接球，以球领人。

4. 贴板墙1打1

①所有运动员分为4组在中区蓝线的板墙处准备，4~5人一组，O_1运动员向中区击球，O_2运动员向中区滑行接球；

②O_2运动员接球后向球门方向运球，此时O_1运动员向O_2的方向滑行，进行抢球，O_2运动员负责保护冰球，O_1运动员负责抢球，两个运动员相互抢球，在近球门前由抢到球的一方射门（图5-4-4）。

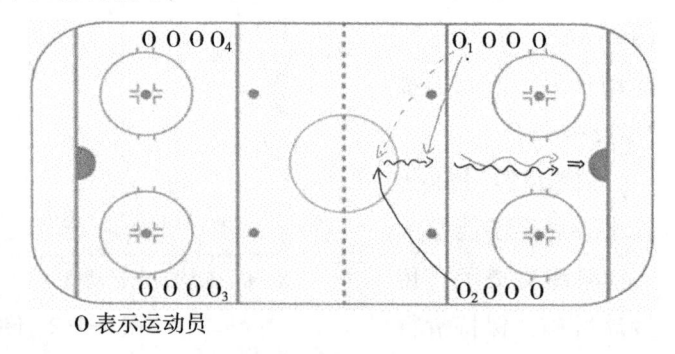

O 表示运动员

图5-4-4 贴板墙1打1

训练目的：增强对抗条件下的控球能力和射门得分能力。

教练员提示：合理运用技术和身体，灵活运用假动作。

（二）小团队（2~3人）进攻战术

小团队（2~3人）进攻战术是指在比赛中为了获得胜利，2~3人之间采取符合整体进攻目标的战术行动，是构成整体进攻战术的必要环节。小团队（2~3人）进攻战术训练的主要目的是提高个人的进攻配合能力，可采用间歇训练法，通常安排6~8组，每组1~2min，组间间歇为2~3min。具体训练手段如下。

1. 综合2打1

①在冰场一侧放置两个球门，在同侧的蓝线中间放置一个标志盘，在冰球中区争球圈内有3名后卫运动员D_1、D_2、D_3；

②所有运动员从冰场另一侧开始，F_1和F_2两名运动员通过运球、传接球向前推进，在F_1运动员接到F_2运动员的传球后，后卫运动员D_1向前滑行，干扰两运动员的配合；

③F_1运动员和F_2运动员采用正反手传接球技术重复向前滑行，在D_1运动

员干扰下完成射门（图 5-4-5）。

训练目的：增强传接球能力、以多打少得分能力。

教练员提示：训练传球速度、时机把握，射门时机选择合理。

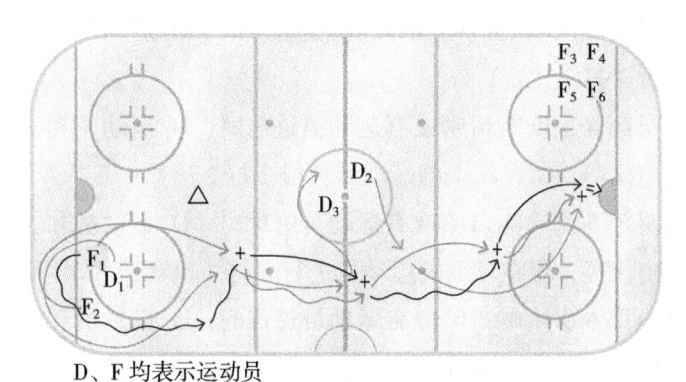

D、F 均表示运动员

图 5-4-5　综合 2 打 1

2. 综合 3 打 2

①3 人为一组，各组均在两个球门后准备，一侧球门处的 3 人先运球或传球推进，另一侧球门处的 2 人进行防守，1 人在边线外准备；

②进攻方通过传球调动防守球员，并适时完成射门；

③当进攻队员射门得分或丢掉球权后，原防守队员变成进攻队员，原边线外准备的球员迅速进场参与进攻，3 人运球或传球攻向另一侧球门。

训练目的：增强传接球能力、以多打少得分能力。

教练员提示：训练传球速度、时机把握，射门时机选择合理。

3. 综合 4 打 3

①4 人为一组，各组均在两个球门后准备，一侧球门处的 4 人先运球或传球推进，另一侧球门处的 3 人进行防守，1 人在边线外准备；

②进攻方通过传球调动防守球员，并适时完成射门；

③当进攻队员射门得分或丢掉球权后，原防守队员变成进攻队员，原边线外准备的球员迅速进场参与进攻，4 人运球或传球攻向另一侧球门。

训练目的：增强传接球能力、以多打少得分能力。

教练员提示：训练传球速度、时机把握，射门时机选择合理。

4. 23321 比赛

①在冰场的半场放置两个球门，3 人为 1 组，在冰场中区做好准备，当教练

员第一次吹响口哨时，O_1 运动员和 X_1 运动员同时上场进行 1 打 1 比赛；

②当教练员第 2 次吹响口哨或有运动员进球时，O_2 运动员和 X_2 运动员进场加入训练，进行 2 打 2 比赛；

③当教练员第 3 次吹响口哨或有运动员进球时，O_3 运动员和 X_3 运动员进场加入训练，进行 3 打 3 比赛；

④当教练员第 4 次吹响口哨或有运动员进球时，O_1 运动员和 X_1 运动员下场回到中区，退出比赛，留在场上的运动员进行 2 打 2 比赛；

⑤当教练员第 5 次吹响口哨或有运动员进球时，O_2 运动员和 X_2 运动员下场回到中区，退出比赛，留在场上的运动员进行 1 打 1 比赛；

⑥当教练员第 6 次吹响口哨或有运动员进球时，O_3 运动员和 X_3 运动员下场回到中区，退出比赛（图 5-4-6）。

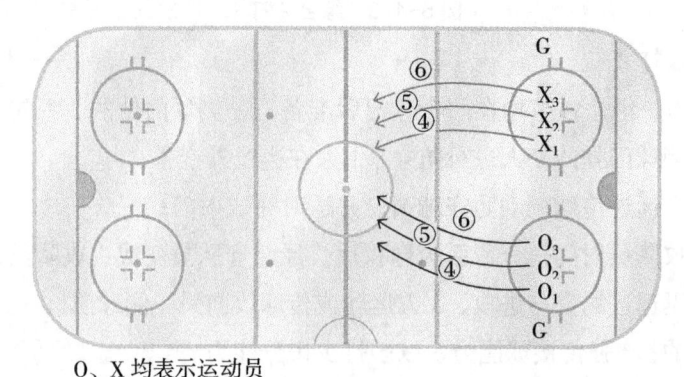

O、X 均表示运动员

图 5-4-6 23321 比赛

训练目的：增强对抗条件下的控球和射门得分能力。

教练员提示：注意力集中，上场退场迅速。

（三）全队进攻（快攻、阵地进攻）

全队进攻（快攻、阵地进攻）是指在比赛中为了获得胜利，全队采取的整体进攻战术行动。全队进攻（快攻、阵地进攻）训练的主要目的是提高全队的进攻配合能力。可采用间歇训练法，通常安排 6~8 组，每组 2~3min，组间间歇为 2~3min。具体训练手段如下。

1. 全队进攻战术演练

在消极防守情况下，进行 1-3-1、2-1-2、1-2-2 等防守阵型的进攻战术演练。

训练目的：熟练掌握各种防守阵型下全队各位置运动员的战术行动路线，明晰战术目的、射门时机等。

教练员提示：注意力集中，行动路线清晰，传接球准确。

2. 全队进攻战术转换

在两个半场均设有不同的防守阵型，且防守阵型不断变化，进攻方持续完成 6～8 次进攻，根据不同的防守阵型，实施合理的进攻战术行动，每次进攻以得分或防守方控制球权结束。

训练目的：增强全队的进攻配合能力和随机应变能力。

教练员提示：注意力集中，积极沟通交流，传接球准确。

3. 全队攻防战术转换

①5 人为一组，合理搭配每组运动员，第 1 组运动员负责进攻，第 2 组运动员负责防守；

②第 1 组运动员进攻得分或失去球权后，迅速转换为防守方，并积极退防；

③第 2 组运动员快速推进，在另一半场完成进攻或失去球权后，迅速转换为防守方并快速退防；

④第 3 组运动员替换第一组运动员作为进攻方，第 1 组运动员下场休息，依次进行。

训练目的：增强疲劳状态下的进攻配合能力。

教练员提示：注意力集中，积极沟通交流，传接球准确。

二、防守

（一）个人防守

个人防守是指在比赛中守队队员为争夺球权、保护球门不被对方攻破所采取的措施和手段。个人防守训练的主要目的是提高个人的防守能力。可采用重复训练法，通常安排 6～8 组。具体训练手段如下。

1. 抢球

①两名运动员在球门前的争球圈内一左一右滑行，当教练员的哨声响起时，

运动员开始在圈中抢夺冰球;

②当哨声再次响起时,两名运动员向中区红线滑行,抢中区红线上的冰球,两人进行 1 打 1 比赛,射门成功即得分(图 5-4-7)。

训练目的:增强个人抢球能力。

教练员提示:注意力集中,把握正确的出杆时机,避免过早移动重心。

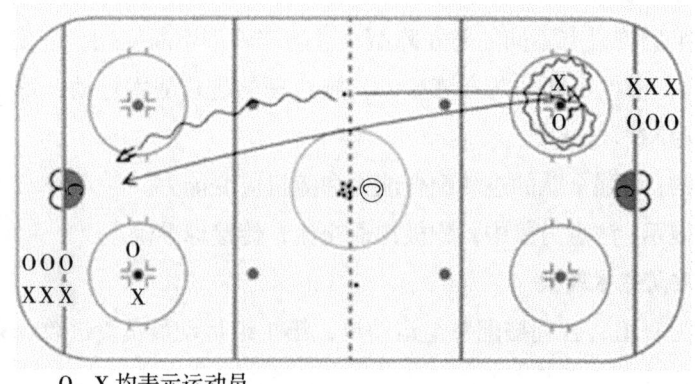

0、X 均表示运动员

图 5-4-7 抢球 1 打 1

2. 断球

① 3 人为一组,1 人防守,2 人进攻,在全场或半场范围内练习;

②进攻方须完成 5~10 次传球后再进行射门,不允许运球,防守方在对方传球瞬间快速靠近接球队员,切断传球路线,将球尽可能截断下来;

③若断球失败,则迅速调整位置,继续防守,直至进攻得分或断球成功结束。

训练目的:增强个人抢球能力。

教练员提示:注意力集中,把握断球时机,速度要快。

3. 阻截

①前锋运动员贴着板墙排列准备,后卫在争球圈准备,第 1 个后卫向己方第 1 个前锋传球;

②前锋接球后,绕着较远的障碍物运球,再转回球门处射门;

③后卫向前绕过较近的障碍物,再转回到球门前防守前锋,当前锋射门时,守门员进行扑救或后卫抢到前锋的冰球并带回至防守线上,训练结束(图 5-4-8)。

训练目的：增强对抗条件下的运球能力和射门得分能力。

教练员提示：滑行速度快，积极防守。

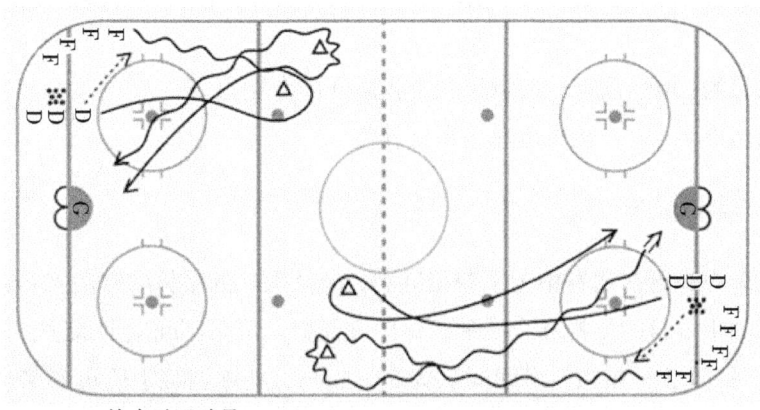

D、F 均表示运动员

图 5-4-8　绕障碍 1 打 1

（二）小团队（2～3 人）防守

小团队（2～3 人）防守是指在比赛中为了获得胜利，2～3 人采取的符合整体防守目标的战术行动，是构成整体防守战术的必要环节。小团队（2～3 人）防守训练的主要目的是提高个人的防守配合能力。可采用间歇训练法，通常安排 6～8 组，每组 1～2min，组间间歇为 2～3min。具体训练手段如下。

1. 以少防多

在训练过程中防守方人数少于进攻方，参照小团队进攻战术 3 打 2、4 打 3 等练习形式，防守方采用压制性防守，强力阻截，有意识地贴近进攻者，目的是利用身体接触抑制其速度；掌握好时机通过紧逼防守进行阻截，从而获得球权。

训练目的：增强个人防守配合能力和自信心。

教练员提示：补位要快，积极拼抢。

2. 攻守转换

①3 人或 4 人为一组，合理搭配每 1 组队员，第 1 组运动员负责进攻，第 2 组运动员负责防守；

②第 1 组运动员进攻得分或失去球权后，迅速转换为防守方并积极退防；

③第 2 组运动员快速推进，在另一半场完成进攻或失去球权后，迅速转换为防守方并快速退防；

④第 3 组运动员替换第 1 组运动员作为进攻方，第 1 组运动员下场休息，依次进行。

训练目的：增强攻守转换意识和个人防守配合能力。

教练员提示：攻守转换迅速，积极补位。

（三）全队防守

全队防守是指在比赛中为了获得胜利，全队采取的整体防守战术行动。全队防守训练的主要目的是提高全队的整体防守能力。可采用间歇训练法，通常安排 6～8 组，每组 2～3min，组间间歇为 2～3min。具体训练手段可参考全队进攻训练。

第五章

残奥冰球热身与恢复训练

热身和恢复训练是残奥冰球运动训练实践中至关重要的环节。热身训练是指在训练和比赛前进行的专门活动，旨在有效提高残奥冰球运动员的生理和心理适应性，同时降低运动损伤风险；而恢复训练则是为了加快身体机能的恢复，消除身心疲劳，保持最佳竞技状态。基于运动训练实践，结合其项目特征，本章主要介绍残奥冰球项目一般性热身和专项性热身的训练手段，以及训练学、生物学和营养学的恢复措施，旨在介绍残奥冰球热身与恢复训练。

第一节 残奥冰球热身训练

一、一般性热身

（一）有氧热身

有氧热身的主要目的在于加速血液循环，提高身体温度，动员心肺系统，使残奥冰球运动员为正式训练做好准备。可采用持续训练法，通常安排 10～30min，55%～72%HRmax 负荷强度。具体训练手段包括轮椅滑行、雪橇推行和坐姿下拉测功仪等。

（二）做热身操

做热身操的主要目的是提高残奥冰球运动员关节的活动度和灵活性，增强运动系统的功能性，降低损伤发生概率。可采用变换训练法，通常安排每次训练 20～30s。具体训练手段包括头颈部旋转、肩部绕环、扩胸和腰部绕环等运动。

（三）动态拉伸

动态拉伸的主要目的是激活残奥冰球运动员上半身肌肉，增加关节活动幅度，缓解肌肉过度紧张，提高体温。可采用变换训练法，通常安排每次训练20～30s。具体训练手段包括坐姿头颈、肩部拉伸和体侧屈等。

二、专项性热身

（一）雪橇滑行

1. 折返滑

①在冰场两端球门线和中区线对应摆放若干标志盘，残奥冰球运动员位于两端球门线标志盘处；

②听到教练员的哨声后，运动员以最快的速度在一端球门线和中区线之间做反复折返雪橇滑行练习。

训练目的： 增强残奥冰球运动员重复冲刺能力，激活主要发力肌群。

教练员提示： 在折返过程中注意提前减速和高效转身；LW3运动员避免在折返过程中身体重心过度晃动。

2. 变速滑

残奥冰球运动员绕冰球场滑行，在端线处慢速滑、在边线处快速滑或听教练员的哨音进行变速，也可带球进行滑行训练。

训练目的： 增强残奥冰球运动员对滑速的控制能力；提高非预期条件下残奥冰球运动员对变速的适应能力。

教练员提示： 由易到难，变速的频率逐渐加快。

3. 正滑变倒滑

在冰场中区的两个蓝线处放置两列标志盘，残奥冰球运动员依次从冰场一端球门线开始倒滑，到达第一个蓝线标志盘后转换为正滑。

训练目的： 提高残奥冰球运动员对变向滑行的适应能力。

教练员提示： 在倒滑转换阶段，保持重心稳定；LW3运动员倒滑时控制上身位置，避免摔倒。

（二）射门

1. 定点射门

①教练员在球门前摆放近距离和远距离的标志盘，同时摆放若干冰球；

②运动员分成两组，听到教练员的哨声后，运动员依次在不同的距离用弹射技术进行射门（也可在球门前安排守门员）。

训练目的：提高残奥冰球运动员射门意识和射门技术。

教练员提示：体会挑射、拉射和击射等多种射门技术；射门前注意力集中，心态放松。

2. 移动射门

①在球门前摆放两列标志盘，运动员呈纵队站于两列标志盘后；

②运动员带球依次绕标志盘滑行，到达最后一个标志盘时，使用弹射技术射门。

训练目的：提高残奥冰球运动员带球射门意识；增强移动射门过程中"人体—雪橇—球杆"的配合程度和精准性。

教练员提示：控制好雪橇滑行速度；在移动过程中合理把握射门时机。

第二节 残奥冰球恢复训练

一、训练学恢复

（一）静态拉伸

静态拉伸通常是将肌肉缓慢地牵拉至不引起疼痛情况下的最大幅度，保持 20～30s，能够改善关节活动度，增强肌肉延展性，使残奥冰球运动员肌肉和关节轻松而舒展，有效预防肌肉、韧带和关节的运动损伤。主要采用重复训练法，通常安排 10～15 次/组，共计 3～5 组，组间间歇为 1～2min。具体训练手段如下。

1. 颈后抱头

①坐于直角训练椅上，双手交叉放于后脑处；

②教练员双手放在运动员的肘关节处，轻缓地向后发力。

训练目的：缓解残奥冰球运动员胸大肌和肩部肌群的肌肉紧张。

教练员提示：有牵引感时保持姿势，均匀呼吸，不要憋气；LW2 运动员保持腰背挺直，避免躯干倾斜。

2. 坐姿压肩

①坐于轮椅上，距离横杆 1m 左右；

②运动员双手扶杆，俯身 80°～90°，向下发力至背部肌群有轻微的牵引感时停止，维持 15～20s。

训练目的：提高肩部肌肉的柔韧度，加快背部肌群的疲劳恢复。

教练员提示：教练员辅助运动员固定轮椅，防止其摔倒；保持均匀呼吸，避免背弓。

3. 坐姿体侧屈

①坐于直角训练椅上，背部靠紧训练椅，双手放在脑后；

②肩关节向左做外展动作，至背阔肌有轻微的牵引感时停止，维持 15s 左右，再换右侧进行。

训练目的：增强腰腹部肌肉、韧带、肌腱的伸展性；提高髋关节的灵活性，预防运动损伤。

教练员提示：臀部不要离开坐垫，避免躯干前倾。

4. 直臂后拉

①坐于直角训练椅上，双手置于体侧，掌心相对；

②双臂向后伸，发力至肩部肌群有轻微的牵引感时停止，维持 15s 左右。

训练目的：增强三角肌前束的伸展性，缓解肩部肌群疲劳。

教练员提示：保持挺胸直背，避免躯干侧倾。

5. 直臂侧拉

①坐于直角训练椅上，背部靠紧训练椅；

②左手伸直与地面平行，掌心朝右，右前臂靠在左大臂的肘关节处；

③左手伸直，右手控制左手向右发力至肩部有牵引感时保持不动。

训练目的：增强三角肌后束的伸展性，缓解肩关节压力。

教练员提示：保持躯干直立，挺胸收腹。

6. 头颈侧拉

①坐于直角训练椅上，背部靠紧训练椅；

②右手伸直抓住座椅，头向左侧倾斜，左手绕过头顶放在右耳处；

③右肩下沉，左手发力至右侧斜方肌上束有轻微的牵引感为止。

训练目的：增强肩颈部肌群的柔韧性和伸展性；加快肩颈部肌群的疲劳恢复，预防运动损伤。

教练员提示：上身保持直立，目视前方；保持呼吸节奏，吸气时保持侧头，呼气时逐渐加大侧头的幅度。

（二）有氧恢复

有氧恢复的主要目的在于加速残奥冰球运动员血液循环，及时清除其体内代谢产物的堆积，促进机体恢复。主要采用持续训练法和间歇训练法，可安排30～60min，40%～60%HRmax中低强度有氧恢复训练。在高强度训练后，通常安排低强度的滑行、游戏、健身操和游泳等有氧恢复训练。

二、生物学恢复

（一）按摩

依次按摩头颈、上肢、躯干、臀髋和下肢等部位，每个部位做5min，全部按摩时间为30～50min。

训练目的：加快残奥冰球运动员血液循环，缓解训练后的肌肉疲劳；增强肌肉的伸展性，加快肌肉中乳酸堆积的清除速度。

教练员提示：与康复师保持沟通，明确残奥冰球运动员的肌肉酸疼点；先按摩大肌肉群，再按摩小肌肉群。

（二）水浴

水浴的主要目的是借助水温的刺激改变血液循环速度，缓解残奥冰球运动员的身体疲劳和肌肉疼痛，促进其身体机能恢复。可采用持续训练法，通常安排5～30min。具体训练手段如下。

1. 热水浴

残奥冰球运动员平躺在全身涡流气泡浴缸或水下按摩及电浴联合治疗浴槽中，全身浸泡在水中，水温宜控制在38～42℃，浸泡时间为15～20min。

训练目的：提高残奥冰球运动员神经系统的兴奋性，扩张血管，促进血液循环，改善组织和器官的营养状态；还可以降低肌肉张力，解除肌肉痉挛，使肌肉放松，以消除疲劳。

教练员提示：过饥或过饱都不宜进行热水浴；热水浴时间不宜过长。

2. 冷、热水浴

①热水温度为 38～42℃，冷水温度为 10～15℃；

②运动员先浸泡在热水中 2～3min，再浸泡在冷水中 1～2min，重复 3～5 次。

训练目的：增加残奥冰球运动员血管的弹性和对刺激的耐受力，改善机体的血液循环和营养状态，促进炎症的消除，缓解疲劳和肌肉疼痛。

教练员提示：先四肢后胸背。

三、营养学恢复

无论是在训练中还是在比赛过程中，残奥冰球运动员机体的能量需求均比较大，因此，运动员需要摄取一些高能量的物质，高糖、低脂肪、含有适量蛋白质和容易消化的食物是赛后饮食的首选。补糖效果需要考虑多方面的因素，应注意合理地选择、搭配糖的种类，并且在膳食中要保持足够量的蛋白质和淀粉。残奥冰球运动员在训练或比赛中不宜饮用浓茶、咖啡和各种含酒精的饮料，这样会给训练或比赛带来不良的后果。同时，运动员还要注意补充液体、电解质、维生素、微量元素和碱性食物，以促进机体各种物质的恢复，只有这样才能为比赛中取得好的成绩奠定基础。

第六章

残奥冰球损伤特征与预防

残奥冰球项目属于同场对抗性项目，身体对抗激烈是其显著的项目特征。在冬残奥会项目中，残奥冰球运动员的损伤发生率较高。本章主要总结了残奥冰球损伤特征，并探讨了残奥冰球损伤预防。

第一节　残奥冰球损伤特征

残奥冰球比赛的攻防转换速度快、身体对抗性强，因此运动员在训练和比赛中面临较大的运动损伤风险。有研究对历届冬残奥会残奥冰球运动员的损伤发生率进行了统计，结果发现，在2002年美国盐湖城冬残奥会上，残奥冰球项目是所有项目中损伤发生率最高的项目，损伤人数比例达到了13.6%，2006年都灵冬残奥会的损伤发生率为11%，2010年温哥华冬残奥会的损伤发生率高达33.9%，2014年索契冬残奥会的损伤发生率为24%，2018年平昌冬残奥会的损伤发生率为21.5%。残奥冰球运动员由于身体对抗较多、对抗强度较大，同时面临犯规冲撞，运动损伤屡见不鲜。刘美含等通过实地调查我国残奥冰球国家队运动员运动损伤情况发现，我国残奥冰球队的损伤发生率约为14%，训练期间损伤发生的比例达到比赛期间的3倍；急性损伤以肌肉拉伤和韧带扭伤为主，分别有45.5%和36.4%的运动员曾经或正在经历这两种损伤，且有45.4%的运动员正在经历渐进性损伤；手腕和肩膀是损伤发生率较高的部位，有63.6%的运动员手腕受伤，有50%的运动员肩部受伤；自我保护不当、撞上界墙和过度训练是造成损伤的主要原因。

有研究发现，残奥冰球运动员常见的运动损伤部位主要集中在上肢，涉及肩膀、手臂、肘关节、手腕，以及头颈部。因为残奥冰球运动员坐在冰橇上进行比赛，借助上身推动获得足够的滑行速度和动力，以进行激烈的身体对抗，所以容易导致肩部、肘部、腕部等运动损伤及过劳性损伤的发生。此外，由于在残奥冰球比赛过程中，运动员间频繁进行身体碰撞、拦截，所以其运动损伤类型主要包括肌肉拉伤、脑震荡、胸部挫伤、肋骨骨折等；运动损伤主要发生在比赛过程中的身体拦截和过度疲劳等情况下。其中，肌肉拉伤和脑震荡最为常见，这往往与比赛过程中残奥冰球运动员依靠手臂和前臂滑行，射门时也仅能使用单只手臂，以及激烈的身体接触有关。

第二节　残奥冰球损伤预防

一、加强肌肉力量

残奥冰球运动员力量素质的提高有助于解决因肢体残障引起的肌群间力量不均衡问题，进而提高肌肉关节稳定性和缓震能力，同时降低损伤风险。在击球过程中，残奥冰球运动员的脊柱屈伸与旋转动作较多，腰部受力较大。因此，提高腰背部及上肢力量有助于预防腰背和肩关节劳损。

二、优化技术动作

残奥冰球运动员优化技术动作的主要措施包括功能性动作筛查和纠正性动作训练。功能性动作筛查主要采用动作模式质量评估系统，是监测残奥冰球运动员肩关节灵活性、躯干稳定性的有效方式。纠正性动作训练旨在通过系统的步骤识别神经肌肉骨骼功能障碍，进而制订有针对性的训练计划，帮助残奥冰球运动员提升动作质量。

三、适配防护用具

残奥冰球运动员通过佩戴防护用具减少运动损伤发生的频率和严重程度。在比赛或训练时，残奥冰球运动员必须佩戴头盔、面罩、护口器等防护用具。前两者可将撞击产生的能量分散，有效阻挡冰球或球杆刃对面部的伤害，极大降低残奥冰球运动员的面部损伤风险，减轻脑震荡的受伤程度。护口器则可以使上下牙齿之间保持一定距离，既能保护牙齿不受伤害，又能起到抗震作用。此外，冰球场地可选用轻巧、有韧性的单框板墙，其缓冲性能较好，可有效减轻运动员碰撞时的冲击力，减少脑震荡损伤的发生。

参考文献

［1］SANDBAKK，O HANSEN，ETTEMA G. The effects of heavy upper-body strength training on ice sledge hockey sprint abilities in world class players［J］.Human movement science，2014，10（38）：251-261.

［2］SKOVERENG K，ETTEMA G，WELDE B，et al. On the relationship between upper-body strength，power，and sprint performance in ice sledge hockey［J］. The journal of strength and conditioning research，2013，27（12）：3461-3466.

［3］郑思樵、余银、周文静，等.冬残奥冰球运动员体能特征研究［C］// 中国体育科学学会.第十一届全国体育科学大会论文摘要汇编.北京：中国体育科学学会，2019：2204-2205.

［4］HAUGEN T，HOPKINS W，BREITSCHÄDEL F，et al. Fitness tests and match performance in a male ice hockey national league［J］. International journal of sports physiology and Performance，2021，16（9）：1303-1310.

［5］HENRIKSSON T，VESCOVI J D，FJELLMAN-WIKLUND A，et al. Laboratory- and field-based testing as predictors of skating performance in competitive-level female ice hockey［J］. Open access journal of sports medicine，2016，7：81-88.

［6］SCHWESIG R，LAUDNER K G，DELANK K S，et al. Relationship between Ice hockey-specific complex test (IHCT) and match performance［J］. Applied sciences，2021，11（7）：1-12.

［7］PEREZ J，GUILHEM G，HAGER R，et al. Mechanical determinants of forward skating sprint inferred from off-and on-ice force-velocity evaluations in elite female ice hockey players［J］. European journal of sport science，2021，21（2）：192-203.

［8］STANULA A，ROCZNIOK R，MASZCZYK A，et al. The role of aerobic capacity in high-intensity intermittent efforts in ice-hockey［J］. Biology of sport，2014，31（3）：193-199.

［9］BOUCHER V G，PARENT A A，MIRON F S J，et al. Comparison between power off-ice test and performance on-ice anaerobic testing［J］. The journal of strength and conditioning research，

2020, 34（12）：3498-3505.

［10］VIGH-LARSEN J F, ERMIDIS G, RAGO V, et al. Muscle metabolism and fatigue during simulated ice hockey match-play in elite players［J］. Medicine and science in Sports and Exercise, 2020, 52（10）：2162-2171.

［11］VIGH-LARSEN J F, HAVERINEN M T, PANDURO J, et al. On-ice and off-ice fitness profiles of elite and U20 male ice hockey players of two different national standards［J］. The journal of strength and conditioning research, 2020, 34（12）：3369-3376.

［12］SCHULZE S, LAUCNER K G, DELANK K S, et al. Reference data by player position for an ice hockey-specific complex test［J］. Applied sciences, 2021, 11（1）：266-280.

［13］FARLINGER C M, KRUISSELBRINK L D, FOWLES J R. Relationships to skating performance in competitive hockey players［J］. The journal of strength and conditioning research, 2007, 21（3）：915-922.

［14］KORTE V. Relationships between general and specific physical characteristics and match-related indicators in elite Finnish ice hockey players at different playing positions［D］. Jyväskylä：University of Jyväskylä, 2020.

［15］BECKMAN E, KUDLáčEK M, VANLANDEWIJCK Y. Development of a skills observation protocol for sledge ice hockey-pilot study［J］. Acta universitatis palackianae olomucensis. gymnica, 2007, 37（1）：45-50.

［16］汪可非, 余银. 冬残奥会冰球项目技术特征分析［J］. 中国体育教练员, 2021, 29（1）：61-64.

［17］陈冲, 王明波. 我国冰球运动员体能训练综合述评［J］. 冰雪运动, 2018, 40（5）：30-34,68.

［18］WEBBORN N, WILLICK S, REESER J C. Injuries among disabled athletes during the 2002 Winter Paralympic Games［J］. Medicine and science in sports and exercise, 2006, 38（5）：811-815.

［19］ENGEBRETSEN L, STEFFEN K, ALONSO J M, et al. Sports injuries and illnesses during the winter olympic games 2010［J］. British journal of sports medicine, 2010, 44（11）：772-780.

［20］DERMAM W, SCHWELLNUS M P, JORDAAN E, et al. High incidence of injury at the Sochi 2014 winter paralympic games：A prospective cohort study of 6564 athlete days［J］. British journal of sports medicine, 2016, 50（17）：1069-1074.

[21] DERMAN W, RUNCIMAN P, JORDAAN E, et al. High incidence of injuries at the Pyeongchang 2018 Paralympic winter games: A prospective cohort study of 6804 athlete days [J]. British journal of sports medicine, 2020, 54（1）: 38-43.

[22] TUAKLI-WOSORNU Y A, MASHKOVSKIY E, OTTESEN T, et al. Acute and chronic musculoskeletal injury in para sport: A critical review [J]. Physical medicine and rehabilitation clinics, 2018, 29（2）: 205-243.

[23] HAWKESWOOD J, FINLAYSON H, O'CONNOR R, et al. A pilot survey on injury and safety concerns in international sledge hockey [J]. International journal of sports physical therapy, 2011, 6（3）: 173-185.

[24] WEBBORN N, VAN D V P. Paralympic medicine [J]. The Lancet, 2012, 380（9836）: 65-71.

[25] 刘美含, 吴雪萍, 丁海勇, 等. 冬残奥运动项目损伤特征、风险因素及预防措施 [J]. 武汉体育学院学报, 2021, 55（2）: 93-100.

第六篇

轮椅冰壶训练教程

目 录

第一章　轮椅冰壶项目概述 ·················· 265
第一节　轮椅冰壶运动简介 ·················· 265
第二节　轮椅冰壶场地设施和器材装备 ·················· 267

第二章　轮椅冰壶运动素质特征及训练 ·················· 268
第一节　轮椅冰壶力量素质特征及训练 ·················· 268
第二节　轮椅冰壶耐力素质特征及训练 ·················· 274

第三章　轮椅冰壶运动技术特征及训练 ·················· 277
第一节　轮椅冰壶技术特征 ·················· 277
第二节　轮椅冰壶技术训练 ·················· 280

第四章　轮椅冰壶运动战术特征及训练 ·················· 284
第一节　轮椅冰壶战术特征 ·················· 284
第二节　轮椅冰壶战术训练 ·················· 288

第五章　轮椅冰壶心理特征及训练 ·················· 291
第一节　轮椅冰壶心理特征 ·················· 291
第二节　轮椅冰壶心理训练 ·················· 293

第六章　轮椅冰壶热身与恢复训练 ·················· 298
第一节　轮椅冰壶热身训练 ·················· 298
第二节　轮椅冰壶恢复训练 ·················· 300

第七章　轮椅冰壶损伤与预防 ·················· 303
第一节　轮椅冰壶损伤特征 ·················· 303
第二节　轮椅冰壶损伤预防 ·················· 304

参考文献 ·················· 308

第一章

轮椅冰壶项目概述

轮椅冰壶（Wheelchair curling）运动是由冰壶运动演变而来的，起源于20世纪90年代末的苏格兰，于2006年都灵冬残奥会被列为比赛项目。本章主要包括轮椅冰壶运动简介与轮椅冰壶场地设施和器材装备两大部分内容，旨在阐述轮椅冰壶运动的基本特点。

第一节　轮椅冰壶运动简介

一、起源发展

轮椅冰壶运动起源于欧洲。当时一群残障人士试图找到一种适合他们参与的冰上体育运动。他们修改了传统的冰壶规则和设备，以满足轮椅运动员的特殊需求，从而诞生了轮椅冰壶运动。轮椅冰壶运动与传统冰壶运动类似，但运动员坐在轮椅上，并使用特制的冰壶杆推动冰壶。在比赛规则和技术方面轮椅冰壶运动有一些调整，以适应轮椅运动员，但总体来说，轮椅冰壶运动仍然保留了冰壶运动的核心原则和竞技性。首届世界轮椅冰壶世锦赛于2002年在瑞士举行，之后该项目逐渐成为一项国际体育项目，2006年该项目被列入冬季残奥会正式比赛项目，它是残障冬季体育运动发展最快的项目之一。

我国轮椅冰壶运动起步于2007年，同年8月22日，黑龙江省残疾人联合会（以下简称残联）成立了全国第一支轮椅冰壶队，并于11月参加了在苏格兰因弗内斯举行的轮椅冰壶世锦赛资格赛WWh CQC（现更名为轮椅冰壶世锦赛B组WWh BCC），获得第9名。2010年11月，中国轮椅冰壶队在芬兰轮椅冰壶世锦赛资格赛中获得金牌，再次挺进世锦赛；2011年2月，中国轮椅冰壶队在捷克轮椅冰壶世界锦标赛中获得第 5 名；2012 年 2 月，中国轮椅冰壶队在韩国江原道春川举行的轮椅冰壶世锦赛中收获铜牌，这是中国运动员在冬残奥项目国际大赛中获得的首枚奖牌，预示着中国轮椅冰壶项目的崛起。2013 年 2 月，中国轮椅冰壶队在俄罗斯索契轮椅冰壶世锦赛中再次收获铜牌；2015 年 2 月，中国轮椅冰壶队在芬兰洛赫亚举办的轮椅冰壶世锦赛中取得银牌，再次实现突破。2017 年 3 月，中国轮椅冰壶队在韩国平昌轮椅冰壶世锦赛中获得第 4 名；2018 年 3 月 17 日，中国轮椅冰壶队在决赛中以 6：5 战胜 3 届世锦赛冠军挪威队，勇夺平昌冬残奥会冠军，实现我国冬残奥项目金牌和奖牌零的突破；2019 年 3 月，中国轮椅冰壶队在苏格兰斯特灵举办的轮椅冰壶世锦赛中获得金牌，用一年时间完成该项目的"大满贯"。在 2021 年轮椅冰壶世锦赛、2022 年北京冬残奥会比赛中，中国轮椅冰壶队都获得了金牌。

二、比赛方式

轮椅冰壶比赛采用世界冰壶联合会最新审定的冰壶项目竞赛规则。轮椅冰壶比赛分为上下半场，中场可休息 5min，第一阶段采用分组循环赛，第二阶段的半决赛、决赛采取淘汰赛。根据轮椅冰壶项目比赛规则，运动员需要在大本营前半区最外沿和比赛端前掷线之间投壶，轮椅必须固定，保证开始投壶时冰壶的宽度在轮椅线之间。投壶时，投壶运动员的脚禁止接触冰面，轮椅的轮子禁止与冰面直接接触，运动员使用习惯手臂进行投壶，或使用被批准使用的投掷杆投壶，在冰壶到达前掷线之前，必须明显脱离手或投掷杆。

轮椅冰壶比赛规则规定，每支队伍必须有 4 名投壶选手，而且必须包括男女运动员，每场比赛 8 局，每队有 1 次比赛暂停。如果比赛分数差距过大，打满 6 局后，落后方可申请结束比赛，领先方同意后方可结束比赛。双方若打满 8 局后，比分仍相同，需要继续进行加时赛。在贯穿整场的比赛进程中，双方参赛队员及教练员需要随时密切记录，如果双方在对局局数已满，比分相同且思考时间用尽时，则需要进行追加局赛。

第二节 轮椅冰壶场地设施和器材装备

一、场地设施

轮椅冰壶比赛在特殊浇灌的场地上进行，场地质量直接影响投壶后壶体的运行轨迹及旋转角度。根据国际壶联关于冰壶项目赛道长度的规定，冰壶赛道长度为45.720m，宽度为5m，在赛道两侧形成5条平行线，其中T线、底线、中线、起踏线、限制线宽度均为1.27cm，前掷线宽度为10.16cm，冰层厚度为3～6cm，冰温控制在零下4～6℃。4个同心圆组成大本营，蓝色同心圆半径为1.829m，红色同心圆半径为1.219m，白色同心圆半径为0.610m，最里侧白色同心圆半径为15.24cm。

二、器材装备

（一）冰壶

冰壶由冰壶石底座和手柄组成，底座凹陷8mm，其机理是与冰面更好地接触，打出弧线球和旋转球。对冰壶石侧面进行特殊涂层处理，防止冰壶在击打和撞击的过程中发生破碎或开裂。冰壶形状为圆壶状，由不含云母的苏格兰天然花岗岩制成，周长约为91.44cm，高（从壶的底部到顶部）为11.43cm，重量（包括壶柄和壶栓）最大为19.96kg。

（二）投掷杆

相关规则规定，轮椅冰壶运动员使用的投掷杆的功能仅为手臂的延长，不允许有任何机械传递装置；投掷杆应由杆头、杆和把手3部分组成，不能包含任何自动瞄准和协助瞄准冰壶的部件；不能包含任何调整冰壶重量或速度的部件；总长度不超过2.45m。目前国际冰上溜石联合会（World Curling Federation，WCF）允许使用的杆头有EXTENDER（简称EX）和GTX两种。

第二章

轮椅冰壶运动素质特征及训练

轮椅冰壶运动是一项技巧性高、比赛时间长的技能类表现"准确"性项目，提高该项目运动员运动表现的关键在于良好的力量、耐力和协调等运动素质。本章主要阐述轮椅冰壶力量、耐力和协调素质特征及训练，旨在介绍轮椅冰壶运动员的专项运动素质特征和相应的训练安排。

第一节 轮椅冰壶力量素质特征及训练

一、力量素质特征

对于轮椅冰壶运动员而言，运用投壶技术对上肢力量提出极高要求。出色的上肢力量能维持投壶动作稳定，预防因肌肉力量不足而导致的肌肉及关节损伤。轮椅冰壶项目的投壶过程主要涉及腕、肘和肩关节等多关节运动，主要使用握力、前推、卧推、腕屈伸等力量。对世界轮椅冰壶运动员的上肢等长最大主动收缩力量进行测试，以左、右手最佳测试力量之和作为衡量指标，发现轮椅冰壶运动员上肢力量为 851.90 ± 199.75N、12.10 ± 2.08N/kg。我国轮椅冰壶项目采用卧推测试评估运动员上肢力量，男子精英与一般运动员卧推值分别为 99.5 ± 35.8kg 和 89.9 ± 10.8kg，女子精英与一般运动员卧推值分别为 53.0 ± 2.4kg 和 52.2 ± 3.7kg。精英运动员上肢力量优于一般运动员。这表明，轮椅冰壶运动员的上肢最大力量应是力量训练的重点内容。

轮椅冰壶运动员的核心力量是投壶过程中肢体产生扭矩、动力链传递的基础。轮椅冰壶运动员缺少下肢动力链，需要在非稳定状态下完成投壶，这就更强调核心力量的重要性。良好的核心力量能够抵消向单一方向投壶时的反作用力，避免身体重心不稳,提高投壶成功率。此外,长时间保持坐姿状态对轮椅冰壶运动员背部及腰椎的压力较大,容易导致腰背部肌肉劳损。由此可见,轮椅冰壶运动员应具备良好的核心力量,这应是力量训练的重点内容。

二、力量素质训练

在准备投壶阶段,运动员坐在轮椅上,手持投壶杆连接冰壶,依靠躯干、手臂与轮椅的连接等保持稳定,因而力量素质训练着重采用单关节、多关节、多平面和多维度的力量训练手段,主要针对上肢和核心部位进行训练,保证力量在上肢、躯干部位运动链上的正常传递,提升运动员投壶技术水平。

(一)上肢力量训练

推壶时轮椅冰壶运动员通过单手持推壶杖向水平前方推进冰壶或者通过肩部关节、肘关节、腕关节内旋外旋等动作模式向前旋进推壶。为保证投壶技术的经济性和有效性,上肢力量训练的目的在于通过提升轮椅冰壶运动员上肢最大力量和力量耐力,增强运动员对投壶动作的关节角度及力度的精确控制能力。可采用重复训练法和间歇训练法,依据轮椅冰壶运动员的力量水平,通常安排负荷强度为30%~90%IRM,8~12次/组(侧),做3~8组,组间间歇为2~3min。具体训练手段如下。

上肢力量训练

1. 窄距卧推

①仰卧在卧推架上,窄握杠铃(握距不超过30cm),两臂伸直;
②举杠铃于胸前并下放至胸部,同时两肘外展;
③将杠铃推起,然后用力将杠铃推回至起始位置。

训练目的:提高轮椅冰壶运动员胸大肌、三头肌和三角肌的力量,增强其对投壶力度及旋转方向的精准控制能力。

教练员提示:注意控制速度,保持稳定。

2. 坐姿颈后臂屈伸

①端坐于板凳上,两脚左右开立,两臂上举并反握杠铃;
②握距同肩宽,做颈后臂屈伸动作;
③两臂固定在头的两侧,上身不动,两肘向上,尽量后屈。

训练目的:提高轮椅冰壶运动员三角肌、前束肌、胸大肌、竖脊肌和腕屈肌的力量及肌肉收缩能力，改善肩关节稳定性，进而提高运动员对投壶速度和力度的控制能力。

教练员提示：屈臂尽可能降低杠铃，保持肘部固定。

3. 牧师凳弯举

①端坐于板凳上，两脚左右开立，将上臂放置于牧师凳上，握住哑铃；

②屈臂尽可能降低哑铃，保持肘部的位置固定。

③将哑铃收至胸部前方，伸肘放下。

训练目的：提高轮椅冰壶运动员肱二头肌的力量耐力，有效降低长时间比赛所产生的疲劳感，使运动员可以自如地支配和控制投壶的肢体动作幅度，保证动作精准。

教练员提示：保持躯干和肩关节固定。

4. 坐姿负重屈腕

①端坐于板凳上，两脚左右开立同肩宽；

②两手反握（或正握）杠铃做腕屈伸，前臂固定在膝上（或凳子上）；

③腕屈伸至最高点时先稍停顿再还原，用哑铃或杠铃片做交替腕屈伸。

训练目的：提高轮椅冰壶运动员伸腕肌群和屈腕肌群的肌肉力量，提高精准控制投壶方法和速度的能力，同时增强运动员坐姿负重分布能力，确保运动员投壶时能够始终保持稳定的坐姿。

教练员提示：握距同肩宽，前臂固定并支撑住上体；维持身体和轮椅之间的平衡；适当调整轮椅高度和倾斜角度。

5. 旋腕练习

①端坐于板凳上，两臂前平举；

②两手各握一哑铃，做旋腕练习。

训练目的：加强轮椅冰壶运动员手腕和前臂肌肉力量，提高投壶的旋转速度和方向控制能力，以及投壶技术的准确性和一致性。

教练员提示：充分模拟比赛情景，引导运动员练习不同类型的旋转技巧，包括正旋、反旋和组合旋转，以适应不同的比赛要求；训练后积极拉伸，缓解手腕处肌肉的疲劳。

6. 胸前推举

①端坐于板凳上，两脚左右开立，两手正握杠铃提拉翻起至胸部；

②腰腹核心收紧，双肩下沉，胸大肌发力带动上臂推动杠铃；

③将杠铃向上推过头顶，而后沉肩屈臂将杠铃放下置于胸部。

训练目的：提升轮椅冰壶运动员核心、胸肌、肩部和手臂力量，改善坐姿稳定性和控制能力，增强投壶速度和准确性。

教练员提示：注意发力先后顺序，在推动的过程中强调挺胸；随着运动员水平的提升，可将板凳换为轮椅；定期检查运动员的动作姿势，并提供有针对性的反馈和调整建议。

7. 哑铃推肩

①端坐于板凳上，两脚与肩同宽开立，双手各持一只哑铃放在大腿上；

②将哑铃举至肩部，旋转手腕，使掌心向前、肘部向外；

③双手持哑铃于头部两侧，上臂和前臂的夹角为 90°，手心朝正前方；

④将哑铃分别从身体的两侧推起，拳眼相对，相交于头的正上方；

⑤手臂自然伸直，在顶端稍作停留，感受肩部的收缩，然后慢慢将哑铃放回起始位置。

训练目的：增强上半身肌肉力量，特别是肩部和胸肌的肌肉力量，提高坐姿稳定性及上肢投壶时的速度和力量输出，进而增强运动员有效将冰壶推向目标区域的能力。

教练员提示：推肩动作应平稳且控制良好；臀部尽量向后坐、靠紧椅背；随着运动员水平的提升，可将板凳换为轮椅，同时选择适当重量的哑铃。

8. 直臂侧 / 前平举

①端坐于板凳上，挺胸收腹，上背及骶部靠垫；

②两臂自然下垂，手持哑铃于大腿两侧，双手掌心相对；

③双臂呈水平或稍过水平面，停约 1s，维持并清晰地感受肌肉收缩状态，然后进行退让性还原；直臂向前上举起杠铃至与肩平，再沿原路线回至起点。

训练目的：提高推动冰壶和控制冰壶轨迹所需的肩部、三角肌和上臂肌肉力量、稳定性和力量输出；增加肩部关节的稳定性，降低潜在的肩部运动损伤风险，有助于维持坐姿和提升投壶、击打技术水平。

教练员提示：持铃举起或放下时保持上身稳定，避免前后摆动借力举起；随着运动员水平的提升，可将板凳换为轮椅，同时选择适当重量的杠铃。

9. 坐姿古巴旋转

①端坐于板凳上，双手各持一只哑铃；

②掌心朝前，直到上臂与地面平行，肘部向外打开；

③旋转肩关节，将哑铃从起始位置往下放；

④同样以肩关节为轴，向后旋转至起始位置。

训练目的：改善轮椅冰壶运动员坐姿肩关节旋转能力，增强肩背部柔韧性，提高运动员投壶的旋转速度和方向控制能力。

教练员提示：确保运动员采用正确的坐姿；保持头颈部放松，避免肩胛骨移动，肘部始终保持直角弯曲；强调动作的控制和平稳性。

（二）核心力量训练

核心力量训练的目的在于通过多组动作的重复练习，提升运动员身体平衡能力及上下肢协同工作能力。可采用重复训练法、间歇训练法和持续训练法。依据轮椅冰壶运动员的力量水平，通常安排15～20次/组（侧）或30～45秒/组（侧），做5～6组，组间间歇为2～3min。具体训练手段如下。

核心力量训练

1. 仰卧瑞士球转体

①肩背部压瑞士球，双手伸直拿实心球，双腿屈膝撑地，双手握实心球，身体左转，腰部发力；

②双腿不动，身体右转。

训练目的：增强肩关节、髋关节和核心区的稳定性，提高本体感觉，改善脊柱旋转能力，进而增强运动员对冰壶运行方向和速度的控制能力。

教练员提示：身体向一边旋转时，确保臀部收缩，使髋关节与地面平行；强调动作的控制和平稳性。

2. 平板支撑

上臂垂直于地面，保持肩、腰关节在同一条直线上，颈部保持自然放松。

训练目的：增强腹部和臀部肌群的肌肉力量，改善运动员投壶时对身体姿势的控制能力。

教练员提示：保持肩、腰关节在同一条直线上。

3. 坐姿药球转身投掷

①端坐在轮椅上，双脚与肩同宽，双手捧一药球；

②手臂向前伸直，使球与胸部保持在相同高度；

③尽力将球向墙壁投掷，在反弹时接住球；

④重复以上动作至推荐次数。

训练目的：增强腹部肌群力量和爆发力，改善投壶时对坐姿的控制力和坐姿的稳定性，改善投壶时上肢的发力和推壶技巧。

教练员提示：选择适宜的负荷；在训练过程中，保持核心收紧，腰背保持挺直。

4. 坐姿高位下拉

①端坐于板凳上，呈坐姿中立位，上身微后倾，双手上伸握住拉杆；

②由背阔肌发力，带动手臂下拉，前臂垂直于地面，拉杆拉至上胸；

③回杆时，保持背阔肌持续发力，做离心动作。

训练目的：增强轮椅冰壶运动员上半身肌肉力量，纠正脊柱和肩部姿势，提升投壶时坐姿的稳定性，增强抗疲劳能力，进而提高投准与击打效率。

教练员提示：避免含胸耸肩、身体后倾过多，保持核心收紧；注意掌握呼吸技巧。

5. 负重转体

①端坐于轮椅上，颈后负杠铃横杠；

②保证臀部稳定，向左和向右转体至极限。

训练目的：提高核心力量和躯干稳定性，以及坐姿稳定性和支撑能力，改善身体控制与投壶发力技术的协同配合能力，即在姿态稳定的情况上协同发力，将冰壶精准投出。

教练员提示：选择适宜负荷；腹肌收紧，转体幅度适度。

6. 负重体侧屈

①端坐于轮椅上，两腿自然开立并保持稳定；

②肩负杠铃做左右体侧屈，训练时速度不宜过快。

训练目的：提高轮椅冰壶运动员的侧身稳定性，改善投准与击打技术侧身转体动作效率，使运动员更能适应不同的投壶技术动作要求。

教练员提示：选择适宜负荷，逐步增加负荷强度；腹肌收紧，侧屈幅度适度。

7. 坐姿龙门架扭转

①端坐于轮椅上，呈坐姿中立位；

②身体侧对龙门架，绳索与胸部同高；

③将双手伸直与胸部同高，扭转身体握住绳索；

④身体另一侧腹发力，将绳索拉至另一侧，重复此动作。

训练目的：提高上肢柔韧度和躯干稳定性，强化上肢、胸部和腹部肌群的协同发力和动作控制能力，提高推壶爆发力的输出效率和动作经济性。

教练员提示：选择适宜负荷，逐步增加负荷强度；腹肌收紧，保持上身稳定。

8. 坐姿龙门架侧拉

①端坐于板凳上，呈坐姿中立位；

②身体侧对龙门架，绳索位置高于头部；

③将双手向侧上方伸直握住绳索，腹部发力将绳索拉至身体另一侧下方。

训练目的：提高肩部、背部和手臂肌肉的协同发力能力，提升投壶时身体重心及姿势的调整能力。

教练员提示：选择适宜的负荷；坐姿稳定，双手握住杠杆或绳索，动作平稳且保持适宜动作节奏；腹肌收紧，保持适度的下拉幅度。

第二节 轮椅冰壶耐力素质特征及训练

一、耐力素质特征

在轮椅冰壶比赛过程中，一支队伍从预赛到决赛需完成约 13 场比赛，通常每天 2 场比赛，每场比赛共 8 局，每场比赛整体用时 2～2.5h，这对轮椅冰壶运动员有氧耐力素质提出一定要求。研究发现，轮椅冰壶运动员最大摄氧量相对值为 23.40 ± 7.60 mL/（kg·min），较强的有氧耐力能够帮助其保持较好的竞技状态，防止疲劳的提早发生。

轮椅冰壶运动员的耐力素质还体现在长时间、多重复的推杆瞄准和投壶运动。通过视频分析发现，2018 年平昌冬残奥会轮椅冰壶前 8 名队伍的运动员从推杆卡住冰壶到冰壶离开推杆的用时为 11.78 ± 4.05s；对 9 场比赛、136 次投壶的时间（从投壶杆与冰壶接触的准备蓄力阶段开始，到冰壶离开投壶杆的瞬间结束）进行了统计分析，1～4垒投壶时间分别为 12.61±4.80s、11.29±3.92s、12.15±4.05s、13.99±5.15s。结合上述临场表现认为，较好的投壶力量耐力训练也应是轮椅冰壶运动员耐力训练的主要内容。

二、耐力素质训练

（一）有氧耐力训练

有氧耐力训练的目的在于提高轮椅冰壶运动员的心肺功能、肌肉代谢水平和抗疲劳能力。可采用持续训练法，进行中低强度的持续性运动，运动时间通常为 40min 至 1.5h。也可采用间歇训练法，运动时间通常为 2～3min，安排 8～10 组，间歇时间以心率恢复至 120 次/分为宜。具体训练手段如下。

1. **匀速轮椅推行**

①在平坦的雪地或沥青地面上进行训练，采用 72%～82%HRmax 负荷强度，推行 40min 至 1.5h；

②身体放松，保持良好的呼吸和动作节奏。

训练目的：提高轮椅冰壶运动员心肺耐力和上肢肌肉有氧能力，使运动员更好地掌握投壶技术细节，包括手柄掌握、推动作和坐姿调整。

教练员提示：在训练前后补充糖类、蛋白质等营养物质；训练后做好放松训练。

2. **间歇轮椅推行**

在平坦的雪地或沥青地面上推行 400m，间歇时间为 3～5 min，循环 10 组。

训练目的：提高轮椅冰壶运动员心肺耐力和上肢肌肉疲劳恢复能力，以及其长时间比赛的抗疲劳能力。

教练员提示：严格控制间歇时间，训练后做好放松训练；可通过改变训练方式、场地和强度来保持训练的多样性。

（二）无氧耐力训练

无氧耐力训练的目的在于提高轮椅冰壶运动员投壶动作的肌肉耐力，可采用重复训练法。具体训练手段如下。

1. 重复爬坡

在长度 100～200m 的斜坡上进行推轮爬坡，重复 6～8 次，每次间歇时间为 3min。

训练目的：增强轮椅冰壶运动员的无氧代谢能力，提高肌肉的耐力，以及运动员对轮椅和投壶杆的控制能力。

教练员提示：按照循序渐进的原则控制训练强度和间歇时间。

2. 重复投壶

1 组投掷 20 个冰壶，重复 8 组，每组间歇时间为 2～4min。

训练目的：强化轮椅冰壶运动员上肢无氧工作能力，保持连续击打投壶的力量输出能力。

教练员提示：强调动作质量，按照循序渐进的原则控制间歇时间。

第三章

轮椅冰壶运动技术特征及训练

轮椅冰壶运动技术分为投准技术和击打技术两类，其技术应用质量的高低对运动成绩有直接影响，是决定竞技水平的关键要素。本章主要从技术的分类和应用等角度分析轮椅冰壶技术特征，进而介绍轮椅冰壶技术训练。

第一节 轮椅冰壶技术特征

轮椅冰壶比赛中最重要的技术是投壶，它是指以适当的力和旋转通过预先设定的路线将冰壶投到指定的目标点。由于冰壶出手后，投壶者不再直接控制冰壶，所以实际的投壶应该定义为：从准备投壶到冰壶出手的整个动作过程。比赛中投掷的冰壶不允许擦冰，是无法借助冰刷改变壶体运行轨迹和滑行距离的，这使轮椅冰壶运动技术以运用投准和击打为主要特点。因此，国际上通常将冰壶技术分为投准与击打两种类型（表6-3-1）。投壶必须以适当的力量、线路、旋转进行投掷，并根据比赛需要选择投准或击打。其中，投准是指将冰壶停在大本营前或大本营内部特定位置，且冰壶滑行速度相对较慢的投壶技术；击打是指通过冰壶的投递或撞击将目标冰壶击进营内或击出场外，且冰壶滑行速度相对较快的投壶技术。投准技术包括投进（Draw）、占位（Front）、旋进（Come Around）、保护（Guard）、粘贴（Freeze）、传进（Raise）、分球/轻磕（Wick/Soft Peel）。击打技术包括击出（Take Out）、打定（Hit and Roll）、打甩（Hit and Stay）、双击（Double Take Out）、清空（Clearing）、传击（Promotion Take Out）、放球（Through）。

我国学者通常依据投壶的表象特征，将投壶技术分为慢壶技术与快壶技术，慢壶技术以投进为主，包括投进、占位、保护、分进、传进、粘贴；快壶技术以击打为主,包括击打、击走、双击、清空、传击、溜壶。可见,慢壶技术对应国际分类中的投准技术,快壶技术对应击打技术。但慢壶和快壶的投壶分类易使人产生歧义,故不能用来代表轮椅冰壶项目的投壶类别,本研究仍以投准和击打代表投壶类别。

表 6-3-1 轮椅冰壶投壶技术分类一览表

投壶类别	投壶方式		投壶特点
投准技术	投进	Draw	将冰壶投进大本营里
	占位	Front	冰壶位于前掷线与大本营之间
	旋进	Come Around	从占位的冰壶旁绕进大本营里
	保护	Guard	冰壶的位置有利于保护其他冰壶
	粘贴	Freeze	尽量靠近目标冰壶,与其贴近
	传进	Raise	将己方另一只冰壶击打到目标位置
	分球/轻磕	Wick/Soft Peel	轻磕到其他冰壶,使两只冰壶都到达目标位置
击打技术	击出	Take Out	将其他冰壶击出大本营
	打定	Hit and Roll	使目标冰壶离开大本营,自己的冰壶则留在原地
	打甩	Hit and Stay	使目标冰壶离开大本营,自己的冰壶则移动到目标位置
	双击	Double Take Out	将对方的两只或多只冰壶同时打走
	清空	Clearing	打完对方的冰壶,己方的冰壶也不留在营内
	传击	Promotion Take Out	击打一只冰壶,使其再击打另一只冰壶
	放球	Through	出于特定战术目的,直接将冰壶投出界外

从推壶过程来看,运动员的技术动作主要是靠上肢完成,由手臂快速推壶,壶杆分离,壶靠推动的力量和速度继续向营垒红区滑动。投壶时,轮椅冰壶冠军运动员的髋关节最大屈曲速度为 $-133.8 \pm 10.2°$/s;肩关节最大屈曲速度为 $427.2 \pm 12.6°$/s,伸展速度为 $-4.1 \pm 16.4°$/s;肘关节最大屈曲速度为 $21.0 \pm 13.3°$/s,伸展速度为 $-299.7 \pm 16.7°$/s;腕关节最大径向偏移速度为 $17.2 \pm 9.6°$/s,尺偏速度为 $-126.3 \pm 12.1°$/s。在推壶全过程中,主要考验运动员对冰壶的控制力,通过对冰壶的速度和旋转的控制,使冰壶达到理想的位置。因此,为了提高运动员的投

准及击打技术能力，在训练中主要训练运动员对投壶力量、旋转、线路的控制。

　　轮椅冰壶不同垒次的技术应用有所区别。例如，2012年轮椅冰壶世锦赛前4名（俄罗斯、韩国、中国、斯洛伐克）各垒次的投壶类型及其数量不同，一垒的投准次数明显多于击打次数，且投准技术应用次数在各垒次中最多（投准：423次，击打：109次）；二垒的击打次数多于投准次数，但两类技术应用次数相对均衡（投准：216次，击打：288次）；三垒的击打次数明显多于投准次数，且击打技术应用次数在各垒次中最多（投准：193次，击打：302次）；四垒的击打次数多于投准次数，但两类技术应用次数相对均衡（投准：205次，击打：267次）。冰壶运动总体上要求运动员技术全面，但通常情况下，各垒次运动员的投壶任务有所不同，因此其技术侧重也不相同。一般来讲，一垒主要使用投进、占位等慢壶技术，必要时使用传进、击打等快壶技术；二垒主要使用击打、双击、清空等快壶技术；三垒在团队中发挥承上启下的作用，主要使用投进、保护、粘贴等慢壶技术；四垒是全队的核心，要求快壶、慢壶技术全面，比赛思路清晰，能够掌控全局。

　　轮椅冰壶运动员先、后手的技术应用取决于比赛的具体情况。一般认为，先手时投准技术的使用概率较大，后手则更倾向于使用击打技术。第一局后手投壶权（Last Stone Draws，LSD）是在赛前由双方队长向大本营圆心掷壶来决定的，距离圆心近的一方取得后手投壶权。此后的每局后手投壶权是根据前一场比赛结果而决定的，前一场未能得分的球队将获得后手机会。若双方都没能把冰壶投进大本营，或无法确定哪一方的冰壶更靠近圆心，则称为流局（Blank End），双方均不得分，当局拥有后手投壶权的队伍将在下一局中保留后手投壶权。有研究发现，在先手情况下，投准次数要多于击打次数（投准：622次，击打：467次），后手情况则相反（投准：415次，击打：497次）。另外，后手失误次数略高于先手（后手：391次，先手：377次），原因是后手队伍为了多得分，会较多地使用难度更大的击打技术，由此造成的心理压力与失误风险也更大。

第二节　轮椅冰壶技术训练

一、投准技术训练

（一）技术要领

①投壶前，固定住轮椅，并将轮椅垂直朝向目标线，尽量保证手臂、投壶杆和冰壶在一条直线上；

②投壶队员用手握住投壶杆把手，用卡口套套住冰壶手柄。根据一侧主力队员指示，确定投壶线路；

③随后下腰，用投壶臂带动肩肘腕关节协调运动，向前推杆，让冰壶按预定线路运动一段距离进行加速。

④在前掷线之前达到预期前进速度后，使冰壶和卡口套脱离，完成投壶。

（二）技术训练

投准技术训练的目的在于通过多组动作的多次重复练习，提高运动员对投壶力量的控制能力、出手时的旋转及对投壶线路的选择能力。可采用间歇训练法和重复训练法，通常安排每组 6～12 次，做 3～5 组，组间间歇为 3min。具体训练手段如下。

1. 直线投准

①练习者位于投掷线后投壶；

②按照顺序将冰壶投进指定区域中，且只有进入前一个区域后才能进入下一个区域（从第 1 区到第 6 区）；

③所有进区练习完成后，可以进行反方向练习（从第 6 区到第 1 区）（图 6-3-1）。

训练目的：主要针对一般水平轮椅冰壶运动员，可有效提高运动员对比赛场地的空间掌控能力，使运动员熟悉各区域的投壶手感，提升运动员对投壶力量的控制能力，为投准技术的应用打下基础。

教练员提示：在练习过程中保持动作的流畅性。

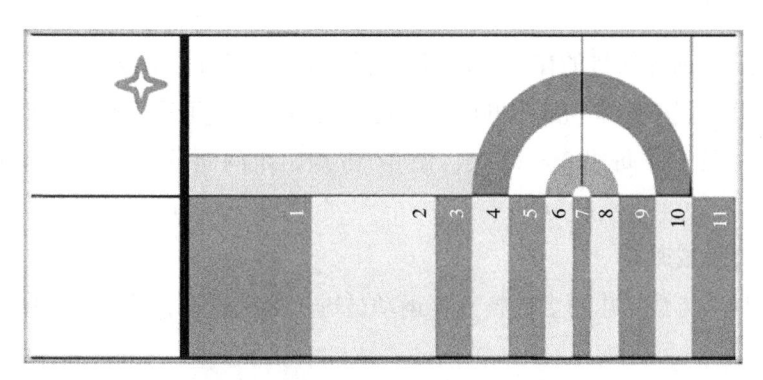

图 6-3-1　直线投准

2. **旋转投准**

①练习以旋转投壶方式为主，将冰壶投掷于每个区域；

②如果没有投进前一个区域，就无法进入下一个区域（图 6-3-2）。

训练目的：该方法可提升轮椅冰壶运动员对旋转技术的控制能力，以及运动员快速适应场地的能力。

教练员提示：对于经验不足的运动员，可适当减少训练区域的数量。

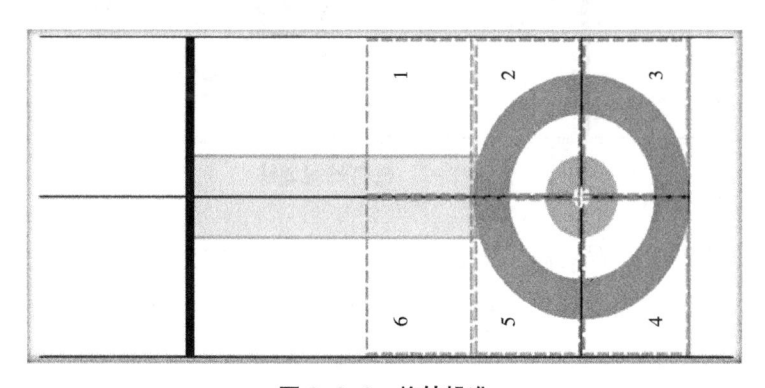

图 6-3-2　旋转投准

二、击打技术训练

（一）技术要领

击打技术训练要领参见投准技术训练要领。

（二）技术训练

击打技术训练的目的在于通过多组动作的重复练习，形成稳定的动作结构，为后期提升投壶准确率和战术的应用奠定坚实的基础。可采用间歇训练法和重复训练法，通常安排每组 8～12 次，做 3～5 组，组间间歇为 3min。具体训练手段如下。

1. 击打长城训练

①该训练方法要求每名轮椅冰壶运动员进行 8 次投壶，并将目标冰壶传进大本营内；

②练习者每传进一个冰壶，就会得 1 分，随后将这两个冰壶拿出场外，继续进行后面的投壶；

③为了增加投壶难度，可以按指定的击打顺序进行投壶（图 6-3-3）。

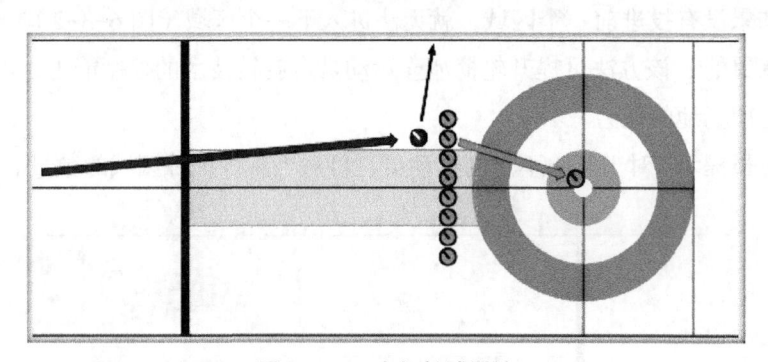

图 6-3-3　击打长城训练

训练目的：主要针对高水平轮椅冰壶运动员，可有效提高其传进技术及团队配合能力，以及投壶时的自信心，进而使其从容地应对比赛过程中瞬息万变的情况。

教练员提示：对于一般水平的轮椅冰壶运动员，可适当减少训练区域目标冰壶的数量。

2. 打定训练

①按各垒次顺序依次进行投壶；

②将大本营内的冰壶全部击走，同时将自己的冰壶留在大本营内（图 6-3-4）。

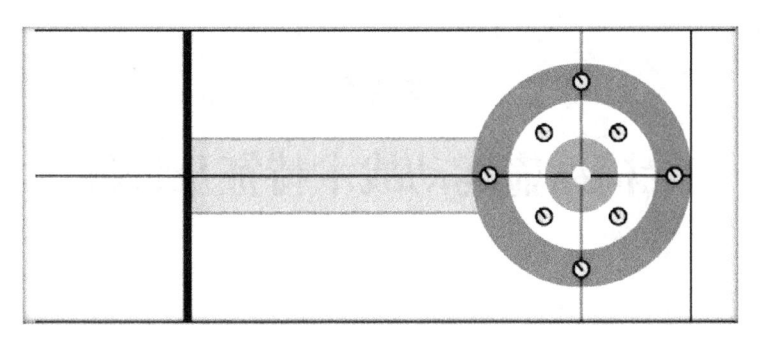

图 6-3-4　打定训练

训练目的：主要针对高水平轮椅冰壶运动员，主要发展轮椅冰壶运动员的打定技术，同时提升运动员对各区域投壶力量的控制能力。

教练员提示：在训练时，需要注意出手时的旋转及对投壶线路的选择。

3. 间隙投壶训练

该训练方法要求冰壶从大本营前两个冰壶的间隙通过，并将T字线上的冰壶击走（图6-3-5）。

训练目的：主要针对高水平轮椅冰壶运动员，可有效提高其对冰面状况的判断能力，及在特定时刻的击打能力。

教练员提示：需要轮椅冰壶运动员对冰面的滑度特别熟悉，进而选择合理的旋转、线路及力量，顺利完成投壶任务。

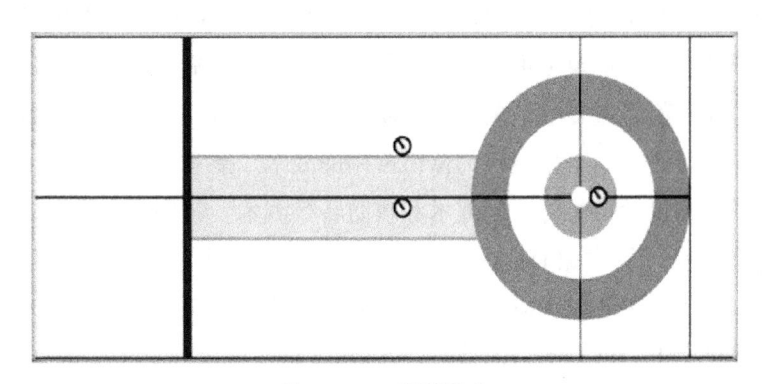

图 6-3-5　间隙投壶

第四章
轮椅冰壶运动战术特征及训练

轮椅冰壶运动是一项注重战术谋略的运动项目，即使运动员技术能力稍有落后，也可能通过巧妙运用合理的战术赢得比赛。轮椅冰壶战术通常分为进攻战术和防守战术两类，运动员需要根据先、后手和比分情况来分析对手的战术意图，并选择有针对性的战术方案。本章在着重阐述轮椅冰壶战术特征的基础上，介绍了轮椅冰壶战术训练。

第一节　轮椅冰壶战术特征

一、战术类型

轮椅冰壶战术分为进攻战术和防守战术两类（图6-4-1）。进攻战术是指即便面临失分的风险，也要尽可能获得高分的战术；防守战术是指为了保持当前的得分差距，在不落后太多的情况下，迫使对手得1分而不是得更高分的战术。

进攻战术是拥有后手投壶权的队伍常用的战术，能有效争取比赛主动权，并最大限度得分，包括自由防守区战术和攻防转换战术。其中，自由防守区战术可使运动员在比赛开局占据有利位置，阻碍对方冰壶的行径轨迹和得分路线，同时为本队取得比赛主动权创造机会；攻防转换战术是在双方实力相当时常用的战术，其关键点在于为己方队伍创造机会并最终得分。

防守战术是己方在得分方面处于优势时经常采用的战术，能有效避免先手输分，是一种保守战术，包括击打战术、清空战术和进营战术。其中，击打战术是指合理运用撞击或传击来防守大本营，迫使对手得分壶及障碍壶被打掉或者被打散。清空战术是在比赛中后期常用的战术，该战术需要运动员具有精准的击打技术，从而达到遏制对手得分和清空大本营障碍壶的目的。进营战术是将本方的冰壶最大限度地投掷到有利位置，这样不仅起到防守作用，还可将得分优势最大化。在冰壶比赛中根据先、

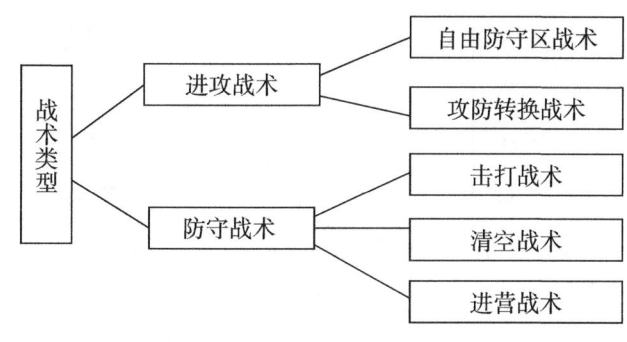

图 6-4-1　轮椅冰壶战术类型

后手顺序，不同时局与得分情况来制定相应的战术，运动员需要具备临场应变和处理复杂局面的能力，在比赛中有针对性地做出决策和执行战术。大比分领先时，应果断采用防守战术，不给对手任何赶超机会；比分落后时，应采用进攻战术，力争不断得分，扭转不利局面。

二、战术应用

（一）先、后手战术应用

冰壶的所有战术都取决于两个因素，即得分和是否有后手投壶权。先、后手的战术应用随着比赛得分和比赛时局的变化而不断变化，多数队伍更倾向于选择后手战术，尤其是在末局。国内外研究一致认为，拥有后手投壶权的队伍获胜的可能性更大。在常规战术中，先手的战术应用是"拼中区"，战术指导思想是"最多送 1 分"；后手的战术应用是"开放中区打边区"，战术指导思想是"不丢分"。

在先手战术应用方面，作为先手开局有两种战术目的，即抑制对方得分和己方偷分（图 6-4-2）。先手方在比赛中占据主动，控制比赛节奏，可布置复杂局面迫使对方只得 1 分或发生失误，使己方有效得分。先手方一垒通过投出既定战术的有效壶来控制大本营前区域，为比赛战术布局奠定基础。此外，先手方采用防守战术时，失 1 分的概率最大，得 1 分和失 2 分的概率相当，失 2 分或更多分数的概率取决于先手方在防守时会不会出现失误。如果先手方采用进攻战术则失分概率比得分概率高，一般只有在比分落后时，为了争取反超比分、扭转败局，才会采用进攻战术。

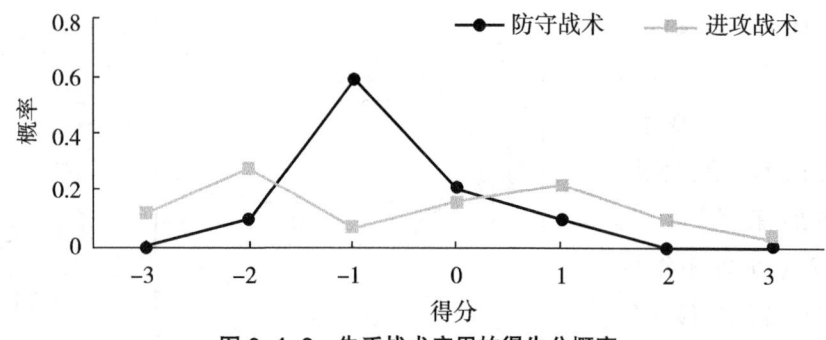

图 6-4-2　先手战术应用的得失分概率

在后手战术应用方面，应用后手战术的目的是开局少失分，抑制对方偷分，并有效控分（图6-4-3）。在后手局中，后手方持有最后一投的权利，得大分的机会要多于先手方。通常后手方能够得到1分，但其主要目标是得2分或更多分数。后手方的前三垒须提前处理复杂局面，不留后患，为四垒投壶开辟路径，控制比赛节奏。此外，拥有后手投壶权的队伍采用防守战术的失分率较低，得1分的概率最高，而后手方采用进攻战术则主要是为了得高分，但失1分的概率最高，失大分的概率较低。

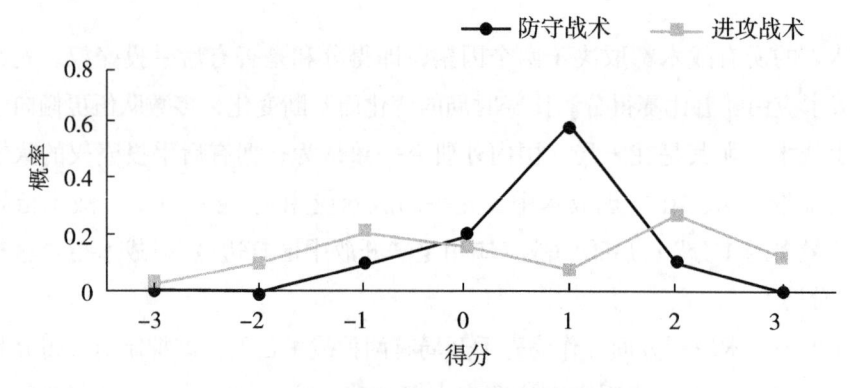

图 6-4-3　后手战术应用的得失分概率

（二）战术布局

根据冰壶比赛的特点及不同局遵循不同战术的指导思想，战术布局存在阶段式的规律性。轮椅冰壶比赛共8局，总体布局分为第一局（1）、早局（2~3）、中局（4~5）、晚局（6~7）、最后一局（8）。其中，第一局和早局的战术指导思想为：以熟悉场地和对方临场状态为主，采取防守战术，保持比分均衡。中局的战术指导思想为：熟悉场地和对手状态等条件后，制定符合本队实际情况的进攻战术，择机进攻，为后几局争取比分优势。晚局的战术指导思想为：根据所剩局数、比分及双方实力等情况，选择适合且贴切的战术。但最后一局的战术指导思想有所差异，在有后手投壶权、比分领先的情况下，倾向采用保护策略，稳定获取比赛胜利；在无后手投壶权、比分落后的情况下，更倾向采用进攻策略。

在比赛中，战术的布局依据多方面因素。第一，考虑冰面情况。冰面差时采取防守策略，冰面良好时选择进攻策略。第二，考虑对手实力。对手较弱时有利于进攻，而面对实力强的对手时倾向于采取防守战术。第三，考虑自身的手感和冰壶的质量。手感热时倾向进攻，手感冷时应采取防守战术。冰壶质量较差时，更注重防守，而优质的冰壶有利于进攻。此外，在比赛中还须注意以下几点：①要么采取进攻策略偷分并立即获胜，要么采取防守策略迫使对手只得1分并在另一局偷分；②在失去后手投壶权的情况下，为了保证安全与平局，更倾向采用进攻策略；③为了安全偷分和迫使对手仅得1分，更倾向采用防守战术；④要么采取进攻战术建立领先优势，要么采取防守战术留出时间适应比赛；⑤要么采取进攻战术提前锁定获胜分数，要么采取保守战术确保最后一投准确无误。

在各垒次战术任务方面，由于各垒次的投壶顺序不同，所以在比赛中的战术任务也不同（表6-4-1）。但在实践训练过程中，各垒次应具备全面的投壶技术，以便能够在比赛中从容应对突发情况，防止被对手针对，并提高自身的控分能力。

表6-4-1 各垒次战术任务一览表

垒次	战术任务
一垒	布局；采用进营、占位、击打等战术
二垒	清理障碍；采用进营、击打、双飞、清空等战术；计时
三垒	副队长，弥补过失，承上启下；采用占位、粘贴等战术
四垒	队长，得分与偷分；具备全面的投壶技术

三、影响因素

轮椅冰壶是一项对投壶技术控制、战术决策、战术执行与心理控制能力都要求很高的准确性、得分类团队运动项目。轮椅冰壶项目战术影响因素一览表如

表 6-4-2 所示，轮椅冰壶战术制定的影响因素主要包括：比赛规则，比赛时局，比赛得分，先、后手，剩余冰壶数，自身及对手特点，冰面状况，团队配合默契度。轮椅冰壶运动讲究团队配合，强调队友间的沟通与交流，运动员需要观察场地的变化情况，根据上一个冰壶的线路和力量来调整下一个冰壶的给点与出手；指挥者从各垒次具体的技术水平及队伍整体配合能力出发，通过与队友的沟通和交流，衡量本次投壶的成功率，并不断修正之前的判断，循环往复，直至比赛结束。

表 6-4-2　轮椅冰壶项目战术影响因素一览表

影响因素	影响方式
比赛规则	可利用轮椅线的规则，对投壶力量控制差的队伍采用边区战术
比赛时局	前期以熟悉冰况及适应比赛环境为主，中期以准确执行战术决策为主，后期以关键投壶较量为主
比赛得分	通常分数领先的队伍会使用防守战术有效控分，分数落后的队伍会使用进攻战术得分
先、后手	多数先手会采用防守战术迫使对方失误并偷分，后手则采用进攻战术得大分
剩余冰壶数	冰壶的剩余数量决定了后面的战术策略，尤其是最后一壶具有一击制胜甚至反败为胜的可能
自身及对手特点	可针对对手弱点，结合自身优势，制订合理的战术应对方案
冰面状况	光滑的冰面会提供最佳的运动条件，摩擦力大的冰面会限制双方进攻，并可能将比赛竞争提升到更高的层次
团队配合默契度	默契度高的队伍在比赛困境中能够更好地完成投壶技战术，使比赛节奏更加流畅

第二节　轮椅冰壶战术训练

一、进攻战术训练

轮椅冰壶运动是一项以投壶技术为主、以战术配合为辅的运动项目。进攻战术是轮椅冰壶比赛最常用的战术之一，进行进攻战术训练的主要目的是提高运动员进攻的合理性和效率。可采用重复训练法、分解训练法和完整训练法。具体训练手段如下：

（一）基本技术训练

详见第三章第二节《轮椅冰壶技术训练》部分。

（二）战术意识训练

①学习轮椅冰壶竞赛规则，掌握其制胜规律，积累战术知识；

②观摩比赛，有意识地进入角色，并对场上运动员战术运用进行分析思考，做出一个假设性的思维反应，设想处理的方法；

③同场上队员处理该情况所使用的方法和效果进行比较，观察别人是怎样处理这些矛盾的，是如何变被动为主动的，是如何合理地运用技战术的。

训练目的：培养轮椅冰壶运动员对复杂比赛局势的敏感性，使其学会如何正确把握进攻和防守时机，以及识别对手的战术选择和习惯，提高运动员在复杂比赛环境下的技战术运用能力。

教练员提示：遵循由简到繁、由易到难、循序渐进的原则。

（三）攻防转换战术训练

①一队模拟某个国家运动队的技战术特点，或者某个运动员的技战术特点；

②二队维持原本技战术特点不变；

③双方按要求模仿比赛规则与场景，在规定时间内尽可能得分，一轮训练后两队相互交换模拟的身份，以此进行战术的模拟训练。

训练目的：通过模拟比赛形势、对手技战术特点、环境条件等进行有针对性、适应性的攻防转换战术训练，培养轮椅冰壶运动员快速适应不同比赛局势的能力，提高团队之间的协作能力。

教练员提示：充分模拟比赛攻防转换场景，包括模拟比分、剩余局数、先后手等情况等；训练后及时总结和反思训练效果。

二、防守战术训练

（一）基本技术训练

①一垒运动员以占位、进营、击打为主要练习内容；

②二垒运动员以保护、进营、击打为主要练习内容；

③三垒和四垒以进营、传进、击打、打甩、双飞、传击为主要练习内容；

④在各组训练到一定程度后，将人员合并进行全队战术练习。

训练目的：帮助轮椅冰壶运动员了解如何选择最佳的防守位置，以封锁对手的进攻路径，提高运动员个人和整体的战术配合能力。

教练员提示：可先进行个人战术训练，再进行整体的全队战术练习。

（二）模拟训练法

①针对比赛中可能出现开局迅速输分的不利局面，安排"让分"式的模拟训练；

②充分利用友谊赛、邀请赛、热身赛等机会，将平时的模拟训练内容应用到比赛中。

训练目的：帮助轮椅冰壶运动员更好地理解和感受实际比赛场景，增强对比赛压力的适应能力，提高轮椅冰壶运动员的临场应变能力。

教练员提示：根据运动员水平，安排适宜的战术模拟训练和比赛；做好赛后总结。

（三）战例分析法

①选取防守战术案例，由教练员就关键垒次、关键投壶、关键局数等进行详细分析，并归纳战术运用的优缺点；

②教练员与运动员相互讨论，对战例中的战术意图、战术选择、行动方式等的原因、合理性等进行判断、思考和解答；

③回看、分析运动员比赛视频，通过回顾比赛过程总结利弊得失。

训练目的：深入了解不同比赛情况，学习攻防转换、进攻战术和防守战术，提高轮椅冰壶运动员对战术的理解能力、认知能力和决策能力。

教练员提示：选取经典的、有代表性的比赛案例；高度重视运动员的独立分析和思考能力；训练结束后，及时总结经验教训。

第五章

轮椅冰壶心理特征及训练

轮椅冰壶运动员的心理特征与情绪调节、抗压能力、注意力、自信心和团队凝聚力、意志力等因素高度相关。其中，赛前与赛中的焦虑、紧张情绪是运动员常见的心理现象。在轮椅冰壶比赛中，运动员的情绪状态对比赛结果有着重要影响。本章主要阐述轮椅冰壶心理特征和轮椅冰壶心理训练，旨在为该项目的心理训练实践提供一定的理论参考。

第一节 轮椅冰壶心理特征

轮椅冰壶比赛虽然对运动员的体能要求不高，但对其心理稳定性、肌肉用力感觉、动作稳定性、分析和判别能力的要求较高。轮椅冰壶是一项自我心理对抗较强的项目，运动员的心理状况是其在比赛中能否稳定发挥的重要影响因素，只有具备优秀的心理调控能力，才能从容应对瞬息万变的比赛环境，才能比较细致地处理每只冰壶，在保证自身发挥稳定的同时为队友创造良好的进攻机会。有研究指出，轮椅冰壶比赛胜负和排名往往并非由运动员体型、体力和技术决定，而是由焦虑和紧张等心理因素决定。

优秀轮椅冰壶运动员的心理特征与情绪调节、注意力、团队凝聚力等因素高度相关。赛前与赛中的焦虑、紧张情绪是运动员常见的心理现象。随着奥运会和世锦赛的竞争性不断提高，轮椅冰壶比赛的胜负与运动员的焦虑、紧张等心理状态高度相关。在激烈的比赛中，一些具备夺冠水平的队伍，因不能及时调节情绪与心理问题而导致比赛失利。反之，一些水平次之的队伍，却因运动员在比赛中保持最佳心理状态、发挥最佳竞技水平而最终获胜。研究认为，可以采用脑科学法测试轮椅冰壶运动员的情绪状态，运动员脑电半球间不对称指数在心理技能训练前表现为负性情绪状态，在训练后表现为正性情绪状态（表6-5-1）。心理技能训练通过增加与积极情绪相关的大脑区域的激活，可以帮助轮椅冰壶运动员克服心理压力。研究认为，应加强残疾人运动员心理能力训练，通过模拟训练和心理疏导，为残疾人运动员减压减负，提高其抗压能力，全面提高运动员的心理素质，保证其在赛期保持最佳竞技状态。

表6-5-1　运动员脑电半球间不对称指数（$\log R - \log L$）均分

影响因素	运动员	测试前	测试后	1周前	4周后
不对称指数	C	-0.54	1.31	0.80	0.34
	S	-1.56	2.33	-1.45	-1.32
	J	-2.28	1.87	0.89	0.11
	W	-1.86	2.75	1.12	1.35

轮椅冰壶项目与射击、国际象棋等强调技术、心理与智慧的运动项目较为相似，都要求运动员比赛时保持注意力高度集中，并且具备良好的注意广度和注意力指向能力。运动员要充分自信，在比赛中善于抓住时机，应对各种复杂情境，快速、合理、果断地做出战术决策。轮椅冰壶是团队运动项目，因此良好的团队凝聚力会让队员关系更亲密，有更强的归属感，在比赛中彼此信任、全力配合，以获得最终胜利。轮椅冰壶队伍的团队凝聚力是影响比赛成绩的重要心理因素，与团队运动表现呈中度或高度相关。左琪和殷小川通过分析我国轮椅冰壶国家队运动员的心理能力，得出优秀轮椅冰壶运动员心理能力的影响因素主要包括认知结构、情绪稳定性、意志品质、人格特征和心理疲劳情况（表6-5-2）。

表6-5-2　我国优秀轮椅冰壶运动员心理特征一览表

影响因素	心理特征
认知结构	①我国优秀轮椅冰壶运动员社会评价焦虑、受伤焦虑因子得分较高 ②运动员运动年限越长，比赛准备焦虑、竞技水平发挥焦虑程度越低，而社会评价焦虑、受伤焦虑程度越高
情绪稳定性	①73.9%（17名）的运动员报告自己情绪不稳定，尤其在比赛过程中，心理调控能力欠佳，情绪波动大

续表

影响因素	心理特征
情绪稳定性	②情绪扰乱值水平较高，消极情绪（紧张、愤怒、疲劳、抑郁、慌乱）中紧张因子和慌乱因子得分最高，积极情绪（精力和自尊感）中自尊感因子得分最高
	③运动员成绩越好，其积极情绪得分越高，消极情绪得分越低
意志品质	①我国优秀轮椅冰壶运动员意志品质的各维度均在中等水平以上
	②运动员成绩越好，其坚韧性、顽强性、自控力、自信心、目标清晰度等得分越高
人格特征	①运动员成绩越好，其有恒性、稳定性、聪慧性、兴奋性、自律性因子得分越高，心理健康水平越高，独立性、幻想性、紧张性和怀疑性因子得分越低
	②训练年限越长，独立性和幻想性因子得分越低
心理疲劳情况	①所有运动员都存在不同程度的心理疲劳
	②尤其在大赛结束后，60.9%的运动员达到中重度心理疲劳水平，47.9%的运动员的情绪及体力耗竭因子达到中重度心理疲劳水平

由上可知，轮椅冰壶运动员应加强情绪调节能力、注意力和团队凝聚力等方面的心理训练。

第二节 轮椅冰壶心理训练

一、情绪调节能力

情绪调节能力训练的目的是提高运动员根据内外环境采用一定的行为策略对情绪进行影响和控制的能力。可采用重复训练法，通常安排5～10组，每组3～5min。具体训练手段如下。

（一）呼吸放松法

①集中精神在鼻子上，感受呼吸的过程；一边缓慢地通过鼻腔深吸一口气，一边在心中慢慢地从1数到5；

②屏住呼吸，从1数到5；5s后，缓慢地用鼻腔呼气，呼气的时候心中慢慢地从1数到5；

③重复 10 次上面的步骤。

训练目的：提高轮椅冰壶运动员自我放松能力，使其集中注意力，帮助轮椅冰壶运动员学会在紧张局势下保持冷静，降低其焦虑感。

教练员提示：呼吸均匀，全身放松。

（二）视觉放松法

①以一种舒适的姿势坐着，找到眼睛可以清楚观察到的 4 件物体；用 10s 凝视第 1 件物体，同时以平静、舒缓的声音默念"放……松……"；

②目光转向第 2 件物体，用 10s 的时间凝视它，同时以平静、舒缓的声音默念"放……松……"；

③再转向第 3 件物体，用 10s 的时间凝视它，同时以平静、舒缓的声音默念"放……松……"；

④转向第 4 件物体，用 10s 的时间凝视它，同时以平静、舒缓的声音默念"放……松……"；

⑤重复 10 次上面的步骤。

训练目的：提高轮椅冰壶运动员的自我放松能力，降低其因紧张情绪产生的比赛焦虑和压力，增强轮椅冰壶运动员的专注力和注意力。

教练员提示：呼吸均匀，全身放松；引入视觉练习，如追踪冰壶的路径、准确判断冰壶位置及观察对手的战术。

（三）模拟训练

可以创设与比赛相同或相似的各种情境，模拟赛场的灯光，在运动员完成技术动作的过程中利用射光灯对运动员进行闪射；模拟赛场的观众反应，利用音频模拟系统模拟赛场观众的喝彩声，甚至可以在运动员出现失误时，模拟赛场观众喝倒彩的声音等。

训练目的：模拟比赛压力，增强轮椅冰壶运动员适应各种比赛条件的能力，提高决策能力，确保技战术在变化的情境中也能得到正常发挥。

教练员提示：充分模拟实际比赛的情境，包括使用灯光效果、音频系统、观众反应等，以便让运动员体验比赛的真实性；注意力集中，保质保量。

（四）表象训练

表象训练是指运动员通过在头脑中对过去完成的成功投壶技术动作的回忆与再现，唤起临场感觉的训练方法。

训练目的： 增强轮椅冰壶运动员表象再现及表象记忆能力，有利于提高其心理稳定性，增强准确投放、力量掌握和轨迹控制等技术动作的精确性。

教练员提示： 在注意力集中的有效时间内完成训练；在早期阶段多在安静环境中进行训练，在后期阶段可以在模拟的比赛环境中进行训练；在赛前和赛后进行表象训练。

（五）三调训练

针对轮椅冰壶运动员临场时对动作姿态、呼吸和心理意识掌控不足的问题，提出进行包括调姿、调息和调意在内的三调训练。

训练目的： 提高轮椅冰壶运动员对动作姿态、呼吸和心理意识的控制能力，促进其运动水平的发展与提升。

教练员提示： 呼吸均匀；开展个性化训练；训练后及时总结和反馈。

二、注意集中能力

注意集中能力训练的主要目的是提高运动员全神贯注于一个确定目标，不因受到其他内外在刺激干扰而分心的能力。可采用重复训练法，通常每组做 2～5min，做 3～5 组。具体训练手段如下。

（一）凝视练习

①准备一张白色卡片，正中间印有直径为 3.5cm 的黑色圆点；
②眼睛睁大，嘴闭拢，眼睛离训练图 30～40cm；
③自我暗示"黑点看大，黑点看清"；
④凝视训练图上面的大黑点 2min，保持均匀呼吸，尽量不眨眼睛；
⑤当圆点变到最大时，再让它恢复到原来的大小。

训练目的： 培养轮椅冰壶运动员的注意集中能力，提高运动员的目标识别和决策能力，同时帮助他们提升技术动作的准确性。

教练员提示：不眨眼睛，注意力集中；可以模拟比赛的压力和时间限制，以帮助运动员适应实际比赛的情况。

（二）掌心凝视法

①深呼吸，平复情绪；在右手掌的掌心处画个小圆点，将右手手掌移至眼前约 30cm 的位置，盯住手掌心处的圆点；

②盯着这一点持续 3min，此时大脑中会涌现出各种杂念，如"我的手相真奇怪呀""那本小说真好看啊"等，这些都是与训练完全不相干的杂念，开始训练时，集中力处于水平较低的状态，产生杂念是很正常的，不要着急，顺其自然即可；

③反复进行此训练，直到觉得大脑变得一片空白。

训练目的：提高轮椅冰壶运动员的注意集中能力，提高其技术准确性和投准技术的目标识别能力。

教练员提示：不眨眼睛，注意力集中；可以模拟比赛时的压力和时间限制，以帮助运动员适应实际比赛的情况。

（三）视觉守点

①在墙上或白板上相隔一定距离按顺序放置 A、B、C 3 个点；

②让运动员全神贯注地注视 B 点，直到 A 点与 C 点消失在视野之中；

③然后以同样方法对 A 点或 C 点进行注视，如此反复进行，直到被观察的对象在脑海中非常清晰为止。

训练目的：增强轮椅冰壶运动员的观察记忆能力，提高对投放冰壶的位置的准确识别能力和做出相应战术决策的能力。

教练员提示：注意力要集中。

（四）训练日记

养成坚持写训练日记的好习惯，要求详细描述每节训练课的感受。写之前先回想当时的训练过程，再动笔写，写完之后看一遍进行补充，逐步建立动作感知，这样更容易把注意力集中于技术动作，进而提高投壶的稳定性与准确性。在专项训练过程中可增加一些趣味性练习，如观摩、过关、对抗、淘汰赛、考核目标等，通过提高运动员的兴趣、加强心理定向的坚强程度，培养运动员克服注意力分散的能力。

训练目的：增强轮椅冰壶运动员的观察记忆能力，以及其合理管理比赛情绪的能力。

教练员提示：记录和自我评估技术、体能、战术决策和心理状态；坚持撰写训练日记。

三、团队凝聚力

（一）爱国主义教育

每周集体组织运动员升国旗、唱国歌，不定期组织运动员观看红色电影等。

训练目的：激发轮椅冰壶运动员的爱国主义情感和为国家争光的愿望，进而增强运动员参与比赛的信心和动力。

教练员提示：服装整洁统一，按时参加，撰写电影观后感。

（二）学习先进事迹

不定期地集体学习当代先进人物的英勇事迹，尤其是冠军运动员或运动员身边的先进典型事迹。

训练目的：学习先进人物或先进事迹中体现的精神品质，激发训练的激情和动力，培养坚韧、毅力和吃苦耐劳的职业道德，激发竞争意识，培养合作精神和团队精神。

教练员提示：选择合适的学习榜样；深入分析，撰写电影观后感。

第六章

轮椅冰壶热身与恢复训练

热身与恢复训练是轮椅冰壶运动训练实践的重要环节之一。热身训练的目的是促使运动员体表温度上升，加快血液流动速度，提高肌肉韧带的黏滞性、弹性及关节的灵活性，为训练做好身体机能准备。恢复训练的目的在于加速运动员身体疲劳和心理疲劳的恢复。本章依据轮椅冰壶的项目特征，基于运动训练实践介绍了轮椅冰壶热身训练，同时探讨了轮椅冰壶恢复训练，旨在阐述轮椅冰壶热身与恢复训练的训练学要点。

第一节 轮椅冰壶热身训练

一、一般性热身

（一）低强度有氧热身

低强度有氧热身的主要目的在于加速轮椅冰壶运动员的血液循环，提高其体表温度和动员心肺系统功能，让运动员尽快适应冰壶场地，找到轮椅滑行感觉，为正式训练和比赛做好机能准备。可采用持续训练法和间歇训练法，通常安排 $5 \sim 10 \text{min}$，$55\% \sim 90\% \text{HRmax}$ 负荷强度。具体训练手段如下。

1. 轮椅滑行

在室内或室外场地上，用双手重复推动轮椅，根据地形不断调整轮椅的滑行速度和方向，进行低强度的持续滑行练习。

训练目的：通过轮椅滑行找到冰面滑行的感觉，提高体温，做好心理准备，动员心肺系统，并降低受伤的风险。

教练员提示：注意保持呼吸节奏，控制速度和方向，避免发生侧翻、碰撞。

2. 轮椅折返滑行

双手推动轮椅在场地上进行折返滑行，练习 3～5 个往返。

训练目的：使运动员尽快熟悉训练和比赛冰面的滑度及对轮椅的控制，提高轮椅冰壶运动员的心肺功能，使其提前适应比赛环境。

教练员提示：关注自我感觉，集中注意力；保持滑行速度节奏。

3. 轮椅最大速度滑行

双手推动轮椅在场地上最大速度滑 30～50m，做 2～3 组。

训练目的：提高轮椅冰壶运动员的神经兴奋性，调整竞技状态。

教练员提示：提高注意力；保持对轮椅的控制及正确的身体姿势；速度要快。

（二）热身操热身

热身操热身的目的是提高肌肉弹性和关节灵活性，增强运动系统的功能性，降低损伤发生率。可采用变换训练法，通常每次训练安排 20～30s。具体训练手段如下。

①颈部拉伸；

②肩部拉伸；

③上臂拉伸；

④前臂拉伸；

⑤上下摆臂；

⑥前后摆臂；

⑦绕环摆臂。

二、专项性热身

轮椅冰壶技术分为投准技术和击打技术两类，因而其专项性热身主要是投壶训练。投壶专项性热身训练的主要目的在于激活做投壶技术动作应用的目标肌群，提高肌肉的应答性，增加投壶时的关节活动幅度，提高做投壶技术动作应用的神经肌肉的效率，为比赛过程中的战术安排做好赛前技术准备。可采用间歇训练法和重复训练法，通常安排 5～10min。具体训练手段如下。

（一）投准悬壶热身

可采用溜壶和分区悬进的方式进行训练，每种投壶方式控制在 10 次左右。运动员轮流进行训练，相互辅助投壶，互相计时。

训练目的： 熟悉每只冰壶的重量和投壶路线上的冰面光滑度，提高投准技术动作应用的肌肉的激活程度和神经肌肉的效率，进而提高投准技术表现。

教练员提示： 技术动作规范，注意力集中。

（二）投壶击打热身

可采用打定、打甩、双飞、传击等投壶方式进行训练，每种投壶方式控制在 10 次左右。运动员相互辅助投壶，互相计时。

训练目的： 熟悉日常训练采用的击打技术，提前适应不同路线的击打角度及击打力度。

教练员提示： 技术动作规范，注意力集中。

第二节　轮椅冰壶恢复训练

一、训练学恢复

（一）静态拉伸

通过缓慢动作将肌肉、韧带等软组织拉长到一定程度，每个部位拉伸末端保持 15～30s。

训练目的： 扩大关节活动范围，增强肌肉延展性，缓解机体疲劳，有效预防运动损伤。

教练员提示： 动作匀速、缓慢，幅度适宜。

（二）有氧恢复

在高强度训练课或比赛后，安排少量的低强度滑行、游戏、健身操、瑜伽和游泳等有氧训练。

训练目的：增加血流量，同时将富氧血液输送到组织，并及时清除训练和比赛过程中产生的代谢废物；缓解肌肉疲劳。

教练员提示：根据个体情况选择适宜强度和持续时间。

二、心理学恢复

（一）音乐调节

音乐具有强大的情感影响力，可以对轮椅冰壶运动员的心理状态产生积极的调节效果。不同类型的音乐对运动员情绪和心理状态有着不同的影响。节奏欢快、积极健康的音乐能使人的情绪激昂振奋，带来兴奋和积极的情感体验；轻柔平和、轻松舒缓的音乐能松弛肌肉，降低身体紧张度，帮助人们放松身心；轻松愉快的音乐能让人感到愉快，让大脑保持适度的兴奋。

训练目的：放松心情，加速肌肉疲劳感和精神紧张感的消失。

教练员提示：根据具体情境和个人需求，选择适合的音乐协助轮椅冰壶运动员心理状态的调节。

（二）深呼吸调节

吸气时，尽量用鼻子均匀缓慢地吸气，尽量深吸。呼气时要用力往外吐，假想自己在吹一个气球，这样才能最大限度地将废气排出体外，以多交换一些气体。

训练目的：降低紧张度，提高氧气供应量及心理放松程度，降低大脑兴奋水平，减弱交感神经传导过程，从而有利于消除过度兴奋。

教练员提示：使运动员掌握正确的深呼吸技巧和节奏；根据个体的情况提供个性化的指导和建议。

三、生物学恢复

（一）按摩

按摩一般分为局部按摩和全身按摩两种，采用先轻后重，由重到轻，适当调整强度的方法。局部按摩可在训练过程中或结束后进行，按摩时间为

10~15min；全身按摩一般在训练后 2.5~3h，沐浴后进行，按摩前可在皮肤上涂些酒类或油类物质，夏季可洒些爽身粉。可采用推摩、揉搓、按压和抖动等手法，每种手法可持续 5min。

训练目的：加快血液循环，缓解训练后的肌肉紧张，增强肌肉的伸展性，加速肌肉中乳酸堆积的清除。

教练员提示：先按摩大肌肉群，后按摩小肌肉群。

（二）水浴

水浴的主要目的是借助水温的刺激改变血液循环速度，缓解疲劳和肌肉疼痛，促进身体机能恢复。可采用持续训练法，通常安排 5~30min。具体训练手段如下。

1. 热水浴

运动员平躺在全身涡流气泡浴缸或水下按摩及电浴联合治疗浴槽中，全身浸泡在水中，水温宜控制在 38~42℃，浸泡时间为 15~20min。

训练目的：促进轮椅冰壶运动员血液循环，提高身体对废物和乳酸等代谢产物的清除效率；降低肌肉张力，减轻肌肉疲劳和疼痛；放松神经系统，减轻紧张和焦虑感，提高心理放松程度。

教练员提示：过饥或过饱时不宜进行热水浴，热水浴时间不宜过长；及时补充足够的水分和营养。

2. 冷、热水浴

①热水温度为 38~42℃，冷水温度为 10~15℃；

②运动员先浸泡在热水中 2~3min，再浸泡在冷水中 1~2min，重复 3~5 次。

训练目的：冷、热水浴交替可以促进血液循环。热水浴扩张血管，冷水浴收缩血管，有助于改善血液流动，增强血管的弹性和对刺激的耐受力，帮助清除代谢产物，促进炎症的消除，缓解疲劳和肌肉疼痛。

教练员提示：冷、热水浴时间不宜过长；根据需要安排练习次数，但不要过度。

第七章

轮椅冰壶损伤与预防

轮椅冰壶运动员在训练和比赛中面临着诸多损伤风险。本章主要从常见损伤部位和损伤机制等方面总结轮椅冰壶损伤特征，并从改善技术动作、提高运动素质、充分热身和前瞻性预防等方面探讨轮椅冰壶损伤预防。

第一节　轮椅冰壶损伤特征

轮椅冰壶运动员的损伤部位集中在手部（包括手腕和手指）和肩部等上肢部位，主要损伤类型为骨骼肌损伤、脊柱损伤及关节损伤。轮椅运动相关损伤部位及比例一览表如表6-7-1所示，虽然各运动项目的损伤部位存在一定差异，但其损伤发生率均较高。研究显示，在2010年温哥华冬残奥会参加轮椅冰壶比赛的52名运动员中，有9名运动员(18%)出现过度使用损伤，具体包括3名颈椎损伤者、1名胸椎损伤者、2名腰椎损伤者、1名肩关节损伤者、1名肘关节损伤者、1名腕关节损伤者。

表6-7-1　轮椅运动相关损伤部位及比例一览表

研究者	项目	损伤部位及比例
Taylor 等（1995）	轮椅运动	手和手腕（27%），上臂和肩部（25%）
Ferrara 等（1990）	游泳、乒乓球等	肩部（27.6%）
Curtis 等（1985）	篮球、游泳	肩部、肘部、手腕（72%）
Athanasopoulos 等（2009）	轮椅运动	肩部（50.1%），脊椎（20.1%）
Nylandetal 等（2000）	轮椅运动	肘部，前臂，手腕
Curtis 等（1999）	女子篮球	肩部（52%），肘部、手（70%）

续表

研究者	项目	损伤部位及比例
Webborn 等（2006）	高山滑雪	前交叉韧带损伤，桡骨远端骨折，脑震荡
McCormick（1985）	高山滑雪	膝关节（17.4%），骨折（21.6%）
Webborn 等（2012）	冰球	上肢损伤（47.5%），脊椎损伤（35%）
Webborn 等（2012）	冰壶	肩部、肘关节、腕关节损伤，脊椎损伤，肌肉劳损

轮椅冰壶运动员的运动损伤主要来自肌肉劳损。首先，由于没有擦冰技术，冰壶出手之后不能改变其运行轨迹，因此对出手力量、速度、角度等的控制要求极高，所以轮椅冰壶运动员需要进行长时间的、大量的投壶训练，肌肉长时间的疲劳得不到充分缓解，进而出现肌肉劳损和关节炎等症状。其次，根据轮椅冰壶在投壶过程中的生物力学特征，需要动用下肢力量、核心力量及上肢力量来营造稳定的投壶环境。但轮椅冰壶运动员多存在高位缺失和脊椎损伤，其后遗症是自主运动功能、敏感性和本体感觉的丧失，这导致其坐姿稳定性遭到严重破坏。轮椅冰壶运动员无法通过动力链实现最佳能量转换，只能依靠核心力量和上肢力量补偿来维持稳定以进行投壶。躯干和上肢力量补偿的不佳，将导致动力链中断，从而增加了轮椅冰壶运动员的损伤风险。最后，轮椅冰壶运动员由于先天及后天的损伤，不能充分发力，在力量训练和专项力量训练上存在一定的局限性，导致在运动中核心力量和上下肢力量失衡，最终发生运动损伤。

第二节 轮椅冰壶损伤预防

一、建立运动损伤监控系统

预防运动损伤的首要步骤是通过运动损伤监测系统评估损伤程度。运动损伤监控系统有助于加深教练员和运动员对运动损伤特征的认知，提高对不同损伤特征的轮椅冰壶运动员运动损伤的处置能力，揭示运动损伤的机制、发生原因及相关风险因素，进而优化训练计划和运动损伤预防策略。例如，在2012年伦敦残奥会期间，使用国际科学损伤监测系统监测残奥会比赛期间运动员的运动损伤数据，观察特定趋势，为了解运动损伤机制、制订和实施有效的损伤预防方案提供数据支撑。为了更全面地了解运动损伤特征、模式及风险因素，降低运动损伤发生率，在轮椅冰壶运动员日常训练过程中也应建立运动损伤监控系统，以便系统监测运动员运动损伤情况，提前预防运动损伤的发生。此外，医生、体能教练和运动康复师应定期对轮椅冰壶运动员进行体能和运动损伤筛查评估，根据评估结果制订预防方案，以降低运动损伤发生率和损伤程度。对于轮椅冰壶运动损伤，还可以通过发放调查问卷的方法，前瞻性地估计与运动相关的损伤发生率，持续探索运动损伤风险因素，从而制订有针对性的预防措施，提供安全和健康的保障（表6-7-2）。

表 6-7-2　前瞻性预防测试的问卷内容参数与测量方法

测量结果	参数	测量方法
基础数据	性别、年龄、损伤、运动、训练时间、既往受伤/疾病、药物治疗、艾滋病、人体测量学、疼痛	基础数据处理方案
心理档案	动机、情况应对、身体意识和身体能力、活动过度、对运动员的心理承诺、幸福感	感知动机、简短处理、身体意识问卷量表、精神障碍诊断和统计手册、运动承诺量表、李克特量表
运动员每周报告	受伤、疾病、疼痛、心理压力、训练和比赛的数量、训练强度、睡眠	运动员数据量表的方案
损伤报告	损伤发生、损伤机制、目前症状、损伤类型、损伤相关因素、医学接触	每周损伤数据
疾病报告	发病、目前症状、疾病类型、损伤相关因素、医疗接触	每周疾病数据
损伤/疾病诊断	损伤/疾病的诊断、受伤的严重程度、治疗、感知到的危险因素	损伤/疾病闭合数据

二、改善技术动作

改善技术动作是轮椅冰壶运动员运动损伤预防的重要组成部分。改善技术动作可以帮助轮椅冰壶运动员更好地掌握正确的技术动作规范，增强运动员对身体的控制能力，包括姿势、平衡和动作的精准性，进而减少因姿势不当或失衡引起的损伤。此外，它还可以更有效地协调运动员在投壶技术中应用的肌肉群，帮助运动员进一步增强装备的适应性，包括正确使用推杆、刹车和转向等设备，从而降低运动损伤风险。改善技术动作的方法主要有以下三种。第一，轮椅冰壶运动员可以通过深化对技术动作特征和身体解剖结构的认知来改善技术动作，形成损伤预防意识。例如，通过 Poser 软件创建各种容易受伤的动作和不规范的技术动作，模拟运动损伤的 3D 图像，促使教练员和运动员改善技术动作或使用可以防止受伤的技术装备，如支撑带、肌肉贴片等，以尽可能消除受伤的生物力学机制。第二，视频分析也是改善技术动作的重要手段，通过录制和回放运动员的技术动作，可以及时查找和识别技术动作中存在的问题。在此基础上，教练员提供正确的技术指导和实时反馈，帮助运动员改善技术动作，从而及早采取措施防止损伤的发生。第三，通过反复的技术训练、模拟比赛及自我评估，使轮椅冰壶运动员建立和巩固大脑神经的暂时联系，强化技术动作在大脑皮层的刺激痕迹，学会自我识别技术问题并主动寻找解决方案，以更好地应对比赛中的技术要求并预防运动损伤。

三、提高运动素质

轮椅冰壶运动员因先天或后天的损伤而导致下肢不能充分发力，只能依靠核心力量和上肢补偿来维持稳定，进行投壶。此外，由于没有擦冰技术，轮椅冰壶运动员投壶出手之后不能改变冰壶运行轨迹，这对于出手力量、速度、角度等的控制要求极高。因此，更好的运动素质可使运动员更好地掌握和实施正确的技术动作，减少不规范的运动和姿势，从而降低运动损伤风险。例如，通过力量训练和核心稳定性训练，运动员可以增强关键肌群的力量和稳定性，提高身体上肢控制和协调能力，以支撑身体在比赛中做技术动作，减少肌肉疲劳和维持正确的技术动作姿势，从而降低因摔倒或不稳定动作而引起的运动损伤风险。此外，运动素质的提高可以使轮椅冰壶运动员更好地适应投壶技术动作的生物力学要求，包括关节运动范围、身体稳定性和力量分配，减少因生物力学机制问题而引起的损伤。

四、充分热身

身体处于静息状态时，轮椅冰壶运动员一系列的生理机制水平远低于最佳运动水平，此时处于静息状态的身体还没有为运动做好准备。训练和比赛前进行充分的热身活动的生理学基础在于开始利用强度相对较低的运动逐步增加身体能效，之后逐步增加运动强度，以产生更多的神经肌肉效应，这有助于提高运动员后续运动表现的质量和效率，进而有效降低运动损伤风险。轮椅冰壶运动员的热身主要包括一般性热身和专项性热身。通过充分进行一般性热身，积极动员心肺系统，提高体温、肌肉温度，扩大关节活动范围，降低各肌肉的黏滞性，进而预防突发性运动损伤；通过专项性热身熟悉训练环境、从技术、心理上做好训练比赛的准备，避免因热身不充分而引发训练和比赛中的运动损伤。

参考文献

[1] 李岩.我国轮椅冰壶战术方法和手段研究[D].哈尔滨：哈尔滨体育学院，2017.

[2] 李建锐.概率思维在轮椅冰壶技战术及实战中的应用——以中国轮椅冰壶队为个案[D]. 哈尔滨：哈尔滨体育学院，2020.

[3] 冯亚杰，李一澜，高平.轮椅冰壶项目备战2022年北京冬残奥会的国际格局、国内现状与基本策略研究[J].中国体育科技，2020，56（12）：72-77.

[4] 蒋立.中国轮椅冰壶发展现状调查与研究[D].哈尔滨：哈尔滨工程大学，2016.

[5] WEBBORN N，WILLICK S，EMERY C A. The injury experience at the 2010 winter paralympic games[J]. Clinical Journal of Sport Medicine，2012，22（1）：3-9.

[6] BERNARDI M，CARUCCI S，FAIOLA F，et al. Physical fitness evaluation of paralympic winter sports sitting athletes[J]. Clinical Journal of Sport Medicine，2012，22（1）：26-30.

[7] LASCHOWSKI B，MCPHEE J. Quantifying body segment parameters using dual-energy X-ray absorptiometry：A Paralympic wheelchair curler case report[J]. Procedia Engineering，2016（147）：163-167.

[8] WANG X，LIU R，ZHANG T，et al. The proper motor control model revealed by wheelchair curling quantification of elite athletes[J]. Biology，2022，11（2）：176.

[9] 梁志翔.论核心肌群训练在网球运动中的作用[J].体育世界（学术版），2019（8）：24-25.

[10] BEHM D G. Periodized training program of the Canadian Olympic curling team[J]. Strength and conditioning journal，2007，29（3）：24-31.

[11] 李一澜，石雷，杨润，等.精英轮椅冰壶运动员竞技能力特征及训练策略研究进展[J].中国体育科技，2022，58（3）：3-8.

[12] PAGE P，FRANK C，LARDNER R. Assessment and treatment of muscle imbalance：The Janda approach[M].Chicago：Human Kinetics，2010.

[13] LEE Y M，KIM Y S，BAEK J C. Performance analysis of 2017 world wheelchair curling games

[J]. Journal of the Korean society for Wellness，2017，12（4）：615-625.

［14］朱宝峰，王丽华，李双玲.冰壶运动员竞技能力探析［J］.冰雪运动，2018，40（1）：33-37.

［15］于亮，王珂，李妍.冰壶投壶技术评价的发展趋势及制胜因素研究［J］.中国体育科技，2012，48（6）：84-90，96.

［16］PARK S G，HWANG B K，LEE H S，et al. A play content analyses of 2012 world championship games by the four selected national wheelchair curling teams［J］. Korean Journal of Adapted Physical Activity，2013，21（2）：15-26.

［17］KIM T W，CHAS J S. Analysis of women's curling performance，digital media DB construction，and artificial neural networks［J］. Korean journal of sport science，2016，27（2）：402-420.

［18］Blažek T. Paralympics curling as a new discipline［D］. Pilsen：University of West Bohemia，2014.

［19］李妍，王珂，冯伟，等.冰壶投壶失误趋向与技、战术选择合理性分析研究［J］.中国体育科技，2015，51（5）：45-51.

［20］BAE K，PARK D H，KIM D H，et al. Markov decision process for curling strategies［J］. Journal of Korean institute of industrial engineers，2016，42（1）：65-72.

［21］穆亮，张强.中国轮椅冰壶队战术能力综合评价［J］.体育文化导刊，2015（4）：120-123.

［22］HUH J H，PARK Y B. The case study of sport psychology counseling and supporting junior golfers［J］. Journal of coach development，2010（12）：127-138.

［23］KIM S W，CHOI S L，KIM H C. Development and practical application of a psychological skill training program for national wheelchair curling players-frontal EEG asymmetry［J］. Journal of the Korea convergence Society，2019，10（3）：275-290.

［24］PAQUETTE K J，SULLIVAN P. Canadian curling coaches' use of psychological skills training［J］. The sport psychologist，2012，26（1）：29-42.

［25］YOO J，HUH J. Development and validation of the psychological skill questionnaire in sport［J］. Korean journal of sports science，2002（41）：41-50.

［26］左琪，殷小川.优秀轮椅冰壶运动员的心理特征对备战2022冬残奥会心理训练的启示［C］// 中国体育科学学会.第十一届全国体育科学大会论文摘要汇编.北京：中国体育科学学会，2019：3.

［27］WESTLUND N K. Examining the relationships between imagery，sport motivation，and athletic identity in curling［D］. London：The University of WesternOntario London，2012.

［28］王兵，李毅军.浅谈冰壶运动员的心理训练方法［J］.冰雪运动，2003（2）：67-68.

［29］金潇.我国冰壶运动心理训练进展［J］.运动，2014（17）：40-41.

［30］周德来.冰壶运动员心理障碍的克服［J］.冰雪运动，2019，41（2）：14-17，23.

［31］丁雪琴.优秀运动员应具备的主要心理能力［J］.中国体育教练员，2007（3）：8-10.

［32］庄茂花，李波.我国轮椅冰壶运动员"三调"训练研究［J］.冰雪运动，2018，40（2）：13-16.

［33］李洪臣，许水生，刘庆闯，等.中国男子冰壶队在2014年世锦赛技术表现与启示［J］.冰雪运动，2014，36（4）：69-74，79.

［34］KIM S W，KIM H C.A case study of psychological skills training for a Korea National shooting athletes with disabilities in the 2012 London Paralympic：Frontal EEG asymmetry［J］. Korean journal of adapted physical activity，2015，23（2）：33-54.

［35］HAN S H，PARK H J，WOO M J.The effect of sport psychological skill training based on positive psychology via analysis of frontal EEG asymmetry［J］. Korean society of sport psychology，2014，25（4）：27-42.

［36］FAGHER K，LEXELL J. Sports - related injuries in athletes with disabilities［J］. Scandinavian journal of medicine and science in sports，2014，24（5）：e320-e331.

［37］WEBBORN N，WILLICK S，EMERY C A. The injury experience at the 2010 winter paralympic games［J］. Clinical journal of sport medicine，2012，22（1）：3-9.

［38］FAIRBAIRM J R，BLIVEN K C H. Incidence of shoulder injury in elite wheelchair athletes differ between sports：A critically appraised topic［J］. Journal of sport rehabilitation，2019，28（3）：294-298.

［39］BERNARDI M，CARUCCI S，FAIOLA F，et al. Physical fitness evaluation of paralympic winter sports sitting athletes［J］. Clinical journal of sport medicine，2012，22（1）：26-30.

［40］刘美含，吴雪萍，丁海勇，等.冬残奥运动项目损伤特征、风险因素及预防措施［J］.武汉体育学院学报，2021，55（2）：93-100.